KB163480

나는 친절한 죽음을 원한다

일러두기

- 인용 도서나 영화의 제목은 국내에서 번역 소개된 제목을 사용했고 원제목을 첨자로 표기했습니다.
- 본문의 주 번호는 출처 표기로 미주 처리했습니다.
- * 표기는 주 설명으로 본문 하단에 기입했습니다.
- 표 자료에 출처 표기가 없는 것은 저자 박중철의 논문에 사용된 것임을 밝힙니다.

나는
친절한 죽음을
원한다

박중철 지음

흐름출판 미디어그룹

contents

프롤로그

연명의료결정법이 아직 세상에 나오기 전, 내가 한 종합병원에서 가정의학과 의사로 근무하던 시절이었다. 어느 날 응급실로부터 입원 요청 전화가 왔다. 의식이 혼미한 80대 할아버지였는데, 원인은 혈당이 너무 높아진 고혈당 혼수hypergly-cemic coma 였다.

내과가 아닌 가정의학과로 입원을 요청한 이유는 당뇨뿐만 아니라 부정맥, 빈혈, 감염, 탈수, 신부전 등 여러 질환이 동반되었고 무엇보다도 환자의 부인이 적극적인 치료를 원치 않아서였다. 당시 나는 병원에서 말기 암 환자들을 담당하고 있었는데, 그 환자는 말기 암은 아니지만 그와 다를 바 없다고 판단한 응급실 과장이 내게 도움을 요청한 것이었다.

할아버지는 뼈만 앙상하게 남아 있는 상태였고, 신장 기능도 심각하게 손상되어 있어서 급속한 수액 투여에도 불구하고 소변은 한 방울도 나오지 않고 있었다. 환자의 부인은 오랜 고생을 말해주듯 심하게 허리가 굽어 있었는데, 자녀들이 있는지 물으니 소식을 끊고 산 지 오래되었다며 남편을 그냥 편히 보내달라는 부탁만 반복했다.

오랫동안 고립되어 살아온 노부부를 도와줄 이웃조차 없었는지 부인은 집에서 남편의 임종을 맞을 엄두가 나지 않아 119를 불러 치료가 아닌 장례를 위해 병원으로 왔노라고 말했다.

할아버지는 뇌경색으로 누워지냈고, 할머니는 남편을 대신해 병원에서 약을 받아오고 밥을 떠먹이고 대소변을 치우며 오랜 기간 간병을 해온 듯했다. 할머니는 남편이 더 비참한 몰골로 망가지는 것이 안타까워 이제는 그만 편하게 해줬으면 좋겠다고 말했다.

응급실 과장과 상의 후 할머니의 뜻을 받아들여 환자는 중환자실이 아닌 일반 병실로 입원을 했다. 언제 돌아가실지 모르는 위중한 환자를 입원시키자 병동의 간호사로부터 왜 일반 병동에서 임종을 치르려 하느냐는 불만이 터져 나왔다. 나아가 부인이 연명의료를 원치 않더라도 자녀의 동의가 없다면 적극적인 치료를 하지 않은 것에 대해 법적 문제가 생길 수 있다는 우려도 나왔다.

내가 회진을 갈 때마다 할머니는 할아버지가 언제 돌아가시겠느냐며 달고 있는 수액들도 그만 떼었으면 좋겠다고 말했다. 환자를 입원시켜 놓고 아무것도 하지 않을 수는 없어서 최소한의 치료로 탈수를 교정하고, 인슐린으로 혈당을 낮추자 할아버지는 어렴풋이 의식이 돌아왔다.

의식이 조금 회복되니 오히려 걱정은 더욱 커졌다. 이를 회복의 가능성으로 간주하여 갑자기 자녀들이 나타나서 더 적극적으로 치료하지 않은 것을 문제 삼을 수 있기 때문이었다.

나는 자연스러운 임종을 위해서는 일단 환자가 회복될 수 없는 말기 상태라는 것을 확인해 둘 필요가 있다고 생각했다. 수일이 지나도 환자의 소변은 거의 나오지 않는 말기 신부전 상태였기에 이를 확인하기 위해 신장내과에 자문을 구했다.

문제는 내가 대학원 수업으로 병원에 출근하지 않은 다음 날 터졌다. 신장내과 과장은 전공의를 불러 왜 처음부터 투석 치료를 하지 않았느냐며 심하게 질책했다. 전공의가 고령과 기저질환으로 적극적인 치료의 이득이 보이지 않아 최대한 고통을 덜어드리는 완화치료를 하는 중이었다고 답했다. 그러자 신장내과 과장은 환자가 회복될지 아닐지는 우리가 판단할 문제가 아니라며 '최선의 노력'을 하지 않는 것은 안락사이며 살인이라고 전공의를 몰아세웠다.

그리고 보호자인 부인과 주치의인 내 동의 없이 환자를 중환자실로 옮겼다. 중심정맥관을 넣어 수혈과 함께 혈액 투석을 시작했고, 혈압이 떨어지자 승압제까지 투여했다. 전공의의 연락을 받고 부랴부랴 달려온 나는 신장내과 과장과 크게 언쟁을 벌였다. 그는 한결같이 최선을 다하지 않는 것은 안락사이고 살인이라고 주장했다.

완화치료의 개념이 익숙하지 않은 대부분의 동료들은 이곳은 급성기 병원이기에 의학적 최선을 다하는 것이 본분이고, 혹시라도 연락이 닿지 않던 자녀들이 나타나 문제를 일으키는 것을 더 크게 우려했다. 신장내과 과장으로부터 심한 질책을 들은 전공의는 충격으로 그날 저녁 병원을 무단이탈하여 연락을 끊고 잠적했다가 나흘 만에 복귀했다.

애초부터 시작하지 않았으면 모를까 이미 시작해 버린 투석과 승압제 등의 연명의료를 중단할 수 있는 방법이 당시에는 없었기에 환자는 내 손을 떠날 수밖에 없었다. 그러나 상황은 길게 가지 못했다. 환자는 급속히 패혈증이 진행되어 결국은 며칠 뒤 쇼크로 사망하고 말았다.

그나마 다행스러운 것은 입원 당시 부인으로부터 서명을 받아두었던 심폐소생술 거부 서약서 DNR 때문에 기계호흡장치와 심폐소생술은 시도되지 않았다. 원치 않는 중환자실 치료로 발생한 의료비도 다행히 사회사업팀의 도움으로 감면을 받을 수 있었지만, 할머니의 마음에 남은 상처는 달리 씻겨드릴 방법이 없었다.

이 사건은 병원에서의 흔한 죽음이었지만, 오히려 전공의들은 혼란에 빠졌다. 그들은 수련을 마치고 병원을 떠날 때까지 고령의 환자나 말기 환자를 마주하는 것을 몹시 불편해하면서 소극적으로 임했다. 엄밀히 말하자면, 그들은 삶과 죽음과 관련된 윤리적인 고민과, 환자의 남은 삶의 가치를 따지는 철학적인 고민을 해야 하는 상황 자체를 기피했다. 그저 매뉴얼이 정해준 대로 단순하고 명확하게 진료할 수 있는 상황을 선호했다.

그때 나는 왜 연락이 닿지 않는 자녀들에 대한 걱정을 과감히 떨쳐내지 못했을까? 돌아보면 나는 내 자신의 판단을 믿지 못해 빠져나갈 구멍을 만들려고 했고, 그런 비겁함이 되레 환자의 비참한 죽음을 초래했다고 인정할 수밖에 없었다. 그리고 그 화는 내게는 아무런 피해도 주지 않았지만, 대신 환자의 몸을 훼손하고 부인의 마음에 큰 상처를 주고 말았다. 할머니는 살아가는 동안 119를 불러 병원에서 할아버지의 마지막을 보내려 했던 자신의 선택을 몹시 후회하고 자책할지 모른다.

나 역시 그 일 이후 오랫동안 내 사명과 정체성에 대한 혼란에 빠져지냈다. 이는 현실 속에서 이내 흔들리는 나 자신의 초라한 신념에 대한 실망에서 시작되어, 과연 내가 의사로서 지켜내야 할 환자의 생명이라는 것의 본질이 무엇인지에 대한 고민으로 이어졌다.

나는 지금도 병원에서 매일같이 환자들의 죽음을 겪고 있다. 그 경험 속에서 깨우친 것은 인간에게 늙어감과 죽음은 필연이지만, 후회 없는 삶과 평온한 죽음은 선택이자 부단한 노력과 어느 정도의 행운이 필요하다는 사실이었다.

그런 깨달음을 얻은 이후부터 나는 의사로서의 성공보다는 한 인간으로서 좋은 삶의 마무리를 궁극적인 인생의 목표로 삼게 되었다. 한국 사회에서는 마지막까지 후회와 고통을 벗어버리지 못하고 우울하고 비참한 삶의 결말을 겪는 사람들이 너무나도 많다는 것을 목격했기 때문이다.

이 책은 한국 사회의 비참한 죽음의 현실을 냉정하게 드러낸다. 하지만 그런 공포심으로 좋은 죽음에 대한 관심을 강요하지는 않는다. 왜 좋은 죽음이 삶의 궁극적 목표가 되어야 하는지를 내 편협한 지식을 동원하여 의학과 철학, 사회·역사적 근거들과 이론들을 동원하여 인문학적으로 최대한 친절하게 풀어내려고 시도했다.

한 마디로 정리하자면, 이 책은 인간의 삶을 생존과 실존으로 구분하고, 생명 역시 목숨과 존엄이라는 두 가지 차원으로 구분하여 인간다움의 본질이 무엇인지를 좇는다.

이 책에서 말하는 삶과 죽음, 그리고 인간에 대한 이해의 틀은 지금의 내게 의료현장에서 이전과 같은 실수와 비극을 반복하지 않는 실천적 윤리와 용기가 되어주고 있다. 그래서 이런 나의 접근이 독자들에게 얼마나 설득력 있게 다가갈 수 있을지 몹시 궁금하고, 한편으로는 떨리고 부끄럽다.

미흡하여 많은 비판과 질타가 있을 줄로 안다. 그럼에도 불구하고 이런 나의 서툰 시도가 부디 한국 사회에서 사라져 버린 죽음의 문화에 대한 공론을 촉발하고, 사회적 담론을 만드는 데 기여할 수 있기를 소망해 본다.

1장

—

당신의 죽음은 실패한다

누구나 품위 있는 죽음을 원한다

장수시대의 비극

통계청이 2021년 12월 1일 발표한 2020년 생명표에서 한국의 기대수명은 83.5세이다. 15년 전에 통계청은 2020년 대한민국의 기대수명이 81세에 이를 거라고 예측했는데 실제로는 그보다 2.5년이 더 늘었다. 그리고 통계청은 50년 뒤인 2070년 대한민국의 기대수명이 91세를 넘어설 것으로 예측하고 있다.

이제 60대에게 노인이란 말을 붙이기가 민망한 시대가 되었다. 초고령사회로 진입하면서 노인의 기준을 70세 이상으로 상향하자는 이야기도 심심찮게 거론되고 있다. 이렇게 기대수명이 늘어남에도 불구하고 2020년 총 사망자 수는 30만

명이 조금 넘는데, 이는 1년 전보다 3.2% 늘어난 수치이다. 오래 살지만 많이 죽는 대한민국이다.

어쨌건 수명이 늘었다고 사람이 적게 죽는 건 아니다. 매년 사망자 수는 꾸준히 신기록을 경신해 왔다. 경제 발전으로 영양 상태가 나아지고 예방 접종과 조기 검진을 비롯한 의료 체계의 발전으로 꾸준히 수명이 늘어나고 있지만 언젠가 결국 죽는다는 사실은 바뀌지 않는다.

기네스 월드 레코드에 등록된 세계에서 가장 오래 산 사람은 1997년 122세의 나이로 사망한 프랑스 여성 잔 루이즈 칼 망Jeanne Louise Calment, 1875~1997이다. 사람들은 그녀의 장수 기록에 대해 열광하면서 모두가 100세를 넘는 시대를 꿈꾸고 있다.

하지만 그녀는 살면서 남편과 딸을 비롯한 가족들이 자신보다 먼저 세상을 떠나는 것을 지켜봐야 했다. 말년에는 눈이 거의 보이지 않고 다리 골절로 걸을 수도 없어 완전 의존적인 삶을 살아야 했다. 보이지도 않고 움직일 수도 없는 상태로 오래 사는 것을 축복이라고 해야 할까?

언젠가는 모두 죽는다. 특히 늘어난 시간만큼 잘 사는 것도 아니고 시간이 더 주어졌다고 죽음을 잘 준비하는 것도 아니다. 건강수명이라는 말이 있다. 질병이나 사고로 인해 병고에 시달리는 기간을 제외하고 건강하게 지내는 시간을 의미하는

데, 통계청에 따르면 2020년에 태어난 신생아의 기대수명은 약 83세로 예측되지만 실제 건강하게 지내는 시간은 약 66년으로 무려 17년을 각종 질병에 시달리며 살아야 한다.

오늘날 한국인은 자기 수명의 약 80%만을 건강하게 살고, 삶의 마지막 20%는 병에 시달리며 살아야 한다는 뜻이다.

이렇게 인생의 5분의 1을 병마에 시달리며 살아야 하는 한국인들은 대부분 마지막을 집이 아닌 의료기관과 요양시설에서 보내게 된다. 2020년 전체 사망자의 75.6%는 요양병원을 포함한 의료기관에서 사망했고, 주택에서 사망한 비율은 15.6%에 불과했다. 특히 65세 이상 노인은 의료기관 사망 비율이 78%로 평균보다 더 높았다. 명실상부 한국 사회의 임종 장소는 병원이라고 할 수 있다.

우리나라의 사망 원인 1위인 암은 전체 사망자 수의 27%를 차지하고 있는데, 그중 호스피스 기관에서 사망하는 암 환자 비율은 17% 정도에 불과하다. 참고로 영국은 암 환자의 95%가 호스피스 기관에서 생의 마지막을 보낸다.

암 사망자의 대부분은 수술, 항암 치료를 받다가 재발 또는 전이가 되면서 어느 순간 말기 진단을 받게 된다. 다른 병들은 갑작스럽게 악화되어 사망하지만 암은 말기라는 진단이 가능한 몇 안 되는 질환 중 하나로, 이런 말기 진단은 암 환자로 하여금 남은 삶을 정리할 수 있는 기회를 준다. 그러나 말기 암 환자의 불과 17%만이 호스피스 기관을 이용하고 있다면 나머지는 어느 곳에서 어떻게 삶의 마무리를 보내고 있는 것일까?

내 경험에 비추어 보면 나머지 대부분의 환자들은 말기 진단 이후에도 치료를 포기하지 않고 기존의 병원에서 항암 치료를 받다가 사망하거나 퇴원 후 집과 응급실을 오가다가 죽음을 맞이한다. 그 과정에서 적지 않은 환자들이 중환자실에서 기계호흡장치를 달고 연명의료를 받다 죽고 응급실에서 무의미한 심폐소생술을 받기도 한다.

기대수명은 꾸준히 늘고 있지만 그만큼 병에 시달리며 살아야 하는 시간도 늘어났다. 노인이 되어 병이 들면 집에서 병원으로 옮겨져 가족과 떨어져 지내는 게 현실이다.

한국인의 죽음과 관련된 안타까움은 이뿐만이 아니다. 한국의 자살 사망자 수는 10만 명당 25.7명으로 OECD 국가 평균인 10.9명보다 압도적으로 높고, 독보적인 1위를 10년 넘게 유지하고 있다. 이렇게 자살 사망자 수는 전 세계적으로 최고를 기록하고 있다. 삶의 마무리를 준비해야 하는 말기 환자들은 병원을 떠나지 못하고 중환자실과 응급실에서 죽어간다.

이것이 2020년 대한민국의 죽음의 모습이다. 당신은 이 모습이 행복해 보이는가? 안타깝지만 당신 자신과 가족의 현실이다. 한 의과대학 학생은 내가 진행하는 '죽음학 수업'의 과제물에서 다음과 같이 할머니의 마지막을 회상했다.

7년 전 저희 가족은 10년이 넘는 투병생활을 하시던 할머니를 보내 드렸습니다. 그분의 마지막 몇 년은 병실에서 뼈밖에 남지 않은 몸으로 한 달에 한 번씩은 응급실과 중환자실을 오가며 약과 의료기기의 도움이 없으면 살아갈 수 없었습니다. 그런 할머니를 보며 차라리 편하게 돌아가셨으면 좋겠다고 생각했는데, 나중에 물어보니 다른 가족들도 모두 같은 생각이었더군요.

하지만 죽음에 대해 말을 꺼내는 것 자체가 불결했고, 그분을 포기한다는 생각을 심어줄 수 있어 아무도 말을 꺼낼 수가 없었습니다. 당시에는 그것이 최선이었다고 생각했지만 지금 생각해 보니 더 좋은, 더 성숙한 죽음이 가능했을 것 같다는 미련이 남습니다.

제가 어느 병원 어떤 과를 전공할지 모르겠지만 수업에서 배우고 느낀 바를 통해 저희 가족처럼 죽음을 대처하는 사람이 적어질 수 있도록 환자와 보호자에게 최대한 도움을 주고 싶습니다.

좋은 죽음은 의료인의 도움이 필요할 수는 있지만 그것만으로 보장되는 것이 아니다. 내가 이 글을 통해 주장하고 싶은 것은 죽음은 내 삶의 일부이고, 잘 살아온 삶에 어울리는 좋은 죽음은 우리 스스로가 도전해야 할 삶의 마지막 과제이다.

잘 죽는다는 것

인간은 죽음을 피할 수 없기에 어떤 식으로든 자신의 죽음을 준비해야 한다. 어느 누구도 끔찍한 죽음을 맞이하고 싶지는 않을 것이다. 그렇다면 사람들은 어떻게 죽는 것이 좋은 죽음이라고 생각할까? 미국 듀크대학Duke University의 학장이자 정신과 의사인 앨런 프랜시스Allen Frances는 이렇게 말한다.

"병원 사망보다 더 나쁜 죽음은 없다. 잘 죽는다는 것은 집에서 죽는 것이다. 왜냐하면 병원은 주삿바늘이 쉴 새 없이 몸을 찌르고, 종일 시끄럽고, 밝은 불빛으로 잠들 수도 없고, 가족들에게 작별 인사도 못한 채 낯선 사람들 속에서 외롭게 죽기 때문이다."[1]

《잘 죽는 것: 우리의 사랑과 상실 여행Dying Well: Our Journey of Love and Loss》이라는 책에서 수잔 호벤Susan Hoben은 '좋은 죽음은 자신이 원하는 방식으로 죽는 것'이라고 말한다.[2] 더불어 그는 미국인의 90%가 집에서 죽음을 맞이하기를 원하지만 실제로 그것을 이루는 사람은 3분의 1밖에 되지 않는다며 원하는 죽음의 방식에 대한 원칙을 미리 세울 것을 권유한다.

미국에는 '죽음 산파death midwife'라는 직업이 있다. 집에서 아이를 낳을 때 출산을 돕는 산파가 있듯이 가정에서 임종을 맞이하는 환자를 돕는 지역사회의 호스피스 전문가를 '죽음 산파'라고 부른다.

죽음 산파이자 좋은 죽음 운동가인 안젤라 메니토^{Angela} Mennitto는 '좋은 죽음은 아쉬움 없이 살다가 죽는 것'이라고 말한다. 그녀는 잘 죽는다는 것은 잘 사는 것의 결과물이며 죽음의 순간을 두려워하기보다 죽음이 가지고 있는 교훈에 주의를 기울이면서 내면의 성장을 이루어야 한다고 조언한다.[3]

그럼 죽음의 전문가가 아닌 일반인들은 좋은 죽음을 무엇이라고 말할까? 2016년 미국 노년 정신의학회지 American Journal of Geriatric Psychiatry에 '좋은 죽음 Good Death, 또는 성공적인 죽음 Successful Dying의 정의'를 밝히는 논문이 발표되었다.[4]

연구자들은 좋은 죽음과 관련된 36개의 이전 연구들을 모두 분석하여 좋은 죽음의 요건들을 다음과 같이 정리했다.

- 원하는 장소에서 잠들 듯이 죽는 것
- 고통 없이 죽는 것
- 두려움 없이 평온한 상태에서 죽는 것
- 가족들에게 둘러싸여 있는 상태로 죽는 것
- 사람들의 존경과 존중을 받으면서 죽는 것
- 아쉬움 없이 작별 인사를 남길 수 있는 것
- 종교적, 영적 평안 속에서 죽는 것
- 미리 작성한 사전의료의향서, 연명의료거부, 안락사 요청 등이 지켜지는 것

• 평소대로 살다가 죽는 것

이를 한 문장으로 정리하면 아쉬움 없이 잘 살다가 고통과 두려움 없이 내가 원하는 방식대로 세상을 떠나는 것이라고 할 수 있다.

존경을 받으면서 아쉬움 없이 떠나는 것, 심리적으로 두려움 없이 평온함을 유지하는 것, 그리고 미리 자신의 숙음의 방식을 주체적으로 결정하는 것은 한순간의 결심으로 가능하지 않다. 이는 모두 살면서 터득해야 하는 결과물이다.

하지만 죽음의 과정에서 고통을 겪지 않는 것은 오롯이 병원과 의료인의 책무라고 할 수 있다. 나는 가끔 '어떻게 죽고 싶은가'라는 질문을 받곤 하는데 그때마다 이렇게 대답을 시작한다.

"일단 그 순간에 좋은 의사를 만나서 겪지 않아도 될 육체적 고통은 피하고 싶습니다."

나머지는 내가 살면서 터득한 지혜와 태도로 결정될 테니까.

웰빙 대신 웰다잉

한국인들은 좋은 죽음을 어떻게 생각하고 있을까? 노인들을 대상으로 좋은 죽음이 무엇이냐고 묻는 연구들이 여럿 있

없었는데 그 중 2004년, 2013년, 2016년, 2020년에 시행된 네 가지 조사를 보도록 하자.

조사 시기와 상관없이 공통적으로 한국인들은 고통 없는 죽음을 일 순위로 꼽았다. 그리고 가족들이 죽음의 순간에 함께하기를 원했고, 주변에 폐를 끼치는 것을 원치 않았으며 가급적 스스로 주변을 정리하고 세상을 떠나고 싶다고 했다.

다만 시기별로 중요한 차이점이 관찰되기도 한다. 2004년 당시 노인들은 자녀들이 자신보다 먼저 죽어서는 안 되고, 부모 노릇을 다한 후에 죽어야 하는 등 가족 공동체가 가치관의 중심에 있었다.

하지만 핵가족화와 도시화가 가속화되면서 2003년을 기점으로 병원 임종이 주택 임종을 추월했고, 9년이 지난 2013년에는 병원 임종이 70%를 넘어서게 된다. 이런 시대 변화의 영향인지 2013년 조사에서는 부모의 책임, 자식과의 관계는 사라지고 배우자와 비슷한 시기에 떠나면서 타인에게 폐 끼치지 않고 원하는 삶을 누리다가 좋은 사람으로 기억되는 것을 중요하게 꼽았다. 한국 사회의 구조가 공동체 사회에서 개별화 사회로 재편되면서 노인들의 가치관 역시 가족 공동체에서 자기 자신에게로 옮겨가게 된 것이다.

2016년 죽음과 관련된 한국 사회의 가장 큰 사건은 앞서 연명의료결정법이 제정되어 국회를 통과한 것이다. 연명의료

〈노인들이 생각하는 좋은 죽음에 대한 인식 변화〉

2004 한국 사회 복지학회5	2013 한국콘텐츠 학회6	2016년 서울의대7	2020년 노인실태조사8
고통 없는 죽음	고통 없이 잠을 자듯 편안한 죽음	통증 없는 상태	신체적, 정신적 고통 없는 죽음
명을 다하는 죽음	명을 다 누리는 죽음		
자녀보다 일찍 죽는 것	배우자와 비슷한 시기에 떠남 주변에 폐를 끼치지 않는 것 타인에게 좋은 사람으로 기억되는 것	가족이나 타인에 부담 주지 않는 것	가족이나 지인에게 부담 주지 않는 것
자식들이 임종을 지키는 것	내 집에서 맞이하는 죽음	소중한 사람과 함께하는 것	소중한 사람 (가족, 지인)과 함께하는 것
부모 노릇 다하고 죽는 것	원하는 삶을 누리다 가는 죽음	의미 있는 삶이었다는 생각	
준비된 죽음	정리를 다한 준비된 죽음	주변 정리를 잘하는 것	임종 전후 상황을 스스로 정리하는 것

결정법은 2008년 세브란스병원 중환자실에서 연명의료를 받고 있던 김 할머니의 가족들이 병원 측에 기계호흡장치를 제거하고 편안하게 임종하게 해달라는 소송을 제기하면서 촉발되었다.

2016년 서울대학교 병원 조사에 나타난 가장 큰 변화는 좋은 죽음의 요건으로 더 이상 수명을 다 누리는 것을 꼽지 않게 되었다는 것이다. 병원 임종이 일반화되면서 오랜 시간 병원에 누워지내다 중환자실에서 연명의료를 받다 죽는 것이 흔했기에 오래 산다는 것은 가족과 주변에 폐를 끼치는 것으로 받아들여지게 되었기 때문이다.

세브란스 김 할머니 사건 이후 무의미한 연명의료에 대한 두려움과 잘 사는 것보다 잘 죽는 것에 대한 관심이 커지기 시작했다. 가장 최근의 조사는 정부가 시행한 '2020년 노인 실태조사'이다. 이 조사는 1만 명에 달하는 노인을 대상으로 진행되었는데 여기서도 2016년과 마찬가지로 오래 사는 것에 대한 바람은 없다.

이들을 종합해 보면 한국인에게 좋은 죽음이란 첫째 집에서 가족들과 함께하는 것, 둘째 고통 없이 편안한 죽음, 셋째 가족과 주변에 부담을 주지 않는 것, 넷째 의미 있고 행복한 삶을 누리다 죽는 것이라고 할 수 있다.

그렇다면 한국인들은 이런 바람대로 자신의 죽음을 준비하며 맞이하고 있을까? 이제 한국 사회의 죽음의 냉정한 현실을 살펴보고자 한다. 이는 당신이 과연 원하는 대로 죽을 수 있는지 그 가능성을 따져보는 일이다.

초라한 삶의 질, 비참한 죽음의 질

죽음의 질

영국 이코노미스트 산하 연구소인 EIU Economist Intelligence Unit는 2010년 OECD 경제협력개발기구 회원국을 포함한 주요 40개국을 대상으로 임종을 앞둔 환자가 얼마나 품위 있게 죽음을 맞는지를 조사한 〈죽음의 질 지수 Quality of Death Index〉보고서를 발표했다.[9]

영국과 호주가 10점 만점 중 7.9점으로 1위를 차지한 반면에 인도는 1.9점, 우간다 2.1점, 브라질 2.2점으로 최하위를 차지했다. 일본은 4.7점에 23위, 한국은 3.7점으로 40개국 중 32위를 차지했다.

세부적으로 살펴보면 우리나라는 보건의료 환경 분야의 수

준은 높은 평가를 받았지만, 평화로운 임종을 위한 임종의료 체계가 미흡하고 호스피스 완화의료 기관들의 수도 적으며, 그로 인해 많은 말기 환자들이 사망 직전까지 중환자실에서 연명의료를 받는 것으로 나타났다.

EIU는 2015년에 평가 대상을 2배로 늘린 80개국을 분석하여 보고서를 다시 발표했다. 2010년과 마찬가지로 영국, 호주, 뉴질랜드, 아일랜드, 벨기에 등이 상위를 차지했다. 동아시아 국가들의 약진이 눈에 띄었는데, 대만, 일본, 한국이 2010년 14위, 23위, 32위에서 각각 6위, 14위, 18위로 대폭 올라섰다.

영국을 비롯한 상위 국가들은 많은 수의 호스피스 완화의료 기관이 지역마다 고루 분포해 있고, 비용도 국가에서 전액 부담하고 있어서 호스피스에 대한 말기 환자의 접근성이 매우 높다는 공통점을 가지고 있었다. 영국은 말기 환자의 95%가 호스피스 완화의료를 이용하는 것으로 알려져 있다.

미국은 43%, 대만은 30%가 이용하는 것으로 조사되었으나 한국의 경우 2010년 10.6%밖에 되지 않아 10명 중 1명만 호스피스 완화의료 기관에서 삶을 마무리하는 것으로 나타났고 2015년에는 15%, 2017년에는 22%로 여전히 말기 암 환자 대다수가 호스피스 완화의료를 제공받지 못하고 있는 실정이다.

더 이상의 적극적인 치료가 무의미할 때는 통증, 호흡 곤란 등 증상을 조절하고 인간적인 돌봄을 제공하여 존엄하게 임종을 맞이할 수 있도록 하는 호스피스 완화의료 기관의 접근성이 오늘날 죽음의 질을 결정하는 가장 중요한 요소라고 할 수 있다. 뿔뿔이 흩어져 개별적인 삶을 사는 현대인들은 나이가 들고 죽음이 가까울 때 돌봐줄 사람이 없어서 의료기관이나 돌봄시설에서 삶을 마감하는 비율이 늘고 있기 때문이다.

또한 앞서 좋은 죽음에 대한 조사가 보여주듯 시대를 불문하고 고통스러운 죽음에 대한 두려움이 가장 크기 때문에 생애 말기에 대부분 의료기관에 입원하게 된다. 하지만 고통받지 않기 위해 입원한 의료기관에서 되레 연명의료의 고통에 빠지는 함정이 있어서 대안으로 연명의료 없이 고통 경감에 주력하는 호스피스 완화의료 기관의 확대가 죽음의 질을 높이는 데 매우 중요하다.

이런 문제의식을 기반으로 우리나라 정부도 2005년부터 호스피스 완화의료 기관에 대한 지원 사업을 꾸준히 이어오고 있지만 우리의 경제 수준과 의료적 환경에 비하면 절대적으로 부족한 상황이다. 그렇기에 2015년 EIU의 보고서에 한국의 죽음의 질 지수가 18위로 상승한 것에는 한국의 현실을 정확히 파악하지 못한 오류가 존재한다.

그 근거로 이제부터 한국인이 바라는 좋은 죽음의 요건인 집에서 가족과 함께 맞이하는 죽음, 고통 없이 편안한 죽음, 가족들에게 부담을 남기지 않는 죽음, 행복한 삶을 살다가 맞이하는 죽음이 현실 속에서 어떻게 실패되고 있는지를 확인해 보려고 한다.

쓸쓸하고 비참한 병원 임종

오늘날 한국 사회에서 발생하는 죽음의 가장 큰 특징은 국민 대다수가 집이 아닌 병원에서 죽는다는 것이다. 죽음이라는 사건이 집에서 병원으로 옮겨와 병원이 명실상부 죽음의 공간이 된 가장 큰 원인은 바로 도시화 때문이다.

1970년대에 들어 산업 발전과 함께 대한민국은 급격한 도시화와 핵가족화가 진행되었다. 전통사회에서는 초상이 나면 마을 공동체가 나서서 장례를 치르고 상여를 매고 매장까지 함께 했었다. 그러나 사람들이 시골을 떠나 도시로 몰려들고 아파트 같은 공동주택이 급속히 늘면서 집에서 장례를 치르는 전통은 사라지게 되었다.

실제로 1955년 25%에 머물던 도시화율은 불과 20년 만에 70%에 이르게 되었고, 그에 따라 도시의 풍경은 빽빽히 들어선 아파트 단지들로 바뀌었다. 조밀하게 모여 살수록 이웃은 연대의 대상보다는 층간소음, 사생활 침해와 같은 갈등의 대상이 되었기에 집에서의 장례는 갈수록 어려운 일이 되었다.

특히 1980년대 들어 건강보험이 본격적으로 확대되면서 병원 문턱이 낮아지게 되자 도시 사람들은 병에 걸리면 집보다는 병원에 입원하여 마지막까지 치료를 받고 사망 후엔 병원 장례식장을 이용하는 것이 흔한 도시의 죽음 문화로 자리 잡게 되었다.

1981년 한 일간지에 실린 당시 정신문화연구원 대학원장이자 국어학자 이숭녕 교수의 칼럼은 이렇게 급속히 변해가는 한국인의 삶을 잘 보여준다. 그는 자신에게 아파트로 이사하라고 권하는 자녀들을 향해 "옛날에는 부모가 병원에서 중태에 빠지면 집으로 모셔다가 방에서 임종하는데, 요새는 아파트에서 병이 중하면 병원 응급실로 데려가서 숨을 거두게 하고, 냉장고인지 시체실인지에 넣었다가 옆의 영결식장을 거쳐 묘지로 보내는 것이 아니냐"라고 꾸짖는다.

이를 보면 80년대에 이르러 한국 사회의 죽음이란 삶의 마지막 순간까지 질병 또는 노화와 싸우다가 병원에서 사망하는 것으로 바뀌어 가고 있었으며, 더불어 병원 임종 역시 일반화되어 갔다. 정부의 통계 발표에 따르면, 1980년대 초 85%에 달했던 주택 임종 비율은 급격히 감소하여 2003년에는 자택 임종과 병원 임종이 역전되기 시작했고, 이는 꾸준히 늘어 2020년 현재 대한민국 국민 4명 중 3명은 병원에서 삶

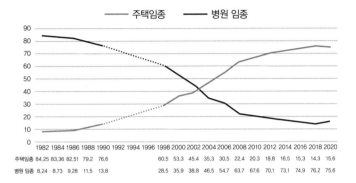

〈임종 장소 변화 추이〉*

	1982	1984	1986	1988	1990	1992	1994	1996	1998	2000	2002	2004	2006	2008	2010	2012	2014	2016	2018	2020
주택임종	84.25	83.36	82.51	79.2	76.6				60.5	53.3	45.4	35.3	30.5	22.4	20.3	18.8	16.5	15.3	14.3	15.6
병원 임종	8.24	8.73	9.28	11.5	13.8				28.5	35.9	38.8	46.5	54.7	63.7	67.6	70.1	73.1	74.9	76.2	75.6

을 마감하고 있다.

생애 말기에 병원에서 기계호흡장치를 달고 인공영양을 받으며 최대한 버티다가 죽음을 맞이하는 모습은 마치 현대 사회 죽음의 통과의례로 자리 잡은 듯 하다. 이는 엄밀히 삶의 연장이 아닌 죽음의 연장이라고 할 수 있는데, 이처럼 병원 임종의 가장 큰 문제는 죽음이 인간적인 마무리가 아니라 하나의 의학적 사건으로 처리된다는 것이다.

집에서 죽음을 맞이하는 전통이 아직 힘을 발휘하던 시절에 병원의 의료진들은 완치를 장담할 수 없는 중증 환자, 말

* 1990년까지는 국가기록원 사망원인 통계연보의 사망진단서 분석 내용을 인용했고, 이후 한동안 임종 장소에 대한 국가 통계가 누락되었다가(점선), 1998년부터 통계청에서 인구동향조사를 시행하면서 임종 장소를 다시 발표하고 있다.

기 환자, 그리고 고령의 환자를 가족들과 상의하여 무리한 치료를 중단하고 퇴원시켜 집에서 임종할 수 있도록 도왔다. 당시에 이는 의료적 관행을 넘어 일종의 사회문화였다.

치료 중단이라는 지금으로서는 쉽지 않은 결정이 그 당시에 가능했던 이유는 첫째, 우리의 전통적인 죽음 문화가 객사를 거부하고 가정에서 임종을 지키는 것을 선호했기 때문이다. 임종이란 '자녀가 부모의 죽음을 옆에서 지켜보며 그 과정에 참여하는 것'을 말한다. 유교적 전통에서는 자기 명을 다 누리고 집에서 자녀들이 임종을 지키는 것을 '고종명考終命'이라 하여 인간이 누리는 오복 중 하나로 꼽는다.

한국인의 죽음에 대한 인식을 연구하는 의료인류학자 강지연은 한국의 전통적인 죽음관이란, 조상으로 모실 수 있는 다행스러운 죽음과 그렇지 못한 안타까운 죽음으로 나뉜다고 말한다.[10] 이런 전통 내세관에 따르면 집 밖에서 죽음을 맞이하는 객사는 죽은 영혼이 돌아갈 집을 찾지 못해 자손들이 올리는 제사를 받을 수 없기에 불행하고 비참한 죽음이 된다. 때문에 병원에서 퇴원하여 집에서 죽음을 맞도록 돕는 것은 자식들로 하여금 부모에 대한 마지막 예禮와 효의 기회를 제공하는 사회적 합의이자 미덕이었다.

둘째는 당시 한국 사회의 건강보험은 보장 범위와 보장률이 매우 낮아서 중증 환자의 경우 서민들로서는 감당할 수 없는 의료비 부담이 발생했기 때문이다. 이런 재난적 의료비 때문에 사람들은 경제적 이유로 치료를 포기하곤 했다. 이 경우 병원은 '의학적 권고에 반하는 퇴원', 일명 'DAMA Discharge Against Medical Advice'라는 자의 퇴원 서약서를 받고 환자를 퇴원시켰다.

하지만 시간이 흐르면서 산업화로 소득 수준이 높아지고, 마을공동체의 해체와 개별화 사회로의 전환을 맞이하면서 병원 임종이 급속히 늘게 되었다. 한 예로, 1993년 7월 23일 동아일보는 시민들의 의식이 변화하여 집 대신 병원에서 장례를 치르는 사람들이 급속이 늘고 있다면서, 잠실의 아파트 단지 주민들이 바로 옆의 강남병원현 서울의료원의 장례식장을 환자가 아닌 일반인에게도 개방해 달라는 민원을 지속적으로 제기하고 있다고 보도했다.

그러한 변화와 혼란 속에서 병원 임종을 일반화하는 데 쇄기를 박는 사건이 발생하게 된다. 1997년 중증 환자를 부인의 요청에 따라 집으로 퇴원시켰던 의료진이 형사처벌을 받게 된 보라매병원 사건이 바로 그것이다. 이 사건 이후 병원들은 처벌이 두려워 집에서의 임종을 돕는 기존 관행을 폐기하고, 최선의 노력이라는 명목 아래 연명의료를 당연시하는 새로운 관행을 받아들였다. 그 결과 급격히 늘어난 의료비 부담으로 자살을 하거나 가족이 환자의 연명의료장치를 제거하는 사건이 빈발하게 되었다.

이런 경제적 부담으로 인한 치료 포기를 막는 국가지원 정책은 2011년 '아덴만 여명' 작전으로 구출된 석해균 선장의 치료비 문제가 사회적으로 큰 이슈가 되면서 거의 20년이 지난 2016년이 되어서야 이뤄지게 된다.[11]

1997년 보라매병원 사건 이후 병원에서는 위중한 환자들뿐만 아니라 말기 환자들의 퇴원까지 막았기에 중환자실에서 마지막까지 연명의료를 받다가 임종하는 것이 사회적 풍토가되었고, 병원 임종 역시 심화되었다. 그리고 현대인들은 점차 언제 삶을 내려놓고 죽음을 수긍해야 하는지에 대한 경계선을 잃어버리게 되었다.

이렇게 새로운 관행이 된 병원 임종과 연명의료로 인한 혼란에 대해 순천향대 간호학과 김형숙 교수는 《도시에서 죽는다는 것》에서 중환자실 간호사로 겪었던 경험을 다음과 같이 말한다.

훨씬 위중한 환자들, 더 복잡하고 첨단화된 기술, 그 가운데서 나는 혼란에 빠져 있었던 것 같다. 심폐소생술을 비롯하여 우리가 하고 있는 처치들이 생명을 구하기 위한 것이 아니라 죽음으로 가는 통과의례 같은 것이라고 여길 때가 많았다.

그럼에도 불구하고 멈출 수도 없었다. 멈춘다는 건 곧 생명을 포기하거나 경시하는 일이 되는 것만 같았고, 그래서 깊은 회의를 느끼면서도 맹목적으로 죽음의 반대 방향으로 환자를 잡아끌고 버티는 기분이었다.

가족과 떨어져 중환자실에서 기계호흡장치를 물고 사지가 결박된 채 의식 없이 차가운 기계 장치에 둘러싸여 맞는 죽음은 한 마디로 비인간적인 '비참한 죽음'이다.

한국인들은 집과 같이 편안하고 익숙한 공간에서 사랑하는 가족들에 둘러싸여 맞는 죽음을 좋은 죽음으로 꼽지만 병원 임종이 75%를 넘는 지금의 현실은 그런 바람과 너무도 많이 동떨어져 있다. 심지어 병원이라는 공간에서는 가족들에게 마음껏 울면서 애도하는 것도 허용되지 않는다. 병원에서의 임종은 인간미라고는 조금도 찾아볼 수 없는 차갑고 기계적인 의학적 사건이자, 한낱 의료적 업무로 다뤄지고 있는 것이 현실이다. 한국인들은 그렇게 죽어가고 있다. 그리고 비극은 그뿐만이 아니다.

고통 속에서 맞이하는 죽음

2020년 노인실태조사에서 노인들은 좋은 죽음의 요건으로 고통 없는 죽음을 첫 번째로 꼽았다. 많은 노인들과 말기 환자들이 임종 장소로 집을 가장 원하면서도 결국에는 병원에 입원하게 되는 가장 큰 이유는 통증, 호흡 곤란과 같은 육체적 고통이 악화되었을 때 집에서는 손쓸 방법이 없기 때문이다.

죽기 전까지 극심한 고통에 시달린다는 것은 저주받은 삶과 같고, 지금까지 살아온 삶의 의미가 통째로 부정당하는 끔찍함이다. 극심한 통증에 시달리는 것이 얼마나 비참한 일인지는 일본의 내과 의사 야마자키 후미오山崎章郎의 《병원에서 죽는다는 것病院で死ぬということ》에 등장하는 기노시타라는 88세 간암 환자 이야기를 통해 확인할 수 있다.

기노시타는 어느 날 갑자기 통증이 악화되어 반복적으로 진통제 투여를 요구한다. 의사들은 진통제 용량이 불충분하다는 생각보다 그가 모르핀에 의존하고 있다고 생각하고 대신 증류수를 투여했다. 자존심이 강한 기노시타는 통증은 가라앉지 않고, 귀찮아하는 의료진의 태도에 이를 악물고 밤새 통증을 견디다가 더는 버틸 수 없자 결국은 애걸하며 진통제를 다시 요청하게 된다. 기노시타에게 그날은 '버림받은 아이처럼 비참한 기분이었으며 삶을 지탱해 온 자신감과 자존심이 산산이 부서지는 밤'이었다.

그렇다면 대한민국의 말기 환자들의 상황은 어떨까? 88세의 말기 환자 기노시타의 끔찍한 경험이 한국의 병원에서는 일어나지 않는 걸까? 2010년 EIU의 죽음의 질 보고서에 따르면 그 대답은 암울하다. 총 5단계로 평가된 말기 환자의 마약성 진통제 접근성 항목에서 호주, 캐나다, 덴마크 등은 1등급, 인도는 최하인 5등급이었고, 한국은 멕시코, 터키, 우간다와 함께 4등급에 위치했기 때문이다. 참고로 일본은 영국, 미국, 대만 등과 함께 2등급에 위치했다.

WHO 세계보건기구는 고통 없는 죽음을 인간이라면 당연히 누려야 할 권리라고 강조한다. WHO의 조사에 따르면 2013년 기준 전 세계 모르핀 진통제의 91%가 고소득 국가에서 소비되지만, 이들은 전 세계 인구의 약 20%에 불과하다. WHO는 소득에 따라 고통 없는 죽음마저도 불평등에 내몰리는 현실을 지적하면서 말기 환자에 대한 마약성 진통제의 접근성 개선에 전 지구적 관심을 요청했다.

그런데 세계 경제규모 10위권에 진입한 대한민국의 마약성 진통제 처방이 최하위권이라는 것은 병원이 연명의료에는 열을 올리면서 정작 말기 환자들의 통증에는 무관심하다는 방증이 된다.

2003년 이소우 서울대 간호학과 등의 연구에 따르면 한국 암 환자의 3분의 1은 만족스러운 통증 조절이 이뤄지지 않는 것으로 파악되었다.[12] 2008년 김영조의 연구에서도 암 환자의 절반 정도만 통증 조절에 만족하는 것으로 조사되었다.[13] 죽음의 질 최하위권을 기록한 2010년 EIU의 발표는 이런 국내 상황이 반영된 결과라고 할 수 있다.

하지만 2005년에 시작된 '말기 암 환자 완화의료 지원 사업'으로 호스피스 완화의료 기관은 2005년 5개에서 2015년 66개로 대폭 늘어났다. 그 결과 때문인지 2015년 EIU 보고서에서 한국의 죽음의 질은 80개국 중 18위로 상승했고, 마약성 진통제 접근성 역시 1등급으로 상향되었다.

하지만 이런 결과가 실제 말기 환자의 적극적인 통증 조절과 일치한다고 할 수는 없다. 그 이유는 마약성 진통제 처방 증가가 암 환자나 말기 환자가 아닌 주로 외래에서 근골격계 질환을 가진 환자를 대상으로 이뤄졌기 때문이다.

우리나라의 마약성 진통제 처방 실태를 가장 정확히 알 수 있는 것은 건강보험공단 자료인데, 이를 분석한 최혜영 등의 연구에 따르면 2010년부터 2013년까지 3년 동안 마약성 진통제 처방은 32%나 증가했지만 2013년 기준 처방 환자의 40%가 비암성 환자였다.[14] 외래에서 비암성환자 대상의 마약성 진통제 처방은 이후 더욱 증가한다.

건강보험심사평가원의 자체 보고서에 따르면 2013년에서 2016년까지 3년 동안 마약성 진통제의 처방 보험 청구 금액을 따졌을 때 상급 종합병원과 종합병원 입원 환자에서 청구는 37%와 28% 증가한 반면 의원과 약국의 외래환자 청구는

무려 117% 증가한 것으로 파악되었다.[15]

2018년 대한통증의학회 추계 학술대회에서는 건강보험심사평가원의 자료를 바탕으로 2015년부터 2017년까지의 마약성 진통제 처방 건수를 분석한 결과가 발표되었다. 이 기간 동안 의원에서의 마약성 진통제의 처방이 2.6배 증가했는데, 이는 같은 기간 종합병원의 처방 증가 비율보다 20배나 높은 급격한 증가였다.

이상의 결과를 종합해 보면 우리나라의 마약성 진통제 처방 증가는 말기 및 임종 과정 환자의 죽음의 질과는 직접적 관련이 없음을 알 수 있다. 2015년 EIU는 한국을 마약성 진통제 접근성이 높은 1등급으로 평가했고, 그 결과 죽음의 질 순위도 18위로 상승했지만 자세히 따져보면 실제 현실과는 괴리가 있는 것 같다.

이는 2010년 이후 마약성 진통제가 기존의 주사 제형에서 알약과 붙이는 패치 형태 등으로 다양화되면서 외래 처방이 수월해졌고, 제약회사에서 근골격계 질환 등 비암성 일반 환자에 대한 마약성 진통제 처방을 적극적으로 마케팅한 결과로 판단된다.

그 부작용으로 마약성 진통제의 오남용 문제도 급격히 증가하게 되었다. 가장 최근의 사건으로는 2021년 11월에 허리 통증을 호소하며 여러 지역의 의원을 돌며 마약성 진통제 패치를 처방받아 불로 가열하여 흡입하고 판매까지 한 26명이 검거되었고, 이들에게 별다른 확인 없이 마약성 진통제를 처방한 의사 9명도 검찰에 송치되었다.

한편에서는 오남용이 문제지만, 다른 한편에서는 말기 및 임종 과정 환자에 대해 마약성 진통제 처방이 너무 소극적이어서 문제가 되고 있다. 그나마 호스피스 완화의료 기관이 늘면서 말기 암 환자에 대한 마약성 진통제는 일반화되었지만 암이 아닌 말기 질환자에게는 마약성 진통제가 유용함에도 거의 처방되지 않고 있기 때문이다.

예를 들면 말기 폐 질환, 말기 심부전 환자의 호흡 곤란 완화에 모르핀이 큰 효과가 있음에도 불구하고 많은 의사들은 암 환자가 아닌 다른 말기 환자에게 사용하는 것을 몹시 주저하거나 금기로 잘못 알고 있다. 이들은 대부분 마약성 진통제를 투여하면 바로 호흡 억제가 일어나 환자의 죽음이 촉진될까 두려워한다.

유럽의 완화의학의 선구자인 독일 의사 지안 도메니코 보라시오 Gian Domenico Borasio는 《스스로 선택하는 죽음 Selbst bes-timmt sterbe》에서 호흡 곤란의 경우 가장 효과적인 동시에 안전한 약품이 모르핀이라는 사실을 현존하는 모든 연구들이 증명하고 있음에도 '마약 공포증 opioid phobia'에 사로잡혀 있는 의사들이 사용을 꺼려 하는 바람에 환자들이 끔찍한 고통에 내몰려 있다고 지적한다. 실제 3,000여 명의 말기 및 임종 과정 환자 사례를 분석한 연구 결과 모르핀과 벤조디아제핀 안정제가 환자의 고통은 완화시켜 주지만 여명을 단축시키지 않는 것으로 확인되었다.[16]

WHO는 말기 및 임종 과정 환자에 대한 적극적인 마약성 진통제 사용을 인도주의라고 선언하고 있다.[17] 하지만 말기 환자에 대한 의사들의 '마약 공포증'이 개선되지 않는다면 말기 환자들은 죽는 것보다 괴로운 통증과 호흡 곤란에 시달리며 지옥과 같은 날들을 보낼 수밖에 없다.

우리나라는 마약성 진통제 처방 건수가 매년 급속히 증가하고 있다. 그러나 실체를 들여다보면 말기 및 임종 과정 환자에 대한 처방 증가는 미미하여 고통 없는 편안한 죽음에 대한 한국인의 바람과 달리 병원에서의 죽음은 여전히 비참한 상황을 벗어나기 어렵다.

주변에 큰 부담을 남기는 죽음

2020년 노인실태조사에서 우리나라 노인들은 좋은 죽음의 요건으로 고통 없는 죽음뿐만 아니라 주변에 부담을 남기지 않는 것 역시 최우선으로 꼽았다.

2000년대 초반까지의 좋은 죽음에 대한 인식 조사에는 중요하게 고려되지 않던 주변에 대한 부담 걱정이 2010년대에 들어 부각된 이유는 무엇일까? 이는 보라매병원 사건 이후 중증 환자와 말기 환자의 퇴원이 허용되지 않으면서 자연스레 연명의료가 증가하고 그로 인해 가족들의 경제적 부담이 커졌기 때문이다.

2016년 JTBC에서 방영된 〈청춘시대〉라는 드라마에는 28세지만 여섯히 대학을 졸업하지 못한 윤진명이라는 인물이 등장한다. 그녀의 가족은 6년째 식물인간 상태인 남동생과 그 옆에서 종일 지극정성으로 간병하는 어머니 둘뿐이다. 어머니는 동생이 곧 깨어날 거라는 희망을 버리지 못하고 장애인 등록조차 하지 않았다. 진명은 종일 여러 개의 아르바이트로 치료비와 생계비를 감당하느라 청춘의 삶 따위는 일찌감치 포기하게 된다.

어느 날 동생의 심장이 멎고, 병실로 의료진들이 달려온다. 어머니는 복도에서 오열하고, 진명은 급하게 병원으로 달려왔다. 그때 병실에서 나온 의사가 어머니에게 '다시 원래대로 돌아왔습니다'라고 말한다. 동생이 회복되었다는 말에 어머니의 얼굴이 심하게 일그러지고, 진명의 얼굴도 굳어버린다. 의료진은 최선을 다해 동생을 살아 있지도, 죽어 있지도 않은 상태로 되돌려 놓았고 어머니는 간병 지옥에, 진명은 생계 지옥에 여전히 머물게 되었다.

드라마 속 주인공 윤진명과 같은 상황은 현실에서도 드물지 않다. 1997년 보라매병원 사건 역시 의료비에 대한 부담 때문에 부인이 중환자실에 누워 있는 남편의 퇴원을 요구했다. 빈곤했던 부인은 부양해야 할 어린 자녀들을 위해 현실적인 결심을 한 것이다.

2003년 서울 용산에서는 아버지가 전신마비로 누워 있는 20세 딸의 인공호흡기 전원을 꺼 사망에 이르게 하여 구속이 되었다. 딸은 8년 전부터 희귀병으로 사지마비가 되었고 아버지는 딸을 간병하느라 직장을 그만두었을 뿐만 아니라 치료비를 위해 집을 팔고 큰 빚도 지게 되었다. 장례를 마치고 자수한 아버지는 경찰에게 '치료비를 더 이상 감당하기 어려웠고, 남은 가족들의 생계를 위해서 어쩔 수 없었다'고 진술했다.

2007년에는 전라남도 담양군에서 아버지가 식물인간 아들의 인공호흡기를 제거해 사망에 이르게 한 사건이 있었다. 아버지에게는 두 아들이 있었는데 큰 아들이 어느 날 일명 루게릭병이라 불리는 '근이영양증' 진단을 받았고, 아버지는 담양에서 광주에 있는 장애인 학교까지 매일 아들을 등하교시켰다.

그러다 안타깝게도 둘째 아들에게도 같은 질환이 발병했는데, 아버지는 아들 둘을 모두 정성껏 뒷바라지하며 '장한 아버지 상'도 받았다. 그러나 어느 날 큰 아들이 쓰러지면서 머리를 다쳐 기계호흡장치로 연명하는 식물인간 상태가 되었다. 이혼을 하여 홀로 두 아들을 돌봐왔던 아버지는 더 이상의 치료비를 감당하기 힘들고 아들의 고통을 바라볼 수가 없어 결국 아들의 인공호흡기를 자신의 손으로 제거하고 말았다.

의학의 발전에 따라 자연스럽게 중환자실과 연명의료도 늘어가고 있다. 그 가운데 예전에 없던 새로운 사회적 갈등이 발생하게 되었는데, 그것이 바로 재난에 가까운 치료비 부담이다.

한때 가족 중 암 환자나 희귀질환자, 중환자가 발생하면 집을 팔아야 하는 것이 현실이었기에 사람들은 환자의 연명과 남은 가족의 생존이라는 선택의 기로에 서야 했다. 결국은 현실의 무게를 견디지 못하고 가족이 직접 환자를 죽음에 이르게 하는 비극이 늘어나자 2009년 정부는 뒤늦게 암, 희귀 난치성 질환, 중증 외상 환자 등에 대해 치료비를 지원하고 감면하는 산정특례 제도를 시행하게 된다.

그러나 환자 가족들의 고통은 여전히 지속되고 있다. 이 제도 안에 포함되지 않는 질병들도 많으며, 대상자 선정은 까다롭고, 지원도 일부 항목에 한정되는데 특히 간병에 대한 지원이 빠져 있기 때문이다. 드라마 〈청춘시대〉 속 윤진명 가족의 비극은 지금 여전히 대한민국 곳곳에서 일어나고 있다.

비극은 계속되고 있다

비극은 멈추지 않았다. 2012년 서울 영등포에서는 치매에 걸린 아내를 돌보던 남편이 중증으로 진행되는 병세를 견디지 못하고 결국 아내를 목 졸라 숨지게 했다. 2013년 충남 당진에서는 교통사고로 식물인간이 된 아들을 25년간 돌보던 아버지가 간병을 견디지 못하고 자신의 집에 불을 질러 아들과 함께 동반자살했다. 화재 진압 후 현장 감식 결과 불에 탄 아버지는 아들을 꼭 껴안고 있었다고 한다.

2020년 충남 천안시의 한 병원에서는 남편이 아내의 인공호흡기를 제거해 사망에 이르게 한 사건이 있었다. 중국 동포였던 부부는 둘 다 요양보호사로 일하다가 아내가 갑자기 원인을 알 수 없는 뇌출혈로 의식을 잃고 쓰러져 기계호흡장치를 달고 연명하는 상태가 되었다. 더군다나 외국인 신분이어서 건강보험을 적용이 안 되어 치료비 부담이 컸던 남편은 결국 아내의 호흡기를 제거했고 살인죄로 징역 5년을 선고받았다.

2021년에도 비극은 계속되었다. 2021년 8월 대구지방법원은 뇌출혈에 의한 뇌 손상으로 누워 지내는 아버지에게 인공영양을 중단하여 굶어 죽게 만든 존속살인 혐의로 22세 청년에게 징역 4년을 구형했다.

월세 30만 원 집에서 아버지와 단둘이 지내던 청년은 1년

〈환자의 고통, 의료비 또는 간병 부담으로
가족이 직접 환자를 사망케 한 사례들〉

사건	시기	개요	환자상태	동기	사법처리
보라매병원 사건	1997.12	아내의 요구에 따라 뇌출혈 환자가 집으로 퇴원 후 5분 만에 사망	뇌수술 후 병세 호전 중	의료비 부담	아내는 살인죄, 의사 2명은 살인방조죄 확정
용산 사건	2003.10	아버지가 사지마비 희귀병 딸의 산소호흡기 전원을 끈 뒤 사망	3년간 산소호흡기 의존	의료비 부담	살인죄로 징역 2년 6월, 집행유예 3년 선고
서울대병원 사건	2006.06	딸이 요구에 따라 말기 간경변 환자의 산소 호스 제거	임종 과정 진행 중	연명의료 중단에 대한 환자의 생전 요청	딸, 의사 모두 무혐의
담양군 사건	2007.08	아버지가 식물인간 아들의 인공호흡기를 제거	근이영양증으로 오랜 시간 투병 및 뇌 손상에 의해 식물인간 상태로 진행	의료비 및 간병 부담, 환자의 고통 경감	아버지 불구속, 의사는 무혐의
영등포 사건	2012.10	70대 남편이 치매에 걸린 아내를 목 졸라 숨지게 함	치매가 중증으로 진행되면서 증세 악화	간병 부담 및 심리적 고통	남편 징역 2년 6개월
경기도 포천 사건	2013.09	아들이 뇌종양 말기 아버지를 목 졸라 숨지게 함	환자가 가족들에게 안락사를 요청	의료비 부담, 환자 고통 경감	아들 징역 7년, 딸 징역 5년, 부인 징역 2년 집행유예 4년
충남 당진 사건	2013.11	아버지가 집에 불을 질러 식물인간 아들과 동반살	교통사고로 인한 뇌 손상으로 25년간 식물인간 상태	간병 부담	모두 사망
충남 천안시 사건	2020.06	중국인 동포 부부로, 요양보호사로 일하면서 평소 연명의료를 원치 않았던 아내의 뜻에 따라 인공호흡기를 제거	원인 불명의 뇌 손상으로 인공호흡기에 의지한 연명의료 상태	환자의 생전 요청, 외국인 국적으로 의료비 부담	남편 징역 5년
대구 수성구 사건	2021.08	아들이 뇌 손상 와상상태 아버지를 굶겨 사망에 이르게 함	뇌출혈에 의한 장애로 비위관 인공영양 상태	의료비 부담, 간병 부담	아들 1, 2심 모두 존속살인죄로 징역 4년

출처 : 1997-2007년, 〈연명치료중단 관련 사회적 흐름 개괄.
생명윤리포럼 제 1권 제 3호. 2012〉. 이후는 자체 조사하여 추가함.

전 갑자기 뇌출혈로 쓰러진 아버지의 수술비와 입원비를 감당할 수 없었다. 아버지는 56세로 65세 이상에게 지급되는 요양급여도 받을 수 없었고, 결국은 퇴원하여 집에서 직접 아버지를 간병해야 했다.

간병으로 편의점 아르바이트조차 할 수 없게 되자 당장 생계가 어려워졌다. 가스, 전화가 끊기고 월세도 밀리자 모든 것을 체념한 22살의 청년은 그렇게 아버지를 포기했다. 아버지가 사망하자 스스로 119에 전화를 했고 구급대원의 신고로 경찰에 체포되었다.

보라매병원 판결 이후 의학적 최선이라는 미명 아래 연명의료가 일반화되었다. 말기 환자든 노인 환자든 미리 심폐소생술 거부 서약서를 작성해 놓지 않으면 어김없이 중환자실에서 기계호흡장치를 달고 최대한 끌다 심폐소생술까지 겪은 후에야 비로소 죽음에 이를 수 있는 자격이 부여되는 연명의료의 시대가 도래한 것이다.

그 결과, 살면서 평생 지출한 의료비보다 사망 직전 1년 동안의 의료비가 더 커지게 되었다. 특히 다양한 연명의료 기술과 장치가 개발되면서 이는 더 심화되고 있다.

국민보험공단 자료에 따르면 40세 이상 성인 기준 사망 전 1년간 의료비는 2005년 470만 원월평균 39만 원이었으나 10년이 지난 2015년에는 1,595만 원월평균 133만 원으로 약 3.4배 증가했다. 이 중에서 중환자실 집중 치료가 무의미한 말기 암 환자와 만성 퇴행성 질환 환자들만 따로 떼어놓고 보면 어떨까?

치매, 뇌졸중, 파킨슨병, 암 등으로 장기요양 보험 서비스를 받다가 사망한 237,385명의 건강보험 자료에 따르면 사망 전 1년 동안 그들의 월평균 의료비는 65만 원이었으나, 마지막 한 달은 209만 원으로 3배 이상 늘어났고, 마지막 1년의 평균 의료비는 1,425만 원으로 확인되었다.

여기에는 비급여 의료비는 포함되지 않았기 때문에 실제 의료비 지출은 이보다 훨씬 클 것으로 예측된다. 특히 충격적인 것은 이들은 고령이거나 만성 퇴행성 질환자임에도 불구하고 이들 중 3분의 1에 해당하는 75,451명이 가족들과 분리된 채 중환자실에서 연명의료를 받다가 사망했다는 사실이다. 이렇게 말기 환자의 죽음마저도 고통스러운 대한민국에서 죽음과 거리가 먼 사람들은 과연 행복하게 살아가고 있는 걸까?

부동의 자살률 세계 1위

한국인은 좋은 죽음의 마지막 요건으로 행복하고 후회 없는 삶을 산 후 스스로 자신의 주변을 정리하고 맞이하는 죽

〈OECD 국가들과 비교한 한국인의 삶의 질〉

삶의 질 항목	한국 성적 (OECD 37개국 중)	자료 출처
연간 근로시간	36위 (1,967시간 / OECD 평균 1,726시간)	2019년 OECD 통계
고령인구 증가율	1위 (4.4% / OECD 평균 2.6%)	2011~2020년 OECD 통계
노인 빈곤율	1위 (43.4% / OECD 평균 14.8%)	2018년 OECD 통계
국가 행복지수	35위 (5.85점 / 1위 핀란드 7.28점)	2018년~2020년 SDSN 통계
어린이 정신적 웰빙지수	34위 (OECD 및 EU 회원 38개국)	2020년 유니세프 보고서

출처 : 한국개발연구원(KDI), 〈나라경제〉, 2021년 5월 호.

음을 꼽았다. 그럼 한국인은 대부분 행복하게 살다가 죽음을 맞이할까? 이를 객관적으로 확인하기 위해 세 가지 관점으로 한국인의 삶을 조망해 보려고 한다.

첫 번째는 UN이 발표하는 국가별 행복지수이고, 두 번째는 WHO에서 발표하는 국가별 자살률 추이이다. 마지막 세 번째는 우리나라에서 거주하는 외국인의 시선에서 바라본 한국인의 삶이다.

UN 산하기관 '지속가능발전 해법 네트워크SDSN'는 2012년부터 매년 평가 자료를 수집할 수 있는 세계 100~150여 개국의 행복지수를 발표하고 있다. 주로 상위는 민주주의와 경제적 안정을 바탕으로 사회 안정망을 잘 구축한 북유럽 국가들이 포진하고 있다. 한국은 주로 중상위권을 유지하고 있는데, 그 성적은 안타깝게도 2016년부터 50위권을 기록하다가 2020년에는 61위까지 하락했다.

한국개발연구원KDI에서 발행하는 〈나라경제〉 2021년 5월 호에는 OECD 회원 37개국들과 비교한 한국인의 삶의 질에 대한 평가가 실렸다. 여기에 따르면 한국인의 연간 근로시간은 OECD 회원국 중 멕시코 다음으로 길었고, 고령화 속도는 압도적 1위였으며, 노인 빈곤율도 가장 높았다.

충격적인 사실은 우리나라 어린이들의 정신적인 행복지수 역시 매우 낮다는 것이다. EU유럽연합와 OECD 회원국 38개국을 비교한 UNICEF유엔아동기금의 자료에 따르면 우리나라 어린이들의 신체적 건강은 13위, 학업 및 사회적 능력은 11위로 상위권이지만, 충격적이게도 정신적인 안정과 행복감에 대한 지표에서는 38개국 중 34위를 기록했다.

이 지표들로 한국인의 삶을 요약해 본다면 어릴 때는 학습에 대한 부담에 내몰려 정신적으로 힘들고, 어른이 되어서는 높은 노동시간에 시달리고, 노인이 되어서는 빈곤으로 내몰리는 삶이다. 그래서 한국은 세계 10위 경제대국임에도 불구하고 국민 삶의 만족도는 조사 대상 OECD 37개국 중 36위로 바닥에 위치하고 있다.

〈OECD 주요 국가의 인구 자살률 추이〉*

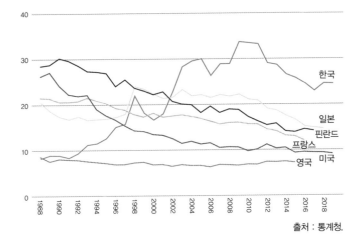

출처 : 통계청.

기적을 이루었지만 행복을 잃어버렸다

행복하지 못한 삶은 미래에 대한 기대를 잃어 남은 삶의 포기로 이어진다. 한국은 OECD 국가 중 2003년 일본을 추월한 이후 2020년 현재까지 18년째 자살률 부동의 1위를 차지하고 있는데, 자살자 수는 여느 OECD 국가들의 2배가 훌쩍 넘는다.

2017년 리투아니아가 OECD에 가입하면서 1위를 내준

---

* 인구 자살률은 인구 10만 명당 자살자 수이다. 한국은 2003년 일본을 추월하여 현재까지 부동의 1위를 유지하고 있다.

적은 있지만 인구 규모와 경제 규모를 따졌을 때 적절한 비교의 대상은 아니다. 표를 보면 알겠지만, 1990년 이후 주요 OECD 국가 중 인구 10만 명당 자살 사망률이 30명을 넘은 나라도, 2012년 이후 20명 이상을 유지하고 있는 나라도 한국이 유일하다. 자살률에 있어 한국은 청소년, 노인을 가리지 않고 전 세계에서 독보적인 나라다.

한국인의 유달리 높은 자살률에 대한 이유는 두 가지 관점에서 집근해 볼 필요가 있다. 첫 번째는 객관적 자료를 통한 실체를 파악하는 것이고, 두 번째는 그 결과들을 바탕으로 한국인의 삶을 해석하는 것이다.

한국인의 자살 원인에 대한 분석은 보건복지부 자살예방정책과에서 발간한 〈전국 자살사망 분석 결과보고서〉에 구체적으로 담겨 있다. 이 보고서는 2013년부터 2017년까지 5개년을 분석했다.

이 기간 동안 자살 사망률은 인구 10만 명당 25.2명이었는데 자살의 주원인으로는 우울증, 수면장애 등 정신건강 문제가 36.1%로 가장 높았고, 경제 문제가 19.5%, 만성질환, 장애와 같은 신체건강 문제가 17.4%를 차지했다. 특히 남성이 70.4%로 여성 29.6%보다 2배 이상 많았다.

2021년 대전과학기술대 간호학과 방소연 교수의 연구[18]에 따르면 청장년기는 우울이나 불안으로 항우울제 등 약물 복용한 경력이, 중년기에는 노화로 저하된 신체기능과 과도한 업무 및 사회생활과 대인관계 스트레스, 정서적 문제 등으로 인한 약물 복용 등이 자살과 관련이 깊은 것으로 나타났다. 또한 노년기 자살은 신체적 건강 문제와 우울, 그리고 경제적 빈곤으로 삶의 의지가 낮아지기 때문이라고 했다.

이 연구에서 청장년기에서 노년기로 진행할수록 자살 생각이 증가하는 것으로 확인되었는데, 그 이유로 노화로 신체적 기능이 감소하고 사회적 관계도 위축되며 퇴직 후 경제 능력의 저하 등 전반적인 삶의 여건이 부정적으로 변화되기 때문으로 분석했다.

이상을 종합해 보면 한국인은 청년기 시절부터 학업과 성공에 대한 과도한 정신적 스트레스에 노출되고, 성인이 되어서는 실제 생존을 위한 치열한 경쟁에 내몰리고, 이후 노화에 따른 육체적 질병으로 삶의 의지가 위축되고, 은퇴 후 경제적 빈곤까지 겹치면서 결국은 자살로 내몰리게 된다.

세계 10위권의 경제대국에 심지어 글로벌 문화 한류를 이끌고 있는 화려한 대한민국의 내면은 왜 이토록 초라하고, 우울하며, 불행한 것일까? 그 답의 실마리는 한국인과 한국 문화에 매료되어 한국에 눌러 살면서 한국인들의 삶을 관찰한 한 외국인의 글에서 찾을 수 있을 것 같다.

영국인 다니엘 튜더 Daniel Tudor는 2002년 월드컵 때 한국을 찾았다가 광화문 광장의 열광적인 붉은 악마 응원에 매료되어 한국에 대한 사랑에 빠지게 된다. 그는 2010년부터 이코노미스트 한국 특파원으로 일하면서 한국 여러 계층의 사람들을 인터뷰하며 본격적으로 한국 사회를 탐구했고 이를 정리해 2년 뒤《기적을 이룬 나라 기쁨을 잃은 나라 Korea: The Impossible Country》라는 한국 해설서를 만들었다.

책의 영어 제목인 '불가능한 나라 The Impossible Country'에 대해 그는 중의적 의미를 부여한다. 한국은 일제강점기와 한국전쟁 폐허 위에 순식간에 경제성장과 민주화라는 불가능한 기적을 이룬 반면에 물질적 성공과 안정에도 불구하고 교육, 명예, 외모, 직업에 있어서 스스로를 불가능한 기준에 맞추려고 압박하고 요구한다는 점에서 '불가능한 나라'라고 말한다.

그리고 그는 한국의 자살률이 급격히 늘어가고 있음을 거론하면서, 그 배경에는 불가능한 삶을 추구하고 서로 경쟁하면서 점차 진실한 삶의 만족감을 잃어버렸기 때문이라고 진단한다. 나아가 경쟁심이 한국을 성공한 나라로 만들었지만, 역설적이게도 그 부작용으로 인해 한국인들의 정서적 생활은 황폐하기 이를 데 없는 상황이 되었다고 말한다. GDP 국내 총생산 및 경제성장률 도 중요하지만, 그보다 먼저 가치 있는 철학을 따라야 한다고 제안하고 있다. 결론적으로 그의 분석에 따르면 한국은 공포심과 같은 성공을 위한 경쟁에 매몰되어 삶의 방향과 의미를 잃어버린 사회이다.

2020년 한국의 아이돌 그룹 방탄소년단^{BTS}은 미국 빌보드 차트를 비롯해 전 세계 음악시장을 휩쓸었다. 또 전 세계인이 시청하는 넷플릭스 드라마 순위에는 한국의 〈오징어 게임〉과 〈지옥〉이 연달아 1위에 오르는 등 대한민국의 문화적 위상은 세계 최정상에 올라와 있다. 하지만 해외 외신들과 사회문화학자들은 드라마에 드러난 한국의 사회 문제에 집중하면서 화려한 대한민국의 문화경제적 성장 이면에 감춰져 있는 심각한 양극화와 살벌한 생존경쟁에 주목하기 시작했다.

영국 BBC 뉴스의 페르난도 두르테 기자는 2021년 10월 15일 기사에서 전 세계적으로 대흥행을 일으킨 〈오징어 게임〉에 드러난 한국 사회의 여성과 노인 그리고 탈북민 및 이주노동자에 대한 혐오와 차별, 심각한 양극화와 빈곤의 문제, 고질적인 사회적 비리 문제를 지적한다.

일확천금을 위해 자신의 목숨을 담보로 게임에 참여한 사람들은 하나같이 '어차피 여기도 지옥, 바깥도 지옥'이라고 외친다. 정말 한국은 윤영호 교수의 《나는 한국에서 죽기 싫다》 부제처럼 '살면서 괴로운 나라, 죽을 때 비참한 나라'일까? 우리는 무엇을 잃어버려서 이 상황까지 흘러온 것일까? 다음 장에서는 우리가 왜 이렇게 살고 죽는지에 대한 이유를 하나씩 짚어가 보려 한다.

2장

―

우리의 죽음이 실패로 끝나는 이유

죽음이 사라졌다

생(生)의 전체화

현대인의 삶을 단적으로 표현하자면 생존에 대한 집착과 질주라고 할 수 있다. 삶의 모든 시선은 오로지 살아남는 것에 집중되어 전체주의 사회처럼 생존 동력을 약화시키는 다른 삶의 요소들은 모두 배척되는 '생生의 전체화'가 한국 사회의 에토스ethos, 관습가 되었다.

사람들은 오로지 더 멋진 삶, 더 건강한 삶, 더 활력적인 삶에 대해서만 이야기할 뿐 삶의 종착지인 죽음에 대해서는 철저히 함구한다. 죽음이라는 주제는 삶으로부터 소외되고, 역설적으로 인간의 삶 역시 죽음이라는 삶의 종착지로부터 소외되었다.

모두가 같은 목표를 바라보는 경주마와 같은 삶은 현대인들을 더욱 치열하고 가혹한 경쟁으로 내몬다. 더 뛰어나야 하고, 더 아름다워야 하며, 더 빨라야 한다. 실패와 노화를 포용하지 못하는 이런 삶의 태도는 아름다운 죽음을 맞이하는 문화를 대신하여 의료를 도구 삼아 죽음을 부정하고 저항하는 항抗노화 의학과 연명의료를 발전시켰다.

이제 의학은 질병으로부터 사람을 선상하게 하는 역할을 넘어 남보다, 혹은 과거의 나보다 더 젊고 아름답고 힘과 능력을 증강시키는 데 열중하고 있다. 결국 노화와 죽음에 대한 부정은 현대인의 죽음의 질과 이해에 있어 큰 결핍을 낳게 되었다.

한국 사회의 죽음의 질은 앞에서 설명했듯이 처참한 수준이라고 할 수 있다. 한국인은 좋은 죽음을 바라면서도 대부분 그 바람과는 달리 비참하고 쓸쓸한 죽음을 맞이하고 있다. 인생을 아름답고 품위 있게 마무리하기보다는 마지막까지 병원에서 노화, 또는 질병과 싸우면서 치료 과정 중에 사망하는 것이 오늘날의 흔한 죽음의 모습이다. 심지어 삶을 마무리해야 하는 말기 환자와 고령의 노인 환자들마저 중환자실과 요양병원에서 기계호흡기와 영양 수액을 달고 삶의 연장이 아닌 죽음을 연장하고 있다.

생존의 의지만이 존중되는 병원이라는 공간에서 어느 순간부터 죽음은 자연스러운 권리가 아닌 규범과 의료진에 의해 허락되는 것이 되었다. 연명의료결정법이 제정되기 전까지는 연명의료에 심폐소생술까지 일종의 통과의례를 거쳐야 죽음에 이를 수 있었다. 이제 병원에서의 죽음이란 마치 규범과 의료가 처참해진 개인에게 판사가 사면을 내리듯 환자에게 이제 그만해도 된다며 허락하는 보상이 되어버렸다.

살아 있는 것만을 가치 있는 것으로 받아들이는 현대 사회의 풍토는 삶을 성숙시키는 실존적 과제로서의 죽음을 더 이상 사유하지 않는다. 과거 철학이 담당했던 죽음의 문제는 이제 과학, 특히 의학의 영역으로 넘겨졌다. 이제 삶과 죽음에 대해 인간적인 고민을 하는 사람은 사라졌고, 그 자리에는 끝을 모르는 생명력에 대한 욕망과 기계적인 의학이 양산하는 무의미한 삶의 연장과 비참한 죽음만이 남게 되었다.

우리가 경제성장에만 몰두하면서 죽음을 의도적으로 외면하며 살아온 결과 오늘날의 죽음은 더 이상 준비하고 맞이하는 주체적 사건이 아닌, 강도처럼 갑자기 엄습하는 재난과 같은 사태로 체험되고 있다.[1]

공동체적 유대가 사라진 현대 사회에서 개인은 삶의 불확실성을 홀로 해결해야 하는 절박함에 늘 시달린다. 특히 한국 사회는 일제강점기와 한국전쟁으로 인한 극도의 빈곤을 겪었고, 산업화와 민주화의 격변을 겪으면서 마치 충격처럼 현대를 받아들이게 되었다.

그 과정에서 삶의 가치는 생존을 위한 투쟁으로 대체되었고, 물질적 풍요에도 불구하고 정신적인 빈곤에 빠져 있다.

철학자 한병철은 저서 《피로사회》에서 이런 현대인들이 더 잘할 수 있고, 더 높게 성공할 수 있다며 긍정을 강요하면서 스스로를 착취하고 있다고 진단한다. 그리고 쫓기는 삶에 피로한 현대인은 불안을 잊기 위해 군중 속에서 쾌락을 좇을 뿐 고독 속에서 죽음을 사유하지는 않는다. 왜냐하면 삶의 불확실성을 홀로 견뎌야 하는 그들에겐 생존 자체가 공포여서 굳이 죽음의 불안을 마주하고 싶지 않기 때문이다.

산다는 것의 공포

일제강점기와 한국전쟁, 군부독재 시절에 겪었던 공포감, 그리고 IMF 외환위기와 세월호 사건 등에서 느낀 국가에 대한 배신감, 또한 노동자의 안전과 인권을 책임지지 않는 기업과 고용주의 횡포 등은 한국 사회 전반에 불신이 팽배하도록 만들었다. 그리고 이는 자연스레 개인의 영역에서 이웃에 대한 불신으로 이어져 생존과 추월을 위한 경쟁은 심화되었다.

서울대학교 사회학과 김홍중 교수는 경제 산업화와 1997년

IMF를 겪으면서 재편된 한국 사회를 '1997 체제'라고 말한다. 그는 IMF 이후 죽음에 대한 부정성은 한층 강화되었고 무한 경쟁에서 살아남기 위해 자신마저 착취하는 경제적 생존, 갑질을 비롯한 넘쳐나는 과시와 차별로부터 살아남기 위한 사회적 생존, 질병과 죽음을 넘어 오래 살고자 하는 생물학적 생존이 한국인을 지배하는 시대가 도래했다고 말한다.

자기 생존에 몰두하며 신뢰와 연대가 소실된 한국 사회에서 홀로 고립된 개인은 생존의 위험과 공포를 전적으로 홀로 떠안아야 하는 처지에 놓이게 되었다. 전남대 사회학과 정수남 교수는 이를 공포의 '사사화私事化, privatization'라고 말한다.[2]

공포가 사사화된 사회는 생존을 공동체가 아니라 철저히 개인에게 책임 지우므로 개인은 도처에 널린 불안과 공포를 해소하기 위해 외부적으로 전문가 체계에 의존할 수밖에 없고 내부적으로는 괴로움의 감정들에 빠르게 무뎌짐으로써 공포에 순응하며 살게 된다. 외부 전문가 체계에 의존하기 위해서는 더 많은 돈이 필요하므로 자본을 차지하기 위한 경쟁은 더욱 치열해진다. 또한 내부의 안정을 위해 타인의 고통은 외면하고 자아의 불안, 특히 죽음에 대한 불안은 아예 망각한 채 살아가게 된다.

삶은 늘 불예측성이 함께하고 양지와 음지가 공존한다. 하지만 생존만을 절대시하는 회피와 억압의 방어기제는 강박적으로 인생의 화려함과 밝은 면만 좇게 하여 균형 있는 삶의 시각을 방해하게 된다. 특히 자신의 현재에 만족하지 못하는 초조함은 스스로를 늘 약자로 여겨 타인에 대한 연민을 차단하고 자아를 우선시하는 도덕적 이기주의에 빠지게 한다.

이렇게 처절한 생존경쟁으로 살아가는 한국인은 자신이 꿈꾸던 성공을 손에 쥐어도 잠깐의 우월감이 사라지면 그 어떤 만족과 행복도 남지 않아 삶의 혼돈에 빠지게 된다. 경쟁은 무한하여 살아가는 시간에 비례해 지치게 되고, 철학이 없는 성공은 금세 허무해지며, 실패에 대한 무시와 모멸은 늘 공포스럽기에 결국 삶의 포기라는 도피처를 선택하게 된다. 생존이 공포로 체험되는 한국 사회는 OECD 부동의 자살 사망률 1위를 굳건히 지키고 있다.

우리는 각자 존재하고,
나는 홀로 소멸한다

죽음의 개별화

죽음이 삶의 실패로 받아들여지고, 삶의 영역에서 배제되어 그 어떤 삶을 위한 목소리도 낼 수 없게 된 세상이다. 마치 범죄를 형무소에 격리하고 감염병을 음압병실에 격리하듯이 죽음 역시 부정한 것이 되어 철저히 삶의 영역에서 격리된다. 그러한 현대인의 인식과 사회 분위기 속에서 오늘날의 죽음 문화는 개별화, 범속화, 의료화라는 세 가지 특징을 갖게 되었다.

폴란드의 사회학자 지그문트 바우만 Zygmunt Bauman 은 《방황하는 개인들의 사회 The individualized society》에서 현대인의 삶을 다음의 한 문장으로 정의한다.

"우리는 각자 존재하고, 나는 홀로 소멸한다."

사회적 연대와 공동체적 유대가 사라진 오늘날 개인들은 삶의 불확실성과 불안정성, 예측 불가능성 앞에 고독하게 흔들리면서 방황하게 된다. 그렇게 각자 존재하며 생존경쟁을 벌이다가 어느 순간 고독하게 홀로 소멸하게 되는 것이 현대인의 삶이라고 바우만은 성찰한다. 이렇게 각자 파편화되어 살아가는 현대 도시인들의 삶은 몇 가지 특징을 갖는다.

첫째, 효율성이 중요한 가치가 되어 기능적으로 불필요하고 비생산적으로 여겨지는 질병, 노화, 고통, 죽음과 같은 현상들을 배제하려는 경향이 두드러진다. 둘째, 가족 간의 유대감과 부양에 대한 책임감이 약화되면서 이제 늙거나 병들어 쇠약해지면 병원, 요양원 등의 의료기관으로 옮겨지고 죽음도 그곳에서 맞게 된다. 셋째, 이렇게 죽음은 개인적인 사건으로 축소되고 사회공동체 차원에서 죽음의 의미를 숙고하고 공유하는 노력도 찾아볼 수 없게 된다.

독일의 사회학자 노르베르트 엘리아스Norbert Elias는《죽어가는 자의 고독Über die Einsamkeit der Sterbenden》에서 인간의 죽음이 그 어떤 의미도 갖지 못하고 소멸되는 현상을 다음과 같이 말한다.

이 낯선 상황 속에서 가족조차 죽어가는 사람에게 위안이 될 적절한 말을 찾지 못하고 당황한다. 죽어가는 사람들에게 그들이 여전히 중요한 존재이며 의미 있는 존재임을 보여주는 것이 늘 그렇게 쉬운 일만은 아니다. 만일 죽어가는 사람이 아직 살아 있는데도 자신이 다른 이들에게 아무런 의미도 가지지 못한다고 느낀다면, 그 사람은 진정 외로운 것이다. '고독Einsamkeit'이라는 개념은 이러저러한 이유에서 혼자 남겨진 사람들을 일컫는다. 그들은 다른 이들과 더불어 살아가지만 그 다른 이들은 그에 대해 어떤 정서적 의미도 가지지 않는다.

각자의 삶에 '갇혀 있는 인간Homo Clausus'인 현대인의 고립과 고독은 살아 있는 동안뿐만 아니라 죽어가는 과정에도 적용된다. 죽어가는 사람은 공동체에서 격리된 채 병원이라는 공간에 갇히게 된다. 그리고 그가 죽더라도 그 누구도 그의 죽음으로부터 삶의 의미를 고뇌하지 않는다. 죽음의 개별화는 이렇게 조용히 소멸되고 철저히 망각되는 죽음이며, 고독 그 자체라고 할 수 있다.

죽음의 범속화

엘리아스가 말하는 현대인의 '고독한 죽음'이란 죽어가는 이가 느끼는 외로움에 대한 것이 아니다. 이 고독은 그의 죽음이 타인에게 아무런 의미도 되지 못하는 허무함과 안타까움을 의미한다. 현대인이 체험하는 타인의 죽음이란 자신의 삶과 상관없이 세상에서 늘 일어나고 있는 하나의 무의미한 사건이 되어버렸다. 이는 과거와 달리 공동체적 죽음의 경험을 갖지 못한 현대인의 특징으로 죽음의 '범속화banalisierung' 현상이라고 할 수 있다.

'범속化俗'이란 소중하고 의미 있는 것이 아닌 평범하고 속된 것을 뜻한다. 그런 어원에서 볼 때 죽음의 범속화란 우리가 일상적으로 만나는 타인의 죽음이 내게 아무런 의미를 지니지 못하고 그 내용이 텅 비어버리는 것을 의미한다. 때문에 우리의 무관심이 만든 범속화된 죽음 안에는 진부함, 무의미함, 무관심성, 세속성 등 허무함의 특징들만 남게 된다.

자신의 생존에만 열중하는 현대인 앞에 타인의 죽음은 물론이고 타인의 고통도 범속화된다. 스스로를 약자화하는 감정은 타인의 빈궁함과 고통을 자신과는 전혀 상관없는 한낱 흥밋거리로 소비해 버린다. 타인을 위한 연민의 우물은 말라버리고, 이제 그 안을 자기 연민과 욕망의 감정으로 채워넣는다.

타인에 대한 연민을 느끼는 것 자체를 자기애에 대한 위협으로 받아들이는 현대인은 미리 그런 상황을 눈앞에서 제거하려 든다. 그 대표적인 현상이 바로 죽어가는 사람을 사회에서 분리하여 병원이라는 공간에 격리하는 것이다.

개별화된 현대 사회는 생존에 대한 열정이 방해받지 않도록 죽음을 반사적이고 강박적으로 병원으로 격리한다. 나아가 일상에서 타인의 죽음에 대한 자기감정을 이야기하거나 그 체험을 공유하지도 않는다. 사실 죽음과 죽어가는 과정에 대한 이야기는 과거 전통사회에서는 공공연하게 나누어졌고, 죽음에 대한 은유는 그 시대의 문화 곳곳에 스며들어 일상 속에서 함께 숨을 쉬었다.

예를 들면 서구 유럽에서 '죽음의 무도 Danse macabre'는 음악과 미술 속에서 끝없이 등장하는 주제였다. 동양에서는 주택 안에 죽은 조상의 위패를 모시고 그 넋을 기리면서 죽음과 동거했었다. 시대를 막론하고 살아 있는 사람에게 죽음은 공포스러운 사건이었지만, 그래도 과거에는 그러한 죽음의 공포를 공동체와 이웃이 함께 대처했고 문화, 예술, 철학을 통해 삶의 의미로 승화시키려 노력했었다.

그러나 현대 사회에서 죽음의 공포를 다루는 방식은 개인 차원에서는 철저히 망각하는 것이고 사회적으로는 일상으로부터 배제하는 억압의 전략을 사용하고 있다. 엘리아스는 이런 개인적, 사회적 수준에서 죽음을 억압하는 상징적인 징후로 마치 얼룩을 지우듯 어른들이 아이들에게 죽음에 관한 사실을 알려주기를 꺼려 한다는 점을 거론한다.

이렇게 성장 과정에서 죽음에 대한 경험과 생각 모든 것이 부족한 현대인들은 자신이 늙는다는 사실도 부정하고, 순진하리만큼 죽음도 피하고 미룰 수 있다고 믿는다. 그러다가 어느 날 갑자기 자신의 삶의 영역 안으로 죽음의 작은 징후라도 들어오면 마치 방 안에 들어온 박쥐를 대하듯 혼비백산하며 죽음을 내쫓기 위한 항전을 벌인다. 이런 전투의 장소는 바로 병원이다.

죽음의 의료화

죽음의 의료화는 오늘날 죽음이 배제되고 소외되어가는 과정의 종착역이라고 할 수 있다. 과거 전통사회에서는 종교와 철학, 그리고 예술이 죽음의 공포를 극복하는 데 중요한 역할을 수행했지만, 현대 사회에서는 의학과 보건을 통해 죽음을 위험 관리 차원에서 다룬다.

과거로 거슬러 올라갈수록 묘지는 일상의 공간과 가까이 있었다. 집 마당에 고인을 매장하기도 했고, 분골을 위패와 함께 집 안에 봉안하기도 했다. 현대로 올수록 죽음은 부정하고 불결한 것이 되어 묘지는 주거 공간에서 점점 더 멀어지게 되었다. 이제 더 이상 익숙한 공간에서의 자연스러운 임종과 매장은 허용되지 않는다.

오늘날 개인의 죽음은 경찰이나 국가기관에 신고를 해야

하는 사건이자 장례와 매장을 위해서는 의사가 작성한 사망진단서가 필요하게 되었다. 다시 말해 죽음이 사건으로 다뤄지면서 그것이 치안과 보건의 차원에서 안전한 것인지를 증명받아야 한다.

이제 죽음은 일상에서 마주치면 부정不淨, 깨끗하지 못함한 것을 넘어 아예 현대인의 삶에서 부정否定되고 있다. 언제부터 죽음을 삶의 마지막 과정이자 숭고한 완결로 받아들이기보다는 내 삶의 안정을 해치는 사건이자 끝까지 거부해야 하는 재앙으로 생각하게 되었을까?

이런 부정적인 관념은 죽음과의 진지한 대화를 막은 채 무조건적인 저항만을 부채질하고 있다. 이런 태도는 존엄한 마무리의 기회를 빼앗고 병원이라는 공간에서 수많은 비극적인 죽음을 양산하고 있다. 이제부터 그 혼란과 비극에 대해 이야기해 보려 한다.

병원에는 임종실이 없다

죽음을 연장하고, 죽음을 격리하고

현대 사회에서 병원은 죽음과 관련하여 두 가지 역할을 한다. 첫째는 의학을 통해 죽음을 연기하는 것이다. 인간의 생존에 대한 욕망이 탄생시킨 의학은 과학과 만난 이후 충실하게 첨단의학으로 진화해 왔다. 이제 병원은 첨단의학을 통해 죽음과 싸우는 전쟁터이다.

둘째는 죽어가는 육체를 일상의 공간으로부터 격리하는 것이다. 특히 도시화로 인해 가정에서의 임종이 어려워지면서 죽음이 임박하기 전 미리 병원으로 옮겨 병원에서 임종을 맞도록 하는 것이 현대의 죽음 문화가 되었다. 아이러니하게도 병원은 죽음과 싸우는 공간이면서 죽음을 맞이하기 위해 찾는 공간이 되었다.

대한민국의 병원들은 이런 기이하고 모순된 역할에 잘 적응한 모양새다. 대형 병원마다 경쟁적으로 사망원인 1위인 암을 퇴치하기 위한 첨단 암 센터를 지으면서 다른 한쪽에서는 임종 환자를 유치하기 위해 넓고 쾌적하게 장례식장을 확장하고 있다. 병원은 죽음과 싸우고 죽음을 맞는 모든 과정이 한 공간에서 진행될 수 있도록 효율적으로 최적화된 공간이다.

문제는 일반인들이 죽음에 대한 전문가라고 믿고 있는 의료인들 역시 죽음에 몹시 서툴다는 것이다. 그들은 여느 현대인들처럼 성장 과정뿐만 아니라 의료인이 되는 과정 중에도 죽음에 대해 배운 적도, 성찰한 적도 없다.

단지 죽음과 싸워 생명을 살리는 역할만을 배웠기에 죽어가는 환자와 어떻게 대화를 하고 평온한 임종을 위해 어떤 배려를 해야 하는지 잘 모른다. 그래서 그들에게 죽음은 자신의 경험과 지식 밖의 사건이자 무능력을 드러내는 불쾌한 경험이 되고 만다.

병원이라는 공간도 모순적이지만 전 국민의 4명 중 3명이 병원에서 삶을 마감함에도 불구하고 의학과 의료인이 죽어가는 환자를 돌보는 것을 자신들의 정체성에 고려하지 않는 것 또한 모순적이다.

그러다 보니 병원 안에는 끝까지 살리기 위한 중환자실은 있지만 가족들에 둘러싸여 죽음을 자연스럽게 맞이할 수 있는 임종실은 없다. 뒤에서 설명하겠지만 2004년부터 우리나라는 병원 내 임종실 설치에 대한 요구가 있었으나, 병원들은 앞다퉈 장례식장은 확장하면서 임종실 설치는 철저히 외면하고 있다.

아무튼 병원은 죽어가는 환자를 고객으로 맞으면서도 자신은 철저히 생존만을 위한 공간인 것처럼 위상하며 죽음을 불편한 불청객처럼 대한다. 김형숙 교수는 《도시에서 죽는다는 것》에서 우리나라 병원에서 죽음이 불친절하게 '처리'되는 모습을 다음과 같이 묘사한다.

담당 레지던트의 사망 선언이 있고 사후 처치를 하는 시간이다. 평소대로라면 보호자들을 모두 내보내고 환자 상태를 말끔히 정리한 후에 다시 면회시켜야 했다. 모든 장치와 관들을 제거해 말끔해진 환자의 마지막 모습을 보호자들에게 잠시 보여주고 신속히 장례식장에 연락을 한다.

가족들이 중환자실에서 애도할 시간을 주어야 했지만 그 시간은 짧을수록 좋았다. 다른 환자들이 감정적으로 동요하지 않도록, 혹은 의료진이 빨리 자기 자리로 돌아갈 수 있도록, 때로는 대기 중인 다음 환자를 위하여 환자가 떠난 침대는 그 어느 때보다 빨리 정리된다. 마치 아무 일 없었다는 듯 시치미를 떼고 일상으로 돌아가는 것이 우리가 평소 임종 환자를 보내는 방식이었다.

살리는 일이 자부심인 의사들에게 죽음은 마주하기 싫은 불쾌한 사건이다. 그래서 최종적으로 죽음을 선언하는 일도 귀찮은 듯 레지던트나 인턴 같은 '아랫의사'들에게 떠넘긴다. 죽음에 대한 경험이 적은 젊은 의사들은 가족들을 위로할 여유를 갖지 못하고, 그저 기계적으로 임종 선언을 한 후 도 망치듯 자리를 뜬다. 죽은 몸은 부정한 것이기에 신속하게 영안실로 내려보내고, 그 자리는 방역을 하듯 소독한다. 그리고 물건이 팔린 진열장에 새로운 상품을 채우듯 곧바로 대기하고 있는 다른 환자가 들어온다. 그 과정에서 혹시라도 오열하는 가족이 있으면 눈치를 주거나 병실 밖으로 내보낸다.

병원에는 임종실이 없다. 중환자실에서 끝까지 죽음과 싸우든지, 하루 수십만 원을 내고 1인실을 이용하든지, 아니면 미리 요양병원으로 옮겨가든지 결정을 해야 한다. 미처 죽음을 격리할 곳을 찾지 못한 채 죽음이 임박하면 궁여지책으로 의료용품들이 쌓여 있는 처치실로 옮겨 다른 환자들과 격리시키는 것이 병원의 흔한 대처법이다.

병원이 죽음에 대해 얼마나 불친절한 공간인지는 우리보다 발전된 서구도 다르지 않은 것 같다. 독일의 완화의학 의사인 미하엘 데 리더 Michael de Ridder는《우리는 어떻게 죽고 싶은가?*Wie wollen wir sterben?*》에서 병원에서 죽음을 맞은 80세 말기 암 환자의 아내가 병원 경영진에게 보낸 불만 신고서를 소개한다.

남편이 살아 있던 마지막 9시간 동안 의사가 찾아왔던 적은 한 번도 없었습니다. 그날 당직이었던 의사는 남편의 죽음을 확인한 뒤에 형식적인 절차는 다음 날 장의실에서 처리해야 한다고 말했습니다. 임종실은 없는데 장의실이 있다니 정말 기가 찰 노릇입니다!

살기 위해 몸부림치는 사회에서 죽음은 놓일 곳이 없다. 누구나 다 죽게 되는데 죄지은 사람처럼 눈치를 보며 죽어야 한다는 현실이 정말 기가 찰 노릇이다.

죽음을 허락받아야 하는 사회

앞서 설명했듯이 현대 사회에서 죽음은 범죄나 감염병 같은 위험 관리 차원으로 다뤄지고 있다. 단적으로 한국 사회에서 노화나 질병에 의한 죽음, 즉 병사로 인정받지 못하면 곧바로 '사건'으로 취급되어 사망 경위에 대한 경찰 수사를 받아야 한다.

가족의 죽음 이후 고초를 겪지 않고 순탄한 장례와 매장을 진행하려면 법적으로 반드시 '병사'라고 적힌 사망진단서가 필요하다. 외인사外因死, 외적인 원인에 의해 발생한 죽음나 불상不詳, 원인을 알 수 없는 죽음으로 기재되는 경우에는 강제적인 경찰 조사와 부검이 요구된다.

구성원의 안정을 보장해야 하는 국가주의 사회에서 한 개인이 삶을 마치고 자연의 일부로 돌아가기 위해서는 의사에게 '안전한' 죽음이었음을 확인받아야 한다. 감시와 통제는 질서와 안전을 유지하기 위한 근대국가의 통치 수단이다. 출생신고서를 통해 세상에 등장한 후 주민등록번호로 살아가다가 사망진단서로 퇴장을 허락받는다.

의료법상 병원 안에서 임종을 했거나 병원이 아닌 곳이더라도 의사의 마지막 진료 후 48시간 이내 동일 병명으로 사망하는 경우에는 병사로 사망진단서가 가능하다. 하지만 병원이 아닌 곳에서 다른 이유로 사망했거나 병원 퇴원 후 48시간이 경과한 경우 사망진단서 대신 사체검안서가 발부된다.

사체검안서란 기본적으로 사인을 모른 채 죽었다는 사실만을 확인하는 것이므로 대개 사망 원인이 '외인사', 혹은 '기타 및 불상'으로 기재된다. 이때 장례 절차를 진행해서는 안 되고, 사망진단서 없이는 장례식장 이용도 애당초 불가능하다. 대신 관할 경찰서에 사망 사건이 발생했다는 신고를 해야 한다.

이렇듯 오늘날 주택 임종보다 병원 임종을 선호하게 된 데에는 사망진단서가 큰 몫을 하고 있다. 병원에서 임종하면 사망진단서 발급도 편하고 바로 병원 장례식장을 이용할 수 있어 편리하기 때문이다.

　　현대 사회에서 죽음과 관련된 거의 모든 사회적 기능은 병원으로 넘어온 모양새이다. 그럼에도 불구하고 병원은 환자의 평화로운 임종을 지켜주는 것에는 무관심하며, 오히려 마지막까지 죽음에 맞서 생명을 연장하는 것에만 집착하고 있다. 이로 인해 살아 있는 것도 죽은 것도 아닌 연명의료라는 첨단의학의 가장 비참한 비극이 양산되고 있다.

연명의료의 민낯을 파헤치다

가족에게 지울 수 없는 고통을 주다

죽음이 의료화된 현대 사회의 가장 큰 비극은 환자의 의지와 상관없이 무의미하게 죽음이 늦춰지고 삶의 존엄성마저 훼손되는 연명의료의 증가라고 할 수 있다.

연명의료의 실태에 대한 정확한 조사는 드물지만 2009년 전국의 중환자실을 운영하는 의료기관 308개 중 256개 의료기관을 대상으로 진행된 설문 조사가 있다. 여기에 따르면 전체 입원 환자의 1.64%에 달하는 1,555명이 당시 연명의료를 시행 중인 것으로 확인되었다.[3] 대부분의 의료인들은 자신의 치료가 연명의료라고 인정하지 않을 가능성이 크기 때문에 실제 비율은 훨씬 더 높을 것이다.

주목해야 할 부분은 연명의료를 받고 있는 이 환자들의 42.4%가 더 이상의 치료가 무의미한 말기 암 환자였다는 사실이다. 실제 2007년 건강보험 심사평가원 청구 자료를 통해 말기 환자들의 마지막을 분석한 보고서에 따르면 그들 중 25.5%가 사망 1개월 내 중환자실로 옮겨졌고, 17.7%는 심폐소생술을 받았으며 16.5%가 기계호흡장치를 달고 연명의료를 받다 사망했다.

연명의료의 대상이 되어서는 안 되는 말기 환자의 4명 중 1명이 가족들과 떨어져 중환자실에서 사망한다는 사실은 분명 비참한 일이다. 이는 환자가 원해서라기보다는 어떤 죽음을 맞이할지에 대해 사전에 의료진과 환자 사이 의사소통이 이뤄지지 않았기 때문이다.

그 결과 급박한 상황이 발생하면 말기 환자에게까지 무차별 연명의료가 시행되고 의료진은 후회와 죄책감을, 환자와 그 가족들은 지울 수 없는 고통과 상처를 떠안게 된다.

연명의료와 죽음의 범위

과거에는 심장박동이나 호흡 중 하나만 멈추어도 죽음에 이르게 되었다. 이런 상태가 되면 뇌로 산소와 혈액이 공급되지 못해 뇌 기능의 정지를 초래하기 때문이다. 다시 말해 자

〈연명의료 중단의 기준〉

■ 최소의식상태 ■ 감금증후군 ■ 무동무언증	지속식물상태	말기 환자	임종과정	뇌사, 뇌간사	심폐사
의식 또는 부분의식	무의식	연명의료 계획서	연명의료 결정법	장기이식법	최종적인 죽음
연명의료 중단 불가			연명의료 중단 가능		

연적인 상황에서 뇌 기능의 정지는 곧 죽음을 의미한다.

하지만 의학기술의 발전은 뇌 손상으로 호흡이 멈추더라도 기계호흡장치를 통해 산소를 불어넣어 심장이 계속 뛰도록 만들수 있게 되었다. 뇌 기능은 정지했는데도 심장은 뛰고 있는 상태, 즉 살아 있는 것도 죽어 있는 것도 아닌 상태가 탄생했다. 바로 '뇌사'가 등장한 것이다. 기계호흡장치, 인공영양, 승압제 등의 여러 연명의료들은 뇌사 외에도 식물인간과 같은 삶과 죽음의 경계에 걸쳐 있는 다양한 의학적 상태를 만들어 내고 있다.

의학적으로 인간의 죽음은 두 가지 조건을 충족해야 한다. 하나는 의식과 자의식 능력의 완전한 소멸이고, 다른 하나는 중추신경계에서 조절하는 신체기능의 상실이다. 뇌사와 식물인간 상태는 모두 자의식을 상실한 상태지만, 뇌사는 신경중추의 조절 기능까지 상실되어 죽음과 동일한 상태로 인정되는 반면 지속식물 상태는 신경중추의 기능이 일부 남아 있어서 죽음으로 인정되지 않는다.

현행법상 심장이 뛰고 있는 상태에서 연명의료를 중단할 수 있는 경우는 단 두 가지 상황뿐이다. 하나는 뇌사 판정 후 장기기증을 하는 경우이다. 장기기증을 하지 않는 경우에는 뇌사라고 하더라도 연명의료를 지속해야 한다. 나머지 하나는 임종 과정에 들어섰다고 판단되는 경우이다. 하지만 이 역시도 사전에 연명의료를 거부한다는 환자의 명시적 의사 표현이나 가족 전체의 동의가 있지 않다면 연명의료를 지속해야 한다.

연명의료 결정법에서는 임종 과정을 '회생의 가능성이 없고 치료에도 불구하고 회복되지 아니하며, 급속도로 증상이 악화되어 사망에 임박한 의학적 상태'라고 정의한다. 하지만 회생의 가능성, 회복되지 않는 치료의 범위, 증상 악화의 속도, 사망이 임박한 시점을 객관적으로 규정하는 것은 신이 아닌 이상 불가능하다. 이 모두는 의사의 경험에 의한 통찰력을 통해 판정할 수밖에 없다.

현대 의학기술의 비극

연명의료는 본질적으로 환자를 회복시키는 것이 아니라 죽음의 과정을 늦추는 것이다. 그래서 회복되지 못한 채 삶과 죽음 사이에 걸쳐 있는 다양한 임상증후군, 즉 '현대 의학기술의 비극'을 양산하고 있다.

뇌 기능은 파괴되었지만 심장은 뛰고 있는 뇌사, 의식은 없지만 무의미한 움직임은 남아 있는 식물인간 상태, 몸 전체가 마비되었지만 의식은 남아 있는 감금 증후군locked-in syndrome, 모든 기억을 잃어버린 채 인공영양으로 연명하는 말기 치매, 식물인간 상태와 비슷하지만 자기 자신과 주변에 대한 지각 정도는 남아 있는 최소 의식 상태minimal conscious state, 신체 움직임이 병적으로 느려지거나 아예 불가능하여 말도 할 수 없는 무동무언증akinetic mutism 등이 그것이다.

이런 증후군들은 현대 의학기술이 만들어 낸 삶의 질과 양, 또는 인격적인 삶실존과 생물학적 삶생존 사이의 불일치를 드러내는 가장 전형적인 사례이다. 과거 신만이 관장했던 삶과 죽음의 영역에 개입할 수 있게 한 연명의료는 매우 경이로운 의학적 발전이라고 할 수 있을 것이다. 하지만 이런 경이성에 대한 도취는 의학기술이 개입할 수 있는 일말의 가능성도 포기하지 않는 집착으로 이어졌고 이는 새로운 비극의 시작이 되었다.

포기를 모르는 의학

집착에 빠진 의학은 환자가 최종적이고 불가역적인 상태에 다다를 때까지 결코 멈추지 않는다. '최종적이며 불가역적'이란 말은 의학이 동원 가능한 모든 수단을 소진해 버리고 완전히 무력해지는 상태가 되는 것을 말한다. 이 상태에 도달하게 되면 환자의 삶의 질과 존엄은 산산이 파괴당하게 된다.

그럼에도 불구하고 의료인들은 의학기술의 모순을 인정하기보다는 그 모순을 넘어설 수 있는 새로운 기술에 집착한다. 안타깝게도 기술에 집착할수록 환자들의 삶의 질과 존엄한 죽음에 대한 바람은 소외되고 의료인들 역시 의도적으로 그런 바람을 회피한다. 그들의 머리와 입에는 여전히 기술에 대한 희망만 가득하다.

앞서 언급한 독일 의사 미하엘 데 리더는 이런 의학의 외면을 22세 남성 알렉산더의 사례를 통해 비판한다. 교통사고로 뇌 손상을 입고 4년째 지속식물인간 상태로 병원에 누워 있는 알렉산더의 어머니는 날로 비참해져 가는 아들의 모습을 보며 의사에게 연명의료의 중단에 대해 상담하고자 했다.

그러나 담당 의사는 1%의 가능성이라도 포기하지 않고 최선을 다해야 한다고 목소리를 높이며 오히려 희망을 포기한다며 어머니를 나무랐다. 알렉산더의 어머니는 다음과 같이 말한다.

"거기서는 인간성과 연민이 아니라 힘이 우선이었어."

과학적 권위와 기술의 힘에 도취된 의료인들은 의학적 집착의 모순을 감추려고 최소한의 연민조차 차단하게 된다. 인간을 위한다는 의학 안에 기술이 팽창할수록 인간성은 하루가 다르게 메말라 가고 있다.

기술주의의 모순

고통에 대한 인간적 연민보다 질병 퇴치를 강조하는 현대 의학의 기술적 시선은 의사들로 하여금 환자보다는 질병, 또는 의학적 상태에 집착하게 만든다. 이런 경향 때문에 의학은 모든 사람들을 질병을 담고 있는 육체, 또는 개입해야 할 비정상 상태로 바라보고 심지어 노화와 죽음마저 질병으로 다루면서 죽음의 의료화에 기여한다.

의학의 통찰력이란 질병의 상태를 객관적으로 파악하는 기술적 정교함뿐만 아니라 인간적 세심함도 갖춰야 한다. 이는 인간의 인격에 내포된 주관과 감정이 갖는 모호함과 애매함까지 포용하고 배려하는 능력이다.

그러나 인간성이 갖는 모호함은 수치로 환산할 수 없기에 의학이 기술적 정교함을 추구할수록 이를 배제하게 된다. 기술주의는 컴퓨터가 데이터를 0과 1 이진수로 받아들이듯 환자와 관련된 모든 정보를 좋은 것과 나쁜 것, 사는 것과 죽는 것이라는 이분법으로만 구분한다.

이는 인간을 총체적 상태, 통일적 존재로 받아들이지 않고 환자의 주관적 만족과 삶의 가치도 고려하지 않는 태도라고 할 수 있다. 기술주의 경향은 인간을 수리하고 교체하는 개별 부품의 상태로 판단하고, 모든 것을 매뉴얼로 대응하는 기계주의로 발전하게 된다.

이렇게 의학에서 기술만 남기고 인간성을 걷어내는 자기 해체 과정은 과거 자신을 철학자로 인식했던 의사들을 이제는 과학자로 인식하게 만들었다. 그 결과 병에 걸린 주체인 인간은 소외되고 병이라는 객체에만 집중하게 되었다.

이런 경향은 죽음에 대해서도 삶의 연장선에서 바라보지 않고 개별 장기의 이상으로 접근하도록 한다. 이런 시선으로 바라보면 인간은 개별 장기를 교체하면 영원히 사는 기계와 같은 존재로 전락한다. 결국은 멈춰야 할 선을 찾지 못한 채 의료 집착을 부르고, 비극적인 연명의료로 이어지게 된다.

이런 현대 의학의 가장 큰 모순은 의료인이 기술을 지배하는 것이 아니라 기술이 의료인을 지배하고 있다는 데 있다. 우리가 잊지 말아야 할 사실은 도구가 객관적이라고 해서 그 활용까지 객관적이지는 않다는 것이다. 다시 말해 의학의 기술이 아무리 정교하고 논리적이어도 그것을 사용하는 사람은 전혀 그렇지 않을 수 있다.

사람은 늘 편하고 익숙한 것에 머물려고 하는 속성이 있다. 특정 기술과 치료 방식에 숙달된 의사들은 익숙한 방식을 최선이라고 여기며 이를 고수하려는 경향이 있다. 나아가 모든 상황에 자신의 방식이 최선이라며 억지로 끼워 맞추려 하게 된다. 기술주의가 정교함을 추구하지만, 실제 그 적용은 정교하지 못할 때가 많다. 마치 망치를 든 사람에게는 모든 것이 못으로 보이는 것처럼 말이다. 이 지경이 되면 이제 기술은 신이되어 의료인을 지배하게 된다.

기술이라는 도그마

마치 종교에서 신의 계율처럼 상황에 관계없이 일관되게 적용되고 고수하는 원칙을 '도그마dogma'라고 부른다. 현대 의학은 모든 상황에 치료 지침, 첨단 기술, 그리고 생명 절대주의를 최선으로 내세운다. 이들은 오늘날 의학의 도그마로 작동하고 있다.

이런 의학의 도그마 안에는 원칙을 지키려는 신념도 있지만 한편에는 정해진 지침대로 따르면서 복잡한 고민을 회피하는 편의주의와 자신의 자부심을 기술주의에 결부시켜서 스스로의 만족과 안정을 추구하려는 욕망이 함께 자리 잡고 있다.

이렇게 의학이 도그마에 의존할수록 점차 그 목적이 환자의 행복보다는 의학의 능력을 과시하는 것이 된다. 화려한 첨단의학의 성과를 확인할 수 있을 때 의료인은 더 없는 자부심과 성취감을 얻게 된다. 반면, 이런 기술주의 의학이 힘을 쓸 수 없는 상황에서는 혼란과 패배감에 휩싸이게 된다. 그 대표적인 것이 바로 죽음이라는 상황이다.

그래서 의료인들은 죽어가는 환자를 대할 때 두 가지 선택의 기로에 서게 된다. 이길 수 없다는 걸 알지만 자신의 자부심인 기술주의 의학을 굽히지 않고 쏟아부을지, 아니면 철저히 외면하면서 자존심을 지킬지를 놓고 갈등하게 된다.

일례로 1980년대 후반 미국에서는 의사들이 죽어가는 환자들을 기피하고 대화조차 꺼려 하는 것 때문에 불필요한 연명의료가 시행되는 것이 사회문제로 대두되었다. 그래서 이를 개선하기 위한 대규모 연구팀이 꾸려졌고, 이들은 2년간 말기 환자들의 실태를 파악하고 의사들이 환자들과 소통할 수 있도록 교육과 지침, 그리고 코디네이터 인력을 제공하는 중재연구를 시행했다.[4]

하지만 그런 노력에도 불구하고 여전히 의사들은 말기 환자와 대화하기를 기피했다. 연구는 도대체 왜 그런지 이유를 모르겠다고 했지만, 알고 보면 이유는 단순하다. 의사들은 죽어가는 환자 앞에서 마치 종교가 부정되는 것처럼 자신의 자부심인 기술주의 의학이 무력해지기 때문에 어떤 회유책에도 불구하고 죽음을 긍정하지도, 죽음에 대한 대화도 하고 싶지 않았던 것이다.

그렇게 많은 사람들이 병원에서 삶을 마감하는데도 임종실을 설치하지 않는 이유도 같은 맥락이라고 할 수 있다. 표면적으로는 경영상의 이유라고 말한다. 하루 수십만 원의 수익을 낼 수 있는 1인실을 임종실로 내어놓기엔 너무 아깝다.

하지만 근본적인 이유는 따로 있다. 애당초 죽음을 위한 공간을 만드는 것이 기술주의 도그마가 지배하는 병원의 정체성에 위배되기 때문이다. 임종실 대신 더 큰 비용이 들더라도 첨단 장비로 가득 찬 중환자실 병상 하나를 더 늘리는 게 도그마에 부합된다.

기술주의에 젖은 현대 의학의 모습을 보면 더 이상 인간에게 자연스러운 마지막은 없는 것 같다. 현대인들 모두가 자신이 언젠가 죽을 거라는 사실을 부정하며 살아가는데 의사들이 죽음에 대해 친절할 리는 만무하다. 언제쯤 병원과 의료인들은 기술주의를 넘어 인간에 대한 이해와 배려라는 모호성을 자신의 자부심으로 끌어안을 수 있게 될까? 이를 위해서는 병원과 의료인들의 변화를 요구하기 이전에, 우리 사회가 생존 경쟁에 몰두하느라 꽁꽁 감춰왔던 죽음에 대한 이야기를 삶의 공간에 드러내는 노력이 먼저 시작되어야 한다.

3장
—

우리가 은폐해 왔던 이야기

결코 이길 수 없는 싸움

외면해 왔던 죽음을 마주하다

한국 사회는 근대화 과정에서 치열한 생존경쟁에 내몰렸다. 지난 한 세기 동안 빈곤과 억압의 공포를 온몸으로 겪어내면서 한국인의 삶의 과제는 오로지 생존이 되어버린 듯하다. 그리고 '생의 전체화'는 죽음을 삶의 공간에서 철저히 배제하고 소외시켰다.

공동체 사회가 붕괴되면서 이웃사촌이라는 전통적 연대 가치도 소실되었다. 이젠 층간 소음으로 이웃 간 소송이 흔하고, 살인 사건도 일어난다. 상호 불신과 각자도생의 개별화 사회에서는 삶의 속도를 방해하는 죽음의 문제는 일상에서 병원으로 격리되고 사람들은 더 열심히 생존경쟁에 몰두한다.

죽음이 병원으로 옮겨지면서 의료인들은 매일 죽음을 겪게 되었다. 이로 인한 문제는 우리보다 먼저 개별화 사회로 전환된 서구에서 먼저 제기되었다. 앞장에서 언급했듯이 1980년대 후반 미국에서는 말기 환자들이 병원과 의료진으로부터 소외당하는 것에 대한 문제 인식이 있었다.[1] 2000년대 초반 영국에서도 죽음을 일상적으로 겪게 된 의료인들의 심리적 부담에 대해 관심을 기져이 한느니 주장이 제기되었다.[2]

하지만 기술주의를 신봉하는 병원과 의료인들은 기술이 무력화되는 죽음을 불편해하며 회피하기에 급급했다. 심지어 회피할 수 없는 상황을 마주하게 되면 모든 기술을 쏟아부어 환자를 황폐화시켰다. 바로 연명의료이다. 이런 폐해와 문제의식에도 불구하고 여전히 병원에는 임종실이 없고, 앞으로도 쉽지 않을 것 같다.

한국인은 사랑하는 가족에게 둘러싸여 집에서 맞이하는 죽음, 고통 없는 죽음, 주변에 부담을 남기지 않는 죽음, 행복한 삶을 살다 맞는 죽음을 좋은 죽음으로 꼽고 있지만, 현실 속에서 그런 바람은 철저히 실패하고 만다.

특히, 보라매병원 사건 이후 연명의료가 당연시되면서 의료진과 환자 측의 갈등이 속수무책으로 커져버린 안타까운 현실이 만들어졌다. 그러다가 세브란스 김 할머니 사건을 기점으로 이런 갈등을 방치하고 한편으로는 초래했던 국가 책임에 대한 문제 제기가 일어났다.

이런 죽음을 둘러싼 갈등은 2016년 연명의료결정법이 국회를 통과하면서 본격적으로 공론화되었다. 그리고 우리 사회가 죽음의 문제를 마주하는 데 있어 첫 번째 장애물은 의사소통의 문제라는 것을 깨닫게 되었다.

그래서 연명의료결정법 제정의 첫발은 그동안 각자 자기 방식대로 이해해 왔던 죽음과 관련된 주요 용어들의 개념을 정의하는 작업이었다. 우여곡절 끝에 임종 과정, 임종 과정에 있는 환자, 말기 환자, 연명의료의 개념을 다음과 같이 정의할 수 있었다. 이는 단순한 용어 정의를 넘어 죽음에 대한 소통의 기준점을 세운 것이라는 의미가 있다. 그 내용을 하나씩 확인해 보도록 하자.

- 임종 과정 : 회생의 가능성이 없고, 치료에도 불구하고 회복되지 아니하며 급속도로 증상이 악화되어 사망에 임박한 상태
- 임종 과정에 있는 환자 : 의료진으로부터 임종 과정에 있다는 의학적 판단을 받은 자
- 말기 환자 : 적극적 치료에도 불구하고 근원적인 회복의 가능성이 없고, 점차 증상이 악화되어 의료진으로부터 수개월 이내에 사망할 것으로 예상되는 진단을 받은 환자
- 연명의료 : 임종 과정에 있는 환자에게 하는 심폐소생술, 혈

액 투석, 항암제 투여, 인공호흡기 착용 및 그밖에 대통령령
으로 정하는 의학적 시술로서 치료 효과 없이 임종 과정의
기간만을 연장하는 것

의미를 좀 더 간단하게 풀어보자면 임종 과정은 '살아 있
지만 죽은 것과 다름없는' 상태이기에 임종 과정에 있는 환자
의 연명의료 중단은 의료인에게 윤리에 어긋나는 악행이 되
지 않는다. 반대로 임종 과정에서 행해지는 적극적인 치료들
은 죽음의 과정을 연장해 고통을 키우기 때문에 환자에게 해
악이 된다.

그래서 말기 환자에게는 완치를 위한 노력보다는 고통 없
이 남은 시간을 의미 있게 보낼 수 있는 기회가 제공되어야
한다. 이를 위한 대안으로 연명의료결정법은 적극적으로 호
스피스 완화의료를 제안하고 있고, 법률로 그 확대를 촉진하
고 있다.

이렇게 생의 전체화에 지배되었던 한국 사회는 비로소 죽
음에 대한 이야기의 숨통을 열게 되었다. 이제 사회는 죽음을
그토록 거부하고 회피해 왔던 병원과 의료인에게 죽음에 대
해 친절할 것을 명령하게 된 것이다.

사실 병원에서는 심장이 뛰는 한 그 누구도 죽음이라는 말
을 꺼내는 것이 금기시되었고, 0.1%의 가능성에도 최선을 다

하는 것을 의료인의 투철한 사명이자 순수성으로 여겨져 왔
다. 하지만 사명이라는 가면 뒤에는 기술주의 도그마에 의존
하는 의료인의 흔들리는 자존심과 불안이 존재하고 있었다.

최선은 오히려 비극이 되었다

사실 연명의료가 최선이자 사명이라고 믿어야 했던 것은
의료인에게는 달리 내적 갈등을 해결할 탈출구가 없기 때문
이다. 1997년 보라매병원 사건 이후 환자 측과의 의사소통보
다 법과 처벌에 대한 걱정이 우선되면서 대한민국 의료계는
환자의 처지를 동정하는 인간적인 판단을 매우 위험한 것으
로 여기게 되었다.

하지만 늘 마음속 갈등은 존재했다. 생명을 생물학적 관점
에서 정의하면 심장이 뛰는 한 모두 살아 있는 인간이지만,
현실 상황에서는 하루하루 비참하게 망가져 가는 환자의 고
통과 괴로워하는 가족들을 바라보면서 의료인들은 이것이 과
연 옳은지 정체성의 혼란을 겪게 되었다.

앞에서 언급했던 일본 내과 의사 야마자키 후미오의 책
《병원에서 죽는다는 것》에서는 의사들이 맹목적인 사명감 때
문에 겪는 회의와 허탈함에 대한 이야기가 등장한다.

임종 장면은 흡사 전쟁터를 보는 것 같았다. 그리고 그 싸움은 결코 이길 수 없는 싸움이었다. 싸움에서 패배한 후에 나는 선배들과 마찬가지로 늘 괴로운 표정을 지으며 환자의 가족들에게 패배를 선언해 왔다.

"저희들은 정말 최선을 다했습니다. 하지만 안타깝게도 어쩔 수 없었습니다."

그러면 가족들은 말한다.

"할 수 있는 건 다 해봤으니 후회는 없습니다. 그동안 수고 많으셨습니다."

환자가 병원 뒷문으로 통해 돌아간 뒤, 나는 그때마다 또 하나의 일이 끝났구나 하는 생각이 들기도 했지만 늘 뭐라 말할 수 없는 허탈한 기분에 사로잡히기도 했다. 정말 최선을 다했는데 마음은 전혀 충족되지 않았다. 늘 뭔가를 남겨놓은 듯한 기분이었다.

하지만 그런 생각도 바쁜 일상 속에서 어느덧 잊히고 만다. 그리고 또 다른 환자의 임종을 볼 때면 다시 똑같은 기분에 휩싸인다. 똑같은 일이 끊임없이 되풀이된다. 나의 이런 감정은 결코 이길 수 없다는 사실을 알면서도 상대에게 싸움을 걸어야만 하는 사람의 숙명 같은 것이라고 생각했다.

《도시에서 죽는다는 것》을 쓴 김형숙 교수 역시 중환자실에서 연명의료를 받다 결국은 쓸쓸한 사망에 이르는 환자들을 경험하면서 사명감에 대한 혼란에 빠져드는 자신의 마음을 다음과 같이 소개한다.

20년 가까이 최첨단 병원의 중환자실에서 사망하는 환자들을 지켜보면서 혼란스러웠던 순간이 너무 많았다. 그리고 아직도 '그때 이래야 했어' 하고 명쾌하게 결론지을 수 없는 순간들도 많다.

다만 늘 우리 모두가 너무 비겁한 건 아니었을까 하는 생각을 한다. 의료진은 결정적인 순간에 '가족의 자유로운 선택'이라는 명분 뒤로 숨었고, 가족들은 혹시나 작은 가능성이라도 놓치면 어쩌나 하는 마음의 부담 때문에 늘 '최선을 다하는' 선택을 하는 것 같았다. 결국 죽음으로 끝나건 호전되어 퇴원하건, 그 시간 그 결과를 감당하는 것은 환자들의 몫이었고 죽어간 이들이 보낸 메시지는 대부분 중환자실을 벗어나지 못했다.

이러한 혼란은 의료인뿐만 아니라 비참한 모습으로 삶과 죽음의 어느 사이에 걸려버린 환자와 그 가족들에게도 마찬가지였다. 비참하고 무의미한 상황을 견딜 수 없었던 가족들이 자기 손으로 직접 환자의 연명의료 장치를 제거하거나 환자와 함께 자살을 택하는 수많은 비극들이 늘어가게 되었다. 지금부터라도 살기 위한 노력보다 존엄한 죽음을 위해 삶의 어떤 순간부터 노력해야 하는지 사회적 공감대를 만들지 않는 한 이런 혼란과 비극은 의료인과 환자 모두에게 계속될 수밖에 없다.

우리는 후회 없이 평온한 마음으로 죽음을 받아들일 수는 없을까? 또한 의료인들이 환자의 인간적인 죽음을 지켜주는 것으로부터 보람과 자부심을 얻는 것은 불가능한 것일까? 죽기 전 병원으로 옮겨져 연명의료를 받다가 중환자실에서 삶을 마감하는 자동화된 시스템을 인간적인 모습으로 바꾸는 것은 가능할까? 우리는 살면서 죽음에 대해 당당하게 자신의 생각을 꺼내놓고 이야기할 수는 없을까?

안타깝게도 우리 모두가 삶과 생명을 누리는 것이 아니라 경쟁과 집착의 대상으로 대하는 한 죽음은 영원한 공포로 우리 삶을 지배하게 된다. 그 결과 혹시라도 입 밖으로 새어 나오면 저주가 깃들까 봐 죽음에 대해 철저히 함구하고 금기라는 자물쇠를 채운다. 마치 영화 〈해리 포터〉에서 '볼드모트'의 이름을 절대 입 밖으로 꺼내면 안 되는 것처럼 말이다. 한국에서는 한자 죽을 '사死'와 발음이 같다며 건물의 4층을 지운다. 피를 의미하는 붉은색으로 이름을 적으면 죽는다고 믿는다. 중국에서는 괘종시계의 종鐘이 끝 종終과 발음이 같아서 괘종시계를 선물하지 않는다.

죽음은 이렇게 생존이 각박한 우리의 무의식에 자리 잡고 다양한 두려움을 만들어 낸다. 그래서 모두가 존엄한 죽음을 원하면서도 의료인과 환자를 비롯한 그 누구도 용기 있게 죽음에 대한 이야기를 꺼내지 못한다.

좀처럼 해결 방법이 보이지 않는 문제는 역사적 맥락을 통해 실마리를 찾는 것이 현명하다. 과거의 역사는 우리가 언제부터 어떤 이유로 지금의 방향과 길로 가고 있는지 알려준다. 이러한 깨달음은 미래를 가늠할 수 있게 하여 방향을 수정할 수 있는 용기와 지혜를 제공한다.

이제 삶과 죽음의 경계에서 발생된 사회적 논쟁들을 살펴볼 것이다. 이는 찬란한 현대 의학의 그늘인 연명의료가 만들어 낸 많은 비극들을 마주하는 작업이다. 그 안에서 얻을 수 있는 반성들은 한층 깊이 있게 죽음을 마주할 수 있는 용기와 지혜를 우리에게 줄 것이라고 기대한다.

의학의 발전, 죽음의 개념을 흔들다

기계호흡장치와 뇌사의 등장

중세까지 인간의 생명은 영혼과 같은 신기한 기운이 신체 안에 머무는 것이라고 믿었다. 하지만 해부학이 등장한 이후부터 뇌가 인체의 주인이자, 생명활동을 주관하는 중추라는 것을 깨닫게 되었다.

그럼에도 불구하고 1960년대에 뇌사의 기준이 제시되기 전까지 사람들은 심장의 박동이 멈추는 시점을 사망으로 판정해 왔다. 의학적으로는 질식과 같이 호흡정지로 인해 심장의 정지가 발생하는 경우를 폐장사肺臟死, lung death, 심근경색처럼 심정지 후 호흡정지가 일어나는 경우를 심장사心臟死, cardiac death라고 하는데, 이 둘을 모두 합쳐 '심폐사'라고 말한다.

생명 유지의 필수 장기인 '폐-심장-뇌' 세 가지는 서로 유기적이면서도 의존적이어서 이들 사이의 어느 한 지점의 연결고리가 끊어져도 나머지 두 장기의 기능이 멈추고 죽음이 초래되는 것은 오랜 죽음의 정설이었다.

하지만 의학기술 발전은 인공적인 기계장치를 통해 손상된 장기를 대체하여 생존을 가능하게 했다. 그중 대표적인 것이 세 가지 연결고리 중 호흡운동을 대체할 수 있는 기계호흡장치 mechanical ventilator의 등장이다.

기계호흡장치는 죽음의 새로운 개념인 뇌사를 의학적 논쟁의 전면으로 끌고 나왔다. 무호흡 상태의 환자에게 산소를 혈액 안으로 주입시키고 이산화탄소를 배출시킬 수 있는 이 장치는 1902년 독일에서 전신마취 수술을 위해 처음 개발되었다. 당시에는 산소를 넣어주고 이산화탄소를 빼내는 펌프 작동을 사람의 손으로 직접 해야 했는데 1947년 미국에서 드디어 전기로 작동하는 '간헐적 양압 호흡 장치 intermittent positive pressure breathing'가 발명되었다.

1952년 덴마크의 마취과 의사 비요른 입센 Bjørn Ibsen은 이 기계호흡장치를 수술 환자의 전신마취가 아닌 호흡 곤란 환자의 생명 유지와 연장을 위해 활용했다. 당시 덴마크에는 소아마비가 크게 유행하고 있었고, 그는 소아마비 바이러스에 감염되어 호흡마비에 빠진 환자의 기도를 절개하고 기관 튜

브를 삽입한 후 기계호흡장치를 걸어 의식을 회복시키는 데 성공했다. 이를 계기로 덴마크에서는 중증 환자들에게 기계호흡장치를 시도하여 치료하는 집중치료실 intensive care unit, ICU, 일명 중환자실이 확산되었고 이는 전 세계로 파급되어 입센은 후대에 중환자 의학의 아버지라고 불리게 된다.

기계호흡장치와 중환자 의학의 발전으로 죽음에서 되살아나는 환자들이 늘어나게 되자 의학은 이제까지 경험하지 못한 새로운 문제에 당면하게 되었다.

일반적으로 뇌가 손상되면 호흡과 심장이 멎어야 하는데 기계호흡장치로 생존이 가능하게 되면서 뇌 기능은 정지되었으나 심장은 뛰고 있는 소위 '비가역적인 혼수 irreversible coma' 상태의 환자가 발생하게 된 것이다.

뇌사와 장기이식 논쟁

뇌사가 처음 알려진 것은 1559년 프랑스의 의사 몰라레 P. Mollaret와 굴롱 M. Goulon이 일반적인 혼수상태보다 더 깊은 혼수, 즉 '혼수를 넘어선 상태 coma depasse'의 환자들을 학계에 보고하면서 부터이다. 그리고 1963년 벨기에의 외과의사 가이 알렉상드르 Guy Alexandre는 이런 깊은 혼수상태에 빠진 환자의 신장을 다른 환자에게 이식하면서 살아 있는 사람이 아닌 죽은 사람임을 강조하기 위해 처음으로 '뇌사brain death'라는 용어를 등장시켰다.

이처럼 뇌사가 의학계에서 중요한 논쟁의 주제로 다뤄지기 시작한 것은 바로 장기이식 때문이라고 할 수 있다. 수혈과 기계호흡장치, 그리고 항생제의 발견은 외과학을 획기적으로 발전시켰고 급기야 망가진 장기를 교체할 수 있는 장기이식까지 도전하게 된 것이다. 살아 있는 사람의 생체 장기를 이식하는 것은 윤리적으로 문제가 크기 때문에 초기에는 주로 사망한 사람의 장기를 이용하는 사체 이식이 이루어졌다. 하지만 아무리 빨리 장기 적출을 해도 손상을 피할 수 없기에 이식 성공률은 매우 낮았고, 점차 의료계는 뇌사자 장기이식에 눈을 돌리게 되었다.

뇌사자 장기이식이 윤리적 논란을 피하려면 뇌사가 죽음이라는 사회적 합의를 형성하는 것이 중요했다. 이러한 의학계의 분위기에 따라 1968년 하버드 의과대학은 '뇌사 정의 특별위원회'를 만들어 뇌사로 판단할 수 있는 혼수상태에 대한 정의와 기준을 제시했다. 그리고 이를 본격적으로 공론화하기 위해 같은 해 8월 호주 시드니에서 열린 세계의사대회에서는 하버드의 뇌사 기준을 받아들이고 뇌사자 장기이식을 지지하는 '시드니 선언'을 공표했다.

이에 호응하듯 미국은 1968년 곧바로 뇌사자의 장기를 이용한 이식 수술을 합법화했고, 1983년에는 미국 연방의회가 뇌사를 죽음으로 공식 인정하는 '통일사망판정법 uniform determination of death act'을 통과시켰다.

뇌사를 죽음으로 인정하고 뇌사자 장기이식을 합법화하자는 움직임은 동아시아에도 영향을 줘서 대만은 1987년 뇌사를 인정했고, 일본은 뇌사자의 장기이식을 음성적으로 시행해오다가 1998년에 이르러서 합법화했다.

한국의 뇌사 논쟁

1970년대 초까지 한국 사회에서 뇌사에 대한 개념은 매우 생소한 것이었다. 동아일보는 1971년 10월 12일 한국을 방문한 장기이식 수술의 권위자인 토마스 스타즐 Thomas Starzl 박사의 인터뷰 기사에서 '뇌사'라는 말을 처음 지면에 등장시켰다.

스타즐 박사는 1963년 미국에서 최초로 간이식에 성공한 외과의사로 이 무렵 한국 의료계는 뇌사자 장기이식을 본격적으로 준비하고 있었기에 대한의학협회는 학술대회에 그를 초청했다. 스타즐 박사는 한국 언론 앞에서 미국에서는 뇌사를 죽음으로 인정하는 데 사회적 이견이 없다며 한국도 속히 수용할 것을 촉구했다.

하지만 생명 경시에 대한 종교계의 우려와 반대로 뇌사자 장기이식 논의는 늘 제자리를 맴돌았다. 그러자 조급해진 대한의학협회는 1993년 3월 4일 뇌사를 사망으로 인정하겠다고 일방적으로 선언했고, 보건사회부는 마치 약속이라도 한 듯 같은 날 뇌사자의 장기이식을 공식적으로 인정하겠다고 발표를 했다.

그럼에도 불구하고 안락사, 장기매매 등의 윤리적 부작용에 대한 사회적 우려가 너무 거세 입법화는 속도를 낼 수 없었다. 특히 당시 의료 보장 수준이 매우 낮아서 병원 문턱을 밟기도 쉽지 않은 서민들에게 장기이식이란 피부에 와 닿지 않는 이야기였다. 오히려 치료비 문제로 퇴원해서 집에서 임종을 하는 것이 관행이었기에 이는 좀처럼 공론화되지 못했다.

그러자 이번에는 정부가 전면에 나서서 국립병원인 서울대병원을 앞세워 법 제정을 주도했다. 오랜 갑론을박 끝에 결국 1999년 2월 '장기 등 이식에 관한 법률'이 국회를 통과했고, 2000년 2월 9일 시행안이 발표되면서 한국에서도 뇌사자의 장기이식이 합법화되었다.

한국 사회에서는 절대생명을 강조하는 기독교계 확장과 민중의 목숨을 함부로 하는 비극의 역사가 반복되었기 때문인지 생명경시, 특히 안락사에 대한 우려가 매우 컸다. 아쉬운 것은 장기이식법의 제정 과정에서 충분한 공론화 과정을 거치지 않아 안락사에 대한 국민적 우려가 해소되지 못하고 생명에 대한 사회적 담론 역시 확장되지 못했다는 것이다. 이렇게 사회적 공론화보다는 정부가 밀어붙이는 해결 방식은 훗날 연명의료결정법 제정 과정에서도 반복되게 된다.

09

마침내 안락사 논쟁이 시작되다

식물인간과 안락사

죽음 논쟁에서 뇌사보다 더 빈번하게 등장하는 것이 '식물인간'과 '안락사'라는 단어이다. 한국에서 뇌사가 1970년대 신문지상에 첫 등장했다면, 식물인간과 안락사는 근대 신문들이 창간된 1920년대부터 줄곧 등장했었다. 이런 단어들이 한국 사회에서 주목받게 된 것은 중환자실과 기계호흡장치가 본격적으로 보급되던 1970년대부터이다. 디지털 아카이빙* 신

---

* digital archiving_ 지속적으로 보존할 가치를 가진 디지털 객체를 장기간 관리하여 이후의 이용을 보장하는 활동을 말한다. 아날로그 콘텐츠를 디지털로 변환해 압축 저장하거나 기존 디지털 콘텐츠도 체계적으로 분류하고 메타데이터를 만들어 DB화하는 작업을 포함한다.

문기사 검색 서비스에서 안락사를 검색해 보면 1970년대 중반과 1980년대 초반, 그리고 1990년대 후반 이렇게 세 번의 특정 시기에 그 빈도가 갑작스럽게 증가하는 것을 확인할 수 있다.

안락사는 단어 그 자체만으로도 윤리적 논란을 내포하기 때문에 신문지상에서 안락사라는 단어가 빈번해지면 뭔가 사회적 논란이 벌어졌음을 미루어 짐작할 수 있다.

1975년은 미국에서 일어난 '캐런 앤 퀸런 Karen Ann Quinlan 사건'으로 전 세계적으로 식물인간과 안락사에 대한 관심이 커졌던 해였다. 21세였던 캐런은 술과 함께 신경안정제를 복용했다가 호흡정지가 발생했고, 결국 기계호흡장치를 단 식물인간 상태가 되었다. 캐런의 부모는 연명의료를 원치 않는다며 호흡장치 제거를 요청했지만 의료진은 이를 거부했다. 캐런의 부모는 소송을 통해 호흡장치 제거를 이끌어낼 수 있었고, 캐런의 호흡장치를 제거하고도 인공영양을 받으며 9년을 더 식물인간 상태로 살다가 1985년 사망했다.

1982년에는 우리나라 권투선수 김득구가 미국 라스베이거스에서 시합 중에 뇌출혈로 뇌사에 빠진 사건이 발생했다. 당시 국내에서는 뇌사와 안락사에 대한 많은 신문기사들과 안락사 찬반에 대한 공청회가 활발히 열렸다. 그리고 1997년에는 앞서 설명했던 보라매병원 사건이 발생했다.

한국 사회에서 뇌사자나 중증환자의 연명의료 중단과 관련된 논쟁에 본격적인 불을 붙인 역사적 사건을 꼽자면 1982년 김득구 뇌사 사건, 1997년 보라매병원 사건, 2008년 세브란스 김 할머니 사건을 들 수 있다.

이들 사건이 우리에게 주는 교훈은 한국 사회는 이런 논쟁을 존엄한 죽음에 대한 사회적 공감대를 만드는 기회로 삼기보다는 법을 통해 서둘러 갈등을 봉합하는 대응을 해왔다는 것이다. 그리고 그 후유증은 명실상부 전 세계 10위의 경제규모라는 선진국 지위에도 불구하고 높은 자살률과 낮은 죽음의 질을 유지하고 있는 지금의 현실이라고 감히 말할 수 있을 것이다.

권투선수 김득구의 죽음

권투선수 김득구는 1982년 11월 13일 미국 라스베이거스에서 열린 세계챔피언 레이 맨시니 Raymond Michael Mancini와의 시합 중 뇌출혈로 쓰러진 뒤 병원으로 옮겨져 응급수술을 받았지만 안타깝게도 뇌사 상태에 빠지고 만다.

급히 권투협회 관계자들은 어머니 양선녀 여사와 함께 미국으로 건너갔다. 당시 상황들은 스포츠지 기자 기영노의《미스터리 스포츠》라는 책에서 구체적으로 확인할 수 있다. 책에

따르면 어머니 양선녀 여사는 기계호흡장치를 달고 누워 있
는 아들이 좀처럼 깨어나지 않자 침을 놓는 한의사를 요청했
다. 4명의 한의사들이 돌아가며 침을 놓은 후에도 아들이 깨
어나지 않자 그제야 어머니는 아들 김득구 선수가 죽은 것과
다르지 않은 뇌사 상태라는 것을 받아들였다고 한다.

그리고 돌연 어머니는 그날 아들의 장기를 기증하겠다는
기자회견을 열었다. 당시 이 기자회견은 미국 전역에 생중계
되었고, 미국을 넘어 세계 언론의 이목을 끌었다. 아마도 김
득구 선수의 상대였던 레이 맨시니의 높은 인기 때문이었을
것이다. 기자회견 다음 날이자 뇌사 5일째에 김득구 선수의
콩팥과 심장은 적출되어 미국계 동양인 두 명에게 기증되었
고, 그의 시신은 모친과 함께 한국으로 돌아와 고향에서 장례
가 치러졌다.

그러나 비극은 이것으로 끝나지 않았다. 안타깝게도 김득구
선수 사망 두 달 후 그의 어머니가 농약을 마시고 스스로 목숨
을 끊었다. 그리고 당시 경기의 주심도 무리하게 시합을 진행
시켰다는 비난에 시달리다가 7개월 뒤 목숨을 끊었다.

기영노 기자는 책에서 당시 김득구의 장기기증은 어머니의
판단이 아니었을 것이라는 의문을 제기한다. 당시 어머니는
아들에게 장착된 기계호흡장치를 제거하는 것을 반대했다고
한다. 김 선수의 아버지는 기자와의 인터뷰에서 그녀가 가난

때문에 학교를 나오지 못해 글씨도 몰랐기에 뇌사와 장기기증이라는 생소한 단어의 의미도 제대로 이해하지 못했을 거라고 말했다.

그래서 한의사들의 침술에도 김 선수가 깨어나지 못하자 불과 25분 뒤에 기자회견을 열고 전격적인 장기기증을 선언한 것은 쉽사리 납득되지 않는다. 아버지는 어떤 이유인지 모르지만 억지로 장기를 기증하고 아들을 데려와야 했던 것이 한이 되어 아내가 극단적인 선택을 한 것 같다고 말했다.

김득구 선수의 어머니는 왜 갑자기 장기기증을 하겠다고 기자회견을 연 것일까? 기영노 기자는 당시 미국의 경고에도 불구하고 군사 쿠데타로 정권을 잡은 신군부 세력이 미국에게 잘 보이기 위해 김득구 선생을 희생시켰다고 추측한다. 이는 어디까지나 기자의 추측이고 당시 연명의료 중단과 뇌사, 그리고 장기기증과 관련된 미국의 법을 살펴보면 그 이유에 대한 합리적 추론이 가능하다. 우선 시합이 열렸던 1982년은 당시 미국 현행법상 뇌사 판정과 장기기증 없이는 뇌사자의 기계호흡장치 제거가 불가능했다.

미국은 1968년에 뇌사자 장기이식을 합법화한 이래로 장기기증에 한해서만 뇌사자의 연명의료 중단을 허용했었다. 이는 달리 말하면 장기기증을 거치지 않고는 뇌사자의 기계호흡장치의 제거가 불가능했다는 의미이다. 안타깝게도 김득구 선수의 사망 이듬해인 1983년에야 비로소 뇌사도 죽음으로 공식 인정하는 '통일사망판정법'이 미국 연방의회를 통과했다. 라스베이거스가 속한 네바다주는 2년 뒤인 1985년 3월 30일에 의회가 주 법령 62장으로 이를 승인하게 된다.[3]

미국은 통일사망판정법 이전까지 뇌사자나 식물인간의 연명의료 중단은 긴 법정 다툼을 통해서만 가능했다. 1975년 캐런 앤 퀸런 사건만 보더라도 당시 미국의 의사들은 기계호흡장치 제거를 살인이라고 생각하여 연명의료 중단에 대한 가족들의 요청을 강하게 거부했다. 그러나 퀸런의 부모는 1심과 2심 모두 패소 후 뉴저지 주 최고법원까지 상고하여 마침내 기계호흡장치의 제거 판결을 받았다.

결국 김 선수의 어머니가 이역만리에서 몇 년이 걸릴지 모르는 소송을 진행한다는 것은 불가능한 일이기에 아들의 시신을 안고 한국으로 돌아올 수 있는 유일한 방법은 장기기증뿐이었다.

김득구의 비극과 한국 사회의 태도

그러나 무엇보다 안타까운 것은 김득구 선수의 뇌사와 장기이식, 그리고 모친 양 씨의 자살과 관련된 사건을 소비하는 당시 한국 사회의 태도였다. 이러한 연명의료 중단의 문제가

머지않은 미래에 한국 사회가 마주하게 될 현실이라는 문제의식보다는 언론들은 앞다퉈 김 선수가 목숨 대신 받게 될 보험금과 위로금의 액수를 특종처럼 보도했다.

의료계와 정부 역시 계산이 분주해졌다. 연명의료 중단과 존엄사에 대한 사회적 논의의 장을 마련하기보다는 이미 음성적으로 시행되던 뇌사자 장기이식을 합법화하기 위한 여론몰이 수단으로 이 사건을 활용했다.

김득구 선수 사건을 계기로 한국 사회에 안락사에 대한 논의가 아예 없었던 것은 아니다. 1983년 11월 19일에 대한의사협회와 대한변호사협회는 공동으로 '안락사 문제의 법적 의학적 측면'이라는 세미나를 열었다. 동아일보 기사에 따르면 이 세미나에는 의대생, 수녀, 신부 등 방청객만 150여 명이 참석했고, 4시간 동안 열띤 토론이 이어졌다고 한다.

이날 세미나에서 김득구 선수 사례를 통해 연명의료를 거부하고 고통 없는 죽음을 선택할 권리가 인간에게 있음을 의료계와 법조계를 비롯하여 언론 및 시민단체까지 모두가 공감했다고 한다. 하지만 아쉽게도 논의는 더 확산되지 않았고, 세간의 관심은 장기이식에만 집중되었다.

대한의사협회는 장기이식법 제정을 위한 여론을 띄우기 위해 같은 해 곧바로 '죽음의 정의위원회'를 발족하여 '뇌사 판정 기준안'을 제시했다. 그러나 당시 한국 사회는 군부정권의 인권 탄압뿐만 아니라 인신매매 같은 범죄가 많았기에 장기매매와 안락사에 대한 종교계 및 시민단체의 우려가 거세서 논의는 늘 제자리를 맴돌았다.

법 제정이 지진하자 앞서 열렸던 의협과 변협의 공동 세미나에서 토론자로 나서서 뇌사를 죽음으로 인정해 줄 것을 주장했던 서울대학교 병원 김수태 교수는 더 이상 기다리지 않고 1988년 3월 뇌중앙으로 뇌사에 빠진 소년으로부터 간을 적출하여 윌슨병*에 걸린 소녀에게 이식하는 수술을 감행하여 성공하게 된다. 이 사건은 언론에 크게 보도되면서 뇌사자 장기이식은 본격적으로 여론의 주목을 받게 된다.

대한의사협회는 곧바로 1989년 산하 '뇌사 연구 특별위원회'를 통해 국회에 입법을 촉구했고, 1993년 3월에는 뇌사를 죽음으로 인정하겠다는 자체적 선언과 함께 직접 입법안 마련 절차에 돌입했다. 그리고 1998년 10월 '대한의사협회 뇌사 판정 및 뇌사자 장기이식 기준 개정안'을 내놓는다.

그리고 정부의 주도 하에 김득구 선수 사망 17년이 지난 1999년 2월에 드디어 '장기 등 이식에 관한 법률' 제정안이 국회를 통과하게 된다. 이로써 장기이식에 한해서만 뇌사자의 기계호흡장치 제거가 가능하게 되었고 이는 현재까지 유

---

*   Wilson's disease_ 간과 뇌의 기저핵에 과다한 양의 구리가 축적되는 유전질환.

지되고 있다.

김득구 선수 사건 이후 한국에 불붙은 뇌사자 장기이식 논쟁은 당시 생소했던 뇌사라는 단어를 모든 국민의 귀에 익숙하게 만들었다. 이제 뇌사라는 말은 의학적 의미뿐만 아니라 제 기능을 하지 못하는 사람과 집단을 풍자하는 의미로도 사용되고 있다. 장기이식법이 제정 논의가 한창이던 1998년 7월 9일 한겨레신문은 일을 하지 않는 국회의원들을 '뇌사 국회'라고 비꼬았고, 7월 31일 매일경제는 수출 불황에 대해 '수출기업도 뇌사 상태, 7월 수출 25일까지 15% 감소'라고 빗대었다.

김득구 선수의 죽음이 촉발했던 뇌사 논쟁은 장기이식법 제정의 도화선이 되었지만, 존엄한 죽음에 대한 사회적 공감대를 만드는 일은 장기이식에 덮여버렸다. 오히려 당시 국가와 사회의 낮은 인권감수성 때문에 장기매매와 안락사에 대한 우려만 더 키운 측면도 있다.

의학은 생체 장기를 이식할 수 있을 만큼 급속도로 발전했지만, 정작 한국 사회는 언제 삶을 내려놓고 죽음을 받아들여야 하는지에 대한 경계선을 점점 잃어버리게 되었다. 그리고 1997년 보라매병원 사건이 터졌고, 그 결과 환자 및 보호자들과의 의사소통 대신 법과 규범이라는 새로운 판단기준이 의료계를 지배하게 되었다.

10

보라매병원 사건이 남긴 교훈

살인죄와 살인방조죄

1997년 12월 4일 58세 남성이 술에 취해 자택에서 넘어지면서 머리를 부딪쳐 뇌출혈이 발생하여 보라매병원으로 이송되었고, 응급수술 후 기계호흡장치를 달고 중환자실로 입원하게 되었다.

사업 실패 후 술로 하루하루를 보내며 가족에게 폭력을 일삼던 남편의 치료비를 감당할 형편이 안 된다며 부인은 모든 치료를 중단하고 집으로 퇴원시켜 줄 것을 요청했다. 부인의 계속된 요청에 실랑이를 벌이다 의료진은 관행대로 부인으로부터 법적인 이의를 제기하지 않겠다는 서명을 받고 기계호흡장치를 제거한 후 환자를 퇴원시켰고, 환자는 자택에서 곧

사망했다.

이후 부인은 장례비 지원을 받기 위해 병원에서 퇴원한 사실을 숨기고 남편이 집에서 변사한 것으로 뒤늦게 경찰에 신고했다가 이를 수상히 여긴 경찰이 사망 원인에 대한 조사에 착수했다. 그리고 회복 가능성이 있음에도 치료를 중단했다는 이유로 부인과 의료진 모두를 살인사건으로 기소한다.

소송은 6년 동안 이어졌고 2004년 6월 24일 2심 재판부는 부인에게는 살인죄를, 의료진에게는 살인방조죄를 판결했다. 의료진은 억울함을 호소하며 상고하였으나 대법원은 이를 기각하여 부인과 의료진은 유죄가 최종 확정되었다.

이상이 대한민국 의료계를 한순간에 뒤집어 놓은 보라매병원 사건의 개요이다. 보라매병원 사건이 한국 사회에 몰고 온 파급은 매우 컸다. 의료인의 입장에서는 환자의 회복을 위해 치료적 최선을 다해야 한다는 윤리 의무가 극도로 강화되었고, 공공연하게 환자들과 보호자들을 믿지 말고 방어진료에 힘써야 한다는 말이 의료계에 확산되었다.

또한 환자 측 입장에서는 전통적으로 환자 대신 직계 보호자가 주요 결정을 하던 관행에 제동이 걸렸다. 이제는 보호자의 요구보다 환자의 치료받을 권리가 우선되었다. 사실 한국뿐만 아니라 대만, 일본 같은 동아시아 문화권은 위중한 병에 걸린 경우 늘 보호자도 함께 설명을 듣도록 하며, 때로는 보호자의 요청에 따라 환자에게 암과 같은 중한 병에 걸렸다는 사실을 숨기기도 하는 관행이 있어왔다.

하지만 보라매병원 사건에 대한 판결은 그런 관행이 법적으로 환자 자신의 의사결정에 앞설 수 없음을 선언한 것이다. 이는 개별화되어 가는 사회변화 속에서 개인의 권리를 가족과 같은 공동체가 대리할 수 없고, 국가가 법률을 통해 개개인을 보호하는 규범주의 시대가 도래됐음을 의미했다.

보라매병원 사건이 발생하고 초기 여론은 소생 가능성이 있는 환자를 퇴원시킨 의사들의 생명 경시 태도에 대한 질타와 함께 환자와 가족들의 현실적 상황을 배려하던 관행이 사라지는 것에 대한 우려가 공존했다.

그러나 시간이 흘러 보라매병원 판결이 마무리될 때 즈음의 언론 보도는 부인과 의료진에 대한 윤리적 비난보다 한국 사회의 구조적 문제에 대한 비판을 더 중점적으로 다루었다. 왜냐하면 전통사회에서 개별화 사회로의 급격한 이동은 한국 사회 전체에 새로운 사회규범을 학습토록 했고, 그 가운데서 도시와 농촌의 갈등, 자녀 세대와 부모 세대의 갈등, 아파트와 주택 간의 갈등, 사무 노동자와 현장 노동자 간의 갈등 등 수많은 사회 갈등이 불거졌기 때문이다.

과거 전통사회에서는 대화와 관습이 문제해결의 기준이었다면, 개별화 사회에서는 법과 규칙이 기준이 되었고 그만큼

민원과 고소, 고발 같은 법적 분쟁도 급격히 늘어나게 되었다.

1997년 당시 통계청 조사에 따르면 대한민국 국민의 3명 중 2명이 집에서 숨을 거둘 만큼 집이 보편적인 죽음의 장소였고, 집에서 초상을 치르는 것에 대해서 이웃들은 서로 관대했다. 하지만 도시 재개발과 함께 마을이 사라지고 아파트촌이 들어서면서 뛰어놀던 골목길도, '우리 동네'라는 개념도 사라졌다. 특히 밀집할수록 가까움은 밀어내야 하는 원인으로 작용되어 아파트에서는 벽 하나를 두고도 분쟁이 빈번해졌다.

더 이상 미덕과 관행은 갈등의 중재자로서의 지위를 유지할 수 없게 되었고, 그럴수록 개인 간 분쟁을 조정해야 하는 법의 감정과 기조는 엄격함으로 치우쳐져 가면서 개별화 사회는 규범이 지배하는 사회를 의미하게 되었다.

연명의료, 의무가 되다

보라매병원 사건 1심 판사였던 권진웅 변호사는 17년이 지난 2014년 한 언론과의 인터뷰에서 당시 판결 취지에 대해 '보호자가 요구하면 퇴원시키는 게 그 시절의 관행이었지만, 원칙으로서의 법의 관점에서는 의사의 의무를 다하지 못한 측면이 있었기에 더 이상 그러한 관행이 당시 변화하는 사회적 경향과 거리감이 있으므로 유죄판결을 내릴 수밖에 없었

다'라고 말했다.[4]

보라매병원 사건 이후 '법적 처벌'이라는 두려움에 빠진 의료계는 기존의 관행을 버리고 새로운 규범사회에 빠르게 적응해 갔다. 환자와의 인간적 대화는 설명과 동의라는 의무로 대체되었고 최선이라는 이름 아래 연명의료가 준법이 되는 시대가 열렸다.

대화와 공감이 메말라 가는 의료 현실'에 대해 김형숙 교수는 '이런 애매한 상황에서는 최선을 다해 할 수 있는 모든 것을 다하는 것이 의료인에게 허용된, 가장 안전하고 도덕적인 대처법 일지도 모른다'면서 스스로에 대해 '되도록 자신의 감정을 무시하고 과학이, 혹은 표준 매뉴얼이 추천하는 방식으로 보고 행동하려고 노력했다'고 회상했다.

이런 반성과 혼란은 서구도 마찬가지인데 독일 의사 미하엘 데 리더 역시 연명의료를 사명으로 여기는 의학의 태도에 대해 '그 자체로는 전도유망하지만 고령이거나 불치병 환자들에게는 종종 불행을 야기하는 의학 발전은 언제부터 시작되었을까?'라고 반문하면서 '나는 절대적으로 생명을 보호해야 한다는 의사의 사명을 따른다면 우리들이 환자와 가족들에게 얼마나 많은 불행을 떠안게 했는지 절감하게 한다'라고 비판했다.

이런 반성은 의료계에만 국한된 것이 아니었다. 국민들 역시 기계적으로 행해지는 연명의료가 결코 생명을 존중하는 것이 아니라는 것을 깨닫게 되었다. 앞의 권진웅 변호사 역시 마찬가지였다. 시간이 지나고 그는 생명에 대한 인식이 다시 바뀌고 있음을 말했다.

"저희 어머니가 의식을 잃고 쓰러지셨을 때 당장 병원에서 '인공호흡기를 달 거냐, 말 거냐' 그것부터 물어보더군요. 의료진의 고민을 이해했습니다. 어머니요? 고령이고 회복 가능성이 없어 연명의료는 하지 않았습니다."

11

죽을 수 있는 권리를 외치다

세브란스병원 김 할머니 사건

2008년 기관지 내시경 검사 도중 발생한 출혈로 지속 식물 인간 상태에 빠져 3개월째 기계호흡장치로 연명하던 김 할머니의 가족들은 연명의료 중단을 세브란스 병원에 요청했다. 하지만 병원 측은 '존엄사라는 미명하에 단 한 사람의 생명이라도 희생되어서는 안 된다'는 생명 절대주의 원칙과 보라매 병원 사건에서 의료진을 살인방조죄로 판결한 대법원 판례를 근거로 연명의료 중단 요청을 거부한다.

이에 가족들은 민사소송을 제기했고, 1심과 2심에서 기계 호흡장치를 제거하라는 판결이 내려졌다. 법원은 연명의료 중단의 근거로 첫째, 김 할머니가 심장은 뛰고 있더라도 의학적으로 이미 죽음이 임박한 '임종 과정'에 들어섰다면서 가까운 시일 내에 죽음이 예견되는 상황인 만큼 현재의 연명의료는 무의미하다고 판단했다. 둘째, 가족들의 일관된 진술을 토대로 환자가 평소 무의미한 생명 연장을 원치 않았다고 여겨지므로 연명의료 중단이 환자의 가치관에 부합한다고 판단했다.

이러한 법원의 판단에 병원 측은 세 가지 이유를 들며 불복했다. 첫째, 현행법상 심장이 멈추지 않은 상태에서 죽음으로 인정되는 것은 뇌사뿐인데, 김 할머니는 지속 식물인간 상태여서 법 충돌의 소지가 있다는 것이었다. 둘째, 환자가 임종 과정에 들어섰다는 법원의 판단 역시 추상적이고 상대적인 것으로 의학적 시각에 따라 이견이 있을 수 있고 셋째, 가족의 진술만으로 환자의 명시적 의사 표현을 확신할 수 없다면서 최종 판단을 대법원으로 가져갔다.

세브란스 병원 측은 항고 이유에 대해 연명의료 중단 및 존엄한 죽음을 요구하는 김 할머니 가족들의 고통과 뜻을 이해하지만 존엄사에 대한 사회적 기준이 마련되어 있지 않은 현실에서 보라매병원 사건을 답습하지 않기 위해서라도 대법원의 최종 판결을 통해 이 문제에 대한 명시적인 규범을 정립하고자 한다고 밝혔다.

그리고 2009년 5월에 대법원 역시 1, 2심 재판부와 마찬가지로 기계호흡장치를 제거하라고 판결했고, 결국 세브란스병원은 약 한 달 뒤인 6월 23일 김 할머니의 기계호흡장치를 제거했다. 하지만 김 할머니는 예상과 달리 1976년 미국 캐런 앤 퀸런 사례처럼 기계호흡장치 제거 후에도 자발호흡이 유지되었고, 이후 201일을 생존하다가 2010년 1월 10일 사망했다.

교훈과 숙제

연명의료를 중단하라고 판결한 김 할머니 사건은 과거와 다른 사법부의 판단을 보여주고 있다. 이는 보라매병원 사건 이후 급격히 증가한 연명의료로 인해 국민들 사이에서 삶의 질을 고려치 않은 생명 연장은 오히려 불행이라는 인식이 확산된 결과이다. 1장에서 언급했듯 김 할머니 사건을 기점으로 장수를 좋은 죽음의 요건으로 여기는 생각은 옅어지게 되었다. 오히려 의미 없이 오래 사는 것, 특히 연명의료를 받는다는 것은 자신과 가족의 삶마저 망가뜨리는 비극으로 받아들이게 되었다.

그런 차원에서 김 할머니 사건은 오로지 생명 자체에만 집착할 뿐 그 질과 의미에 대해서는 고민하지 않던 한국 사회, 특히 의료계에 두 가지의 큰 의미를 던져주었다.

〈김 할머니 사건의 진행 개요〉

연 월 일		내용
2008	02.18	김 할머니 기관지 내시경 중 출혈로 '식물인간 상태'에 빠짐
	05.09	가족들, '무의미한 연명치료 중지' 가처분 신청
	05.10	가족들, 존엄사 관련 법 없는 것에 대한 헌법소원 제기
	06.02	가족들, 병원 상대 민사소송 제기
	07.10	서울서부지법, 연명치료 중지 가처분 신청 기각
	11.26	헌법재판소, 헌법소원 각하
	11.28	서울서부지법, 인공호흡기 제거 판결
	12.18	병원, 항소 제기
2009	02.10	서울고등법원, 인공호흡기 제거 판결
	02.18	병원, 대법원에 상고
	05.21	대법원, 인공호흡기 제거 확정 판결
	06.23	인공호흡기 제거
2010	01.10	김 할머니 사망 (연명의료 중단 201일째)

첫째, 의학적 무의미성이 제기되면서 생명을 절대시 하던 기존의 생명윤리가 흔들리게 되었다. 의료인들은 과거로부터 의학은 늘 환자의 이익에 부합하며 발전해 왔다고 믿었다. 그래서 의학기술의 가능성을 모두 동원하여 환자의 생명을 연장하는 것은 비록 그 결과가 비참하더라도 윤리적 최선이라며 자신들의 행위를 정당화해 왔다. 하지만 김 할머니 사건 이후 그런 무조건적인 최선이 오히려 환자의 고통을 가중시키고 존엄을 파괴하는 악행일 수 있다는 자기반성을 마주

하게 된 것이다. 그래서 이제 의료계에 던져진 숙제는 치료가 무의미해지는 시점이 언제인지를 판단하여 스스로를 멈춰 세울 수 있는 새로운 기준을 만드는 것이었다.

둘째, 이제부터 치료적 행위에 있어 환자의 자기결정권이 의료인의 판단보다 우선된다는 것이다. 사전에 동의되지 않거나 환자가 원치 않는 의료 행위는 문제 제기 시 형사처벌 대상이 될 수 있다는 뜻이디. 김 할머니 사건에서 법원은 평소 김 할머니가 연명의료를 원치 않았다는 가족들의 진술을 바탕으로 한 추정의사를 환자의 자기결정권으로 인정했다.

이제 의학적 판단은 의료인이 내리지만 그 시행의 결정은 몸의 주인인 환자가 결정해야 한다. 이에 따라 치료 행위 전에 의료인은 충분한 설명을 환자에게 제공해야 하고, 환자의 명시적 동의를 확인하는 것이 의료현장의 새로운 관행으로 자리 잡게 되었다.

의료계는 보라매병원 사건 이후 제기된 생명 존중의 문제를 기술주의에 입각하여 무조건식 연명의료라는 단순한 방식으로 돌파하려고 했다. 의학의 모든 기술을 총동원하는 것이 생명을 존중하는 것이라는 쉬운 논리였다. 하지만 김 할머니 사건은 도그마에 매달리는 그런 일차원적 사고에서 벗어나 의학이 기술에서 다시 인간에게 돌아올 것을 요구하는 사건이었다.

그 어느 때보다 존엄한 죽음에 대한 국민들의 관심이 높아졌고, 비로소 인간다운 삶과 죽음이 무엇인지, 의학은 그 안에서 어떤 역할을 해야 하는지 사회적 공감대와 죽음의 문화를 논할 수 있는 무대가 된 것이다. 하지만 안타깝게도 여전히 의료계는 기술주의 사고를 버릴 생각이 없었고, 사회 역시 규범주의 행태에서 벗어나려 하지 않았다. 한국 사회가 김 할머니 사건 이후 바로 착수한 것은 법을 만들어 갈등을 억제하는 작업이었다.

12

연명의료결정법의 탄생

품위를 지키면서 죽을 수 있도록

연명의료 중단에 대한 제도적 지침의 필요성은 보라매병원 사건 당시에 이미 제기됐었다. 보라매병원 사건 소송이 한창이던 2001년 대한의학회는 '무익한 연명치료의 중지에 관한 지침'을 발표했지만 내용이 복잡하여 현실 적용도 어려웠고, 이미 병원마다 익숙한 관행을 가지고 있었기 때문에 이 지침은 현장에서 관심을 받지 못했다.

그리고 김 할머니 사건 판결 직후인 2009년 10월 13일에 대한의사협회·대한의학회·병원협회 공동 특별위원회가 '연명치료 중지에 관한 지침'을 새롭게 발표했다. 이 또한 법적 효력을 가지고 있지도 않고, 내용 역시 복잡하여 이전과 마찬가지로 의료현장에서 외면되었다.

반면 강제성을 지닌 법에 의해 연명의료 중단을 결정할 수 있게 해달라는 요구는 김 할머니의 가족들에 의해 제기되었다. 김 할머니의 가족들은 병원과의 민사소송과 함께 오래전부터 연명의료 중단에 대한 사회적 요구가 있었음에도 정부가 이에 대한 제도 마련에 소홀하여 환자의 기본권이 침해되었다며 2008년 5월 10일 입법부 작위에 대한 헌법소원을 제기한 것이다.

그러나 헌법재판소는 1년 반의 심리 끝에 심판 청구 전원일치2008헌마385로 법의 부재가 환자의 자기 기본권 침해와는 무관하다며 각하 결정을 내렸다. 하지만 각하 결정문에서 연명의료의 중단의 오남용을 막을 수 있는 기준과 절차의 필요성과 함께 사회적 합의와 공감대를 바탕으로 관련 법을 제정할 것을 다음과 같이 요청했다.

회복 불가능한 사망의 단계에 진입한 환자의 연명치료 중단에 관한 문제는 환자의 의사뿐만 아니라 환자 가족의 경제적, 정신적 부담을 해결하기 위한 의료보호제도와 사회보험제도 및 이 세상에서 무엇과도 바꿀 수 없는 존엄한 인간 존재의 근원인 생명을 보호하기 위하여 연명치료 중단의 오남용을 막을 수 있는 기준과 절차 등도 아울러 신중하게 고려하여 판단해야 할 사회적 합의의 대상이다.

즉, 이는 헌법상 보장되어 있지도 않은 환자 자신의 생명에 대한 자기결정권을 절대적인 공준公準으로 삼아 해결할 문제가 아니라 사회공동체 구성원들이 담론의 장을 마련하여 숙의하고 여기서 형성된 공감대를 바탕으로 국회가 입법을 통하여 해결해야 할 문제인 것이다.

그러자 정부는 바로 입법 작업에 착수했다. 연명의료 중단에 관한 국민 인식 조사, 관련 연구들을 수행하는 한편 종교계, 의료계, 법조계, 시민사회단체, 입법부 관련 18인의 위원들로 '연명치료 중단 제도화 관련 사회적 협의체'를 구성하여 논의를 진행했다.

하지만 예전 김득구 선수 사건 때 존엄사에 대한 논의가 불붙었다가 안락사에 대한 우려를 넘지 못하고 이내 사그라진 것처럼 이번에도 원론적인 논쟁을 주고받다가 최종 합의를 도출하는 데 실패했다. 이후 연명의료 중단에 대한 사회적 논의는 중단되었고, 의료현장에서는 연명의료 중단과 관련된 혼란이 지속되었다.

2년 뒤인 2013년 대통령 소속 '국가생명윤리심의위원회'는 중단되었던 연명의료 중단에 대한 논의를 다시 꺼내들었다. 이번에는 논의의 속도감을 높이기 위해 참여자의 수를 줄인 '특별위원회'을 만들어서 이전의 시행착오를 교훈 삼아 늘 논란이 되었던 관련 용어의 정리 작업부터 진행했다.

예를 들면 그 전까지는 모두가 자연스럽게 '연명치료'라는 말을 사용해 왔는데, '치료'는 그 자체로 회복시킨다는 선행의 의미를 담고 있으므로 '연명치료'를 중단한다는 것은 안락사라고 오해할 소지가 있다고 위원회는 생각했다. 그래서 치료보다는 중립적인 의료라는 단어로 바꿔서 이제부터는 '연명의료'라고 부르기로 정했다.

그리고 연명의료의 '중단'은 의료인의 관점이므로, 환자의 자기결정권을 드러내기 위해 연명의료 '결정'이라는 말을 사용하기로 했다. 과거 각자의 가치관을 투영시켜 자의적으로 이해해 왔던 관련 용어의 개념을 일치시키는 작업은 불필요한 오해를 막아 논의의 효율성을 높이는 데 일조했다.

그 결과 이번에는 최종적인 합의안을 도출하는 데 성공했고, 그에 따라 2015년 7월 〈호스피스 완화의료 및 임종 과정에 있는 환자의 연명의료 결정에 관한 법률안〉이 마련되어 국회에 발의되었다. 그리고 곧바로 2016년 1월 18일 국회 본회의를 통과, 준비 기간을 거쳐 일명 연명의료결정법이 2018년 2월 전격적으로 시행되었다.

이는 2001년 대한의학회가 연명의료의 무익함을 처음 제기하며 지침을 제안한 지 무려 17년 만에 이루어진 일이다.

이로써 무의미한 연명의료를 중단할 수 있는 제도적 장치가 마련되었지만 아쉬운 것은 과거 장기이식법과 마찬가지로 인간적인 삶과 죽음에 대한 사회적 담론과 공감대 형성 노력은 건너 뛴 채 바로 입법 작업에 착수했다는 것이다. 결국 이는 다시금 규범이라는 굴레 속에 우리 스스로를 가두는 결과가 되었다.

사전연명의료의향서의 탄생

그럼에도 연명의료결정법이 한국 사회와 의료계에 미친 긍정적인 의의는 크게 세 가지로 정리할 수 있는데 바로 자기결정권의 대두, 죽음의 범위 확장, 그리고 대안적 호스피스 완화의료의 장려라고 할 수 있다.

첫째, 그전까지 사전의료지시서, 사전의료의향서 등등 다양한 이름으로 불리며 시민단체들이 작성을 주도했던 연명의료 거부에 대한 서약서가 '사전연명의료의향서'라는 공식 이름과 법정 서식으로 정비되고 효력 역시 법으로 보장받게 되었다.

의료계 역시 'DNR'이라 불리는 심폐소생술 거부 서약서를 '연명의료계획서'라는 법정 서식으로 전환해 가고 있으며, 이 과정에서 환자와 삶의 마무리에 대한 대화를 나눌 기회가 생겼다.

참고로, 설명을 덧붙이자면 만약을 대비해 국가가 지정한 기관을 방문하여 미리 연명의료에 대한 자신의 의견을 결정해 두는 것이 사전연명의료의향서이며, 환자가 병원에 입원했을 때 주치의와의 상담을 통해 연명의료를 결정하는 것을 연명의료계획서라고 한다.

만약 환자가 사전연명의료의향서도, 연명의료계획서도 작성하지 못한 채 의식을 잃으면 연명의료결정법에서는 가족을 통해 그 뜻을 확인하여 대신 결정을 내릴 수 있는 길을 열어 두었다.

예를 들어 김 할머니처럼 환자가 연명의료를 원치 않는다고 평소에 이야기한 적이 있다면 가족배우자, 직계 존·비속 중 2명의 확인으로 연명의료를 결정할 수 있다. 만약 그러한 표현을 했는지 알 수 없는 경우에는 가족 전원배우자, 직계 존·비속 또는 형제자매의 합의를 통해 환자를 대신하여 연명의료를 결정할 수 있도록 했다.

둘째, 뇌사와 심폐사만을 죽음으로 인정하던 관례에서 '임종 과정'이라는 새로운 죽음의 범위가 등장했다. 임종 과정이란 회생 가능성 없이 사망이 임박한 상태를 말하는데, 법은 이때 행하는 연명의료는 회복의 노력이 아닌 오히려 죽음을 연장하는 것이므로 중단하더라도 생명을 단축시키는 행위가 아니라며 안락사 우려를 일축했다.

셋째, 연명의료결정법의 정식 명칭은 '호스피스 완화의료 및 임종 과정에 있는 환자의 연명의료 결정에 관한 법률'이다. 연명의료뿐만 아니라 말기 환자의 호스피스 이용에 대한 내용도 함께 담고 있다.

여기서 '말기'란 치료에도 불구하고 완치될 수 없어 멀지 않은 시기에 죽음을 맞게 되는 상태이다. 그래서 말기 환자는 남은 시간을 연명의료보다는 호스피스 완화의료를 통해 육체적, 정신적 고통을 완화하고 삶의 질을 높이도록 국가가 대안을 제시한 것이다.

이로써 이제까지 개인, 종교단체, 특정 의료기관의 헌신에 의해 제공되던 호스피스 완화의료가 법령에 의해 국가적 지원과 관리를 받게 되었다. 국가가 호스피스를 장려하면서 솔선수범으로 공공병원마다 호스피스 병동이 개설되기 시작했고, 민간 의료기관의 참여도 늘어났다.

그리고 환자들의 상황에 맞춰 서비스 제공 방법도 다양화되었다. 2021년 현재 호스피스는 호스피스 병동 입원 환자를 대상으로 한 입원형, 호스피스 병동이 아닌 다른 병동 입원 환자를 대상으로 한 자문형, 그리고 가정방문을 통해 환자를 돌보는 가정형 세 가지 형태로 제공되고 있다. 또한 요양병원 호스피스와 소아청소년 말기 암 환자들을 대상으로 하는 시범사업도 진행 중이다.

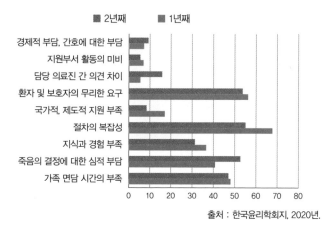

〈실제 상황에서 연명의료결정법 시행 시 겪는 문제점들〉

■ 2년째   ■ 1년째

- 경제적 부담, 간호에 대한 부담
- 지원부서 활동의 미비
- 담당 의료진 간 의견 차이
- 환자 및 보호자의 무리한 요구
- 국가적, 제도적 지원 부족
- 절차의 복잡성
- 지식과 경험 부족
- 죽음의 결정에 대한 심적 부담
- 가족 면담 시간의 부족

0 10 20 30 40 50 60 70 80

출처 : 한국윤리학회지, 2020년.

그래도 남은 문제들

연명의료결정법의 가장 큰 아쉬움은 앞서 간단히 언급한 대로 사회적 공감대 과정을 건너뛰고 바로 법 제정에 착수했다는 것이다. 그로 인해 법은 작동하고 있지만 일반 시민들뿐만 아니라 의료인들도 이 법의 취지와 내용을 잘 이해하지 못하고 있다. 법의 전반적인 형식 역시 의사소통을 진작하기보다는 갈등 억제를 중시하여 복잡한 절차와 서식에 치우쳐 있다는 비판을 받고 있다.

서울아산병원 고윤석 교수 연구팀은 연명의료결정법 시행 1년째와 2년째에 전공의 267명을 대상으로 법을 시행할 때 겪는 어려움을 조사했는데 법이 정한 절차의 복잡함이 전체

67.6%로 가장 높았다.[5] 그러다 보니 연명의료계획서의 취지가 환자와 의료진 간에 삶의 마무리에 대한 진솔한 대화를 하도록 하는 것이었는데, 의사와 환자 모두 무슨 말을 해야 할지 몰라서 형식적 설명 이후 서명을 받는 동의서 수준을 벗어나지 못하고 있다.

두 번째 아쉬움은 한국인들에게 아직 익숙하지 않은 서구적 가치인 자기결정권을 절대 공준으로 내세웠다는 점이다. 김 할머니 사건에 대한 헌법재판소의 각하 결정문에도 자기결정권을 공준화하기 전에 먼저 충분한 사회적 담론을 거치도록 권유하고 있다.

하지만 이런 우려에도 불구하고 빠른 입법을 위해 법을 정당화하는 논리로 서구사회에서 보편화되어 있는 자기결정권을 가져와 전면에 내세웠다. 그 결과 의료인의 전문가적 판단과 가족들의 대리 결정 관행이 한 순간에 불법이 되고 말았고, 모든 결정의 권한이 환자에게 쏠리면서 환자 역시 그 부담감에 힘들어하고 있다. 실제 의료현장에서 연명의료결정에 대한 이야기를 하고 서명을 받으려면 살면서 한 번도 죽음에 대해 진지하게 고민해 본 적이 없는 환자는 자신의 문제임에도 입을 닫거나 시선을 회피하는 경우가 많다.

그리고 자기결정권의 가장 안타까운 문제는 환자가 연명의료 거부가 아닌 반대로 적극적으로 시행해달라고 주장하는 경우이다. 의료인의 양심과 가족들의 반대에도 불구하고 말기 환자가 연명의료를 원하면 연명의료결정법상 의료인은 거부할 수가 없다. 오히려 환자가 결정한 대로 시행하지 않을 경우 형사처벌을 받게 된다.

연명의료결정법 제정 이후 의료계에 새롭게 정립된 생명 윤리는 옳든 그르든 환자가 원하는 것을 따르는 것이 1원칙이고, 환자가 사전에 의사를 밝히지 못한 경우는 생명 경시에 대한 처벌을 피하기 위해 예전처럼 살리기 위한 최선을 다하는 것이 제2의 원칙이 되었다.

보라매병원 사건 이후 기계적으로 수행하던 의학적 최선이 김 할머니 사건 이후에는 환자의 자기결정을 기계적으로 수행하는 것으로 바뀌었을 뿐 기존 의료인의 태도는 전혀 달라지지 않았다. 안타깝게도 연명의료결정법의 취지와 달리 의료인과 환자 사이에 이전보다 의사소통이 늘거나 신뢰가 회복될 여지는 보이지 않는다.

이를 반영하기라도 하듯 국가생명윤리정책원에서 밝힌 연명의료결정법 시행 3년 8개월 동안의 통계를 보면, 환자 스스로 사전의료의향서나 연명의료계획서 작성하고 죽음을 맞이한 경우41.8%보다 가족들의 의견이나 합의에 의해 연명의료결정이 내려진 경우58%가 더 많았다. 여전히 가족들의 대리 결정이라는 관행이 유지되고 있는 것이다.

연명의료결정법이 어렵게 시행되었지만 아직 갈 길은 멀다. 특히 보라매병원 사건을 통해 알 수 있듯 법은 늘 처벌이라는 두려움으로 사회와 개인을 통제한다. 하지만 따뜻한 의료를 원한다면 의료인들이 방어진료라는 경직성을 버리고 유연해질 수 있도록 자율적 판단의 공간을 열어줄 필요가 있다.

이런 필요성을 반영하듯 법이 전격 시행된 2018년 2월 한국환자단체연합회는 성명서를 통해 연명의료결정법의 개정을 촉구했다. 우선 원칙을 따지면서 너무 복잡하게 만들어 놓은 절차를 간소화할 것과 의료인을 소극적이고 방어적으로 만드는 형사처벌 조항을 삭제할 것 등을 요구한 것이다.

아직도 좋은 죽음이 무엇인지를 문화로 공유하지 못하고 있는 한국 사회는 사회 갈등을 여전히 규범과 제도로 해결하려고 한다. 마치 모든 것을 기술로 해결하려고 하는 의료계의 태도와 다르지 않다. 이를 보면 전통사회에서 대화와 배려가 담당했던 소통과 질서의 틀이 현대 사회에서는 규범과 제도로 대체된 것 같다.

연명의료결정법이 만들어졌지만, 죽음의 당사자인 환자와 가족들도, 죽음의 실무자인 의료인들도 정말 존엄한 죽음이 무엇인지 이해가 커진 것 같지 않아 보인다. 그래서 이 둘은 서로 죽음이란 주제로 대화하기를 겁내 하면서 오로지 혈액검사 결과가 어떤지, 약물의 효과가 어떤지 등의 형식적인 이야기만 나눈다.

그럼에도 불구하고 존엄하게 죽는 것은 인류의 궁극적 바람이었고 세계적으로는 이 존엄한 죽음이라는 권리를 위한 수많은 투쟁이 있어왔다. 다음 장엔 죽음의 금기를 풀고 존엄한 죽음을 지키기 위한 세계적인 노력들에 대해 이야기해 보려 한다. 이를 통해서 한국 사회도 죽음을 말할 수 있는 용기를 배울 수 있었으면 한다.

4장
—
죽음의 문화를 위한 발걸음

13

존엄한 죽음을 위한 세계의 노력

미국의 사례

연명의료로 뇌사와 식물인간 상태가 늘어가면서 죽을 수 있는 권리를 위한 투쟁은 전 세계에서 일어나고 있다. 미국에서는 1976년 김 할머니 사건과 유사한 캐런 앤 퀸런의 기계 호흡장치를 제거하도록 한 판결이 있었고, 김득구 선수 사건 발생 이듬해인 1983년 미국 연방의회는 뇌사를 죽음으로 인정하는 '통일사망판정법'을 통과시켰다. 1990년에는 식물인간 상태에 빠진 낸시 크루잔의 인공영양 중단을 허용하며 처음으로 죽을 권리를 인정하는 판결이 내려졌다.

이후 1994년 오리건 주에서는 말기 환자에 한해서 의사 조력 자살을 허용하는 법 Death with Dignity Act이 통과되었다. 의사 조력 자살이란 시한부 말기 환자가 극심한 고통으로 삶의 단축을 원할 때 의사가 자살 약물을 처방하는 것을 말한다. 현재 의사 조력 자살을 허용하는 나라는 미국의 오리건, 버몬트, 워싱턴 등 일부 주들과 호주, 캐나다. 스위스, 벨기에, 네덜란드, 룩셈부르크 등이다.

물론 죽을 권리를 위한 투쟁 과정에는 부작용도 있었다. 미국의 의사 잭 케보키언Jack Kevorkian은 말기 환자 및 알츠하이머 환자 등 130명의 요청을 받아 직접 환자에게 약물을 주입하는 안락사를 시행했는데, 1999년 2급 살인죄로 10~25년 징역형을 선고받았다.

미국에서는 직접적인 안락사를 허용하고 있지 않지만 유럽에서는 1984년 네덜란드에서 안락사를 허용한 첫 판결이 있었고, 이후 말기 환자가 '반복적이고 명시적인 요구'를 할 경우 엄격한 절차를 거쳐 안락사를 허용하고 있다.

프랑스의 사례

프랑스는 1999년 보건부장관 쿠슈네Kouchner의 주도로 국가건강보험으로 호스피스 완화의료를 보장*하는 일명 '쿠슈

---

* 한국은 2014년에 건강보험 적용이 시작됐다.

네법'을 제정했다. 그리고 2005년에는 장 레오네티 Jean Leoneti 의원이 주도한 사전연명의료의향서나 가족과의 합의 절차를 통해 말기 환자의 연명의료를 중단할 수 있는 '레오네티법'이 제정되었다.

2016년에는 '환자 및 임종 과정에 있는 자의 새로운 권리를 위한 법률'이 제정되었는데, 이는 임종 과정 환자뿐만 아니라 다른 중증 환자에 있어서도 본인의 의사 표현을 의학적 결정의 최우선에 두는 자기결정권 강화를 담고 있다.

이 법의 제정은 교통사고에 의한 뇌 손상으로 '최소 의식 상태 MCS, Miniaml Conscious State'에 빠진 뱅상 랑베르 Vincent Lamber 사건에 의해 촉발되었다. MCS는 식물인간 상태와 비슷하지만 좋고 싫음에 대한 최소한의 감정 표현을 할 수 있는 지각은 남아 있어 연명의료의 고통을 더 느끼게 된다.

랑베르를 돌보던 의료진은 그가 의학적 처치를 할 때마다 거부하는 듯한 표현을 감지했고, 점차 그 빈도가 늘어가자 연명의료를 중단해야 한다고 판단했다. 의료진은 그의 아내와의 상의한 후 인공영양의 중단을 결정했지만 가톨릭 신자인 랑베르의 부모가 이를 제지했다. 2013년에 시작된 소송은 논란 속에 결국 2015년 유럽 인권재판소까지 가게 된다.

최종적으로는 인공영양공급의 중단이 환자의 의사에 부합한다는 판결이 내려졌고 영양공급 중단 9일 뒤 랑베르는 숨을 거두었다. 이는 임종 과정에 있는 환자뿐만 아니라 MCS처럼 유사 식물인간 상태 환자가 고통과 연명의료를 거부하는 표현을 할 때 편안한 죽음을 허용하는 것이 인도주의에 부합한다고 판단한 것이다.

독일의 사례

독일은 1994년 연방최고법원의 '켐프텐kempten 판결'이 연명의료 중단에 대한 사회적 논의를 촉발시켰다. 켐프텐 지역의 한 요양병원에 입원해 있던 70세 여성 치매 환자는 음식물이 기도로 넘어가면서 호흡 곤란에 의한 심정지가 발생했다. 심폐소생술 후 심박동은 회복되었지만 심각한 뇌 손상이 남게 되었고, 콧줄이라고 불리는 급식관을 통한 인공영양으로 연명하는 처지가 되었다.

아들은 그녀가 예전에 TV에서 사지마비로 욕창이 발생한 환자를 보고 저렇게 살고 싶지 않다고 말한 것을 근거로 담당 의사와 상의 후 인공영양은 중단하고 최소한의 수분 공급만 유지하기로 했다.

이를 알게 된 요양병원의 원장은 담당 의사와 아들을 함께 고발했고, 이 소송은 켐프텐 지방법원을 넘어 독일 연방최고법원까지 가게 된다. 치열한 공방 끝에 최종적으로 연방최고법원은 추정된 환자의 의사를 인정하여 인공영양 중단이 정당하다는 판결을 내렸다.

켐프텐 판결이 환자의 의사를 연명의료 중단의 중요한 요건으로 인정하자 독일에서는 연명의료를 피하기 위해 미리 사전연명의료의향서를 작성하는 붐이 일어났다.

그리고 2000년 심근경색에 의한 호흡정지로 뇌 손상을 입은 한 환자가 인공영양을 유지하며 연명하고 있었다. 2년 뒤 환자의 아들은 환자가 쓰러지기 전 작성해 둔 사전연명의료의향서를 지방재판소에 제출하면서 인공영양 중단을 요청했다. 사전연명의료의향서에는 다른 연명의료와 함께 인공영양을 거부하고 단지 고통을 줄여주는 완화치료만 시행하라고 적혀 있었다.

지방법원은 법적 근거가 없어 이를 인정할 수 없다고 판결했지만 가족들은 상고하여 연방최고법원까지 가게 되었다. 연방최고법원은 '임종 과정에 있는 환자의 사전 지시는 존중되어야 하며, 연명의료 중단이 죽음을 초래하더라도 그러한 환자의 신념은 지켜져야 한다'며 사전의료의향서의 효력과 인공영양 중단을 허락했다.

이 판결 이후 독일 사회는 연명의료 중단의 요건으로 사전연명의료의향서의 효력을 법으로 보장하는 것과 보호자^{대리인}의 의사결정 권한의 범위를 정비하기 위한 논의에 들어갔다.

독일인들의 연명의료 중단에 대한 논의는 매우 더디고 조심스러워 주변의 다른 유럽 국가들보다 더 오랜 시간이 필요했다. 왜냐하면 독일은 2차 세계대전 당시 나치의 무자비한 유대인 살상으로 안락사에 대해 매우 예민하고 보수적인 사회 분위기를 가지고 있었기 때문이다.

2003년 처음 논의가 시작된 후 무려 6년에 걸쳐 공개토론이 진행되었다. 이 과정에서 거의 모든 사회단체와 수많은 시민들이 참여하여 각자의 의견을 표명했다. 법의 제정보다 과거사에 대한 우려를 불식하고 사회적 공감대를 이루는 것이 그들에겐 신속한 입법보다 중요했기 때문이었다. 그 결과 2009년 환자의 사전 의사를 법적으로 보장하는 '사전연명의료의향서 법안'이 도출되었고, 사회적 공감대를 위한 끈질긴 논의의 과정을 독일 의사 미하엘 데 리더는 이렇게 평가했다.

공개토론은 예상 밖의 효과를 불러왔다. 죽어감과 죽음에 대한 사회적 추방과 금기시에 대해 마침내 공격적으로 대응하게 된 것이다. 그것만으로도 커다란 수확이었다. 새로운 죽음의 문화는 그 내용이 사회적으로 감춰진 일로 공언되지 않을 때만 나타날 수 있기 때문이다. 따라서 개정된 법의 본래 가치는 각 개인과 시민들에게 헌법이 허용한 자기결정권을 책임 있게 인식하라는 요구에 있다. 그렇지 않다면 그것은 껍데기에 불과하다. 생의 마지막까지도 자기 스스로 결정할 수 있는 자유는 동시에 과제이기도 하다. 모든 사람이 자신의 죽음을 생각하라는 요구, 자기 자신과 가까운 사람들, 담당 의사와 대화하라는 요구를 받는 것이다.

미하엘 데 리더의 말에 따르면 독일인들은 존엄한 죽음을 지키는 법안 하나를 만들어 낸 것 이상으로 죽음에 대한 문화적 성숙과 더불어 사회적 의사소통 방식에 있어서도 한 단계 높은 성장을 이뤄낸 것 같다.

삶의 자유라는 과제

오늘날 한국뿐만 아니라 세계 여러 나라에서는 삶의 자유를 위한 투쟁이 일어나고 있다. 스페인에서 안락사를 허용해 달라고 소송했던 사지마비 장애인 라몬 삼페드로Ramón Sampedro의 실화를 다룬 영화 〈씨 인사이드The Sea Inside〉에는 이런 장면이 나온다.

같은 사지마비 장애인이지만 안락사에 반대하는 프란시스코 신부가 라몬의 집을 찾아와 논쟁을 벌인다. 프란시스코 신부는 삶을 배제한 자유는 자유가 아니라고 말하고, 라몬은 반대로 자유를 배제한 삶 역시 삶이 아니라고 말한다. 프란시스코 신부와 라몬이 나눈 대화의 평행선처럼 삶의 중단에 대한 윤리적 논쟁은 많은 경우 합의에 도달하기가 불가능해 보인다.

그럼에도 불구하고 독일의 공론화 과정은 쉽사리 답이 나오지 않더라도 이러한 논쟁을 피하지 않아야 하는 이유를 잘 보여준다. 독일은 6년에 걸친 논의를 통해 죽음과 죽어감의 문제를 더 이상 감추지 않고 공격적으로 드러낼 수 있게 되었으며, 새로운 죽음의 문화를 만들어 낼 수 있었다.

그러나 독일과 달리 한국 사회는 세브란스 김 할머니 사건 이후 연명의료 중단에 대한 제대로 된 사회적 논의를 진행한 적이 없다.

보건복지부에서 제작한 '연명의료결정제도 안내'에는 다음과 같이 연명의료결정법 제정 과정에서 사회적 합의에 실패하여 부득이하게 정부가 입법을 주도하게 되었다고 말한다.[1]

정부는 국민 인식 조사, 관련 연구 결과, 사회적 합의체 운영 결과 등을 토대로 의학적으로 의미가 없는 연명의료의 유보나 중단에 관한 사회적 공감대를 형성하고자 노력했지만, 결정 주체와 방법 등 구체적인 절차에 대한 합의를 이루지 못했음.

이에 2013년 대통령 소속 국가생명윤리심의위원회에서 특별위원회를 구성하여 연명의료 중단 등 결정과 관련된 구체적인 기준과 내용을 제시하면서 특별법 제정을 권고하였고, 2015년 임종과정에 있는 환자에 대한 연명의료 유보 및 중단에 관한 법률안이 제안되었음.

요약하면 정부는 2009년 세브란스 김 할머니 판결 이후 2년 동안 공론화 과정을 진행하다가 별다른 성과 없이 중단했고, 그 뒤 사회적 합의를 건너뛰어 2년 만에 만들어진 것이 지금의 연명의료결정법이다. 모든 과정이 오로지 입법에 초점이 맞춰져 있었기에 독일처럼 끈질기게 사회 각층의 목소리를 끄집어내고 종합하여 합의점에 도달하려는 노력은 많이 부족했다.

한국 사회에는 1982년 김득구 선수 사건, 1997년 보라매병원 사건, 2009년 김 할머니 사건 판결이라는 커다란 사회적 사건을 통해 죽음과 죽어감에 대한 문화를 단계적으로 성장시킬 수 있는 기회가 있었다. 하지만 우리는 늘 조급함을 이기지 못하고 갈등 해소를 합의와 문화보다는 입법과 통제로 해결하는 방식을 우선해 왔다.

참고로, 이웃나라 일본은 여전히 법이 아닌 강제성이 없는 지침으로 연명의료와 관련된 의료적 실무를 처리하고, 사회적 갈등을 원활하게 조정하고 있다. 이것이 가능한 이유는 환자와 가족, 그리고 의료인 사이에 죽음에 대한 대화가 억압받지 않는 일본의 문화 때문이다. 일본은 2006년부터 병원보다는 집에서 삶을 마감할 수 있는 의료체계를 만드는 데 노력하면서 연명의료와 병원 임종을 줄여가고 있다.

지금도 지구 위 수많은 병원마다 연명의료를 받으며 생존을 유지하고 있는 셀 수 없는 사람들이 있다. 그리고 그 의미 없는 시간을 지켜보면서 환자의 가족들은 큰 경제적 부담과 간병의 부담을 떠안게 되고, 가족들과 의료진 모두 환자에 대한 죄책감으로 괴로워하게 된다.

인류는 그러한 괴로움을 통해 현실을 반성하고 조금씩 '살아 있다'는 위장막에 가려진 죽음의 모습을 드러내기 시작했다. 그러한 용기들이 모여 세계 곳곳에서 연명의료를 막고 존엄한 죽음을 보장할 수 있는 사회적 변화와 대응들을 만들어가고 있다. 이처럼 새로운 죽음의 문화는 죽음을 감추지 않고 드러낼 수 있는 용기가 있을 때 가능하다.

연명의료에 대응하는 해외 여러 나라들의 태도에서 알 수 있듯이 지금의 한국 사회에 가장 필요한 것은 죽음의 현실을 바라보는 용기이다. 법은 갈등을 강제적으로 조정할 뿐, 후회 없는 삶과 좋은 죽음을 보장해 주지 않는다. 지금이라도 우리는 죽음에 대한 공격적인 대화를 통해 삶의 자유를 법이 아닌 문화로 확보하는 길을 찾아나서야 한다.

14

안락사와 존엄사

안락사에 예외를 두다

죽음을 자연스러운 삶의 과정이 아닌 사회적 사건으로 다루기 시작한 근대국가들은 허용되는 죽음과 그렇지 못한 죽음을 법으로 나누고 있다. 특히 고통을 줄이기 위한 과정에서 초래된 죽음 중 법적 처벌의 대상이 되는 것을 안락사euthanasia, 그리고 인도적으로 허용하는 것을 존엄사death with dignity라고 구분할 수 있다.

이 둘은 사회의 안전과 질서를 지키는 규범 안에 있느냐, 그렇지 않느냐로 구분된다. 쉽게 말해 안락사는 형사처벌의 대상이 되고, 존엄사는 그렇지 않다.

관습적으로 고통으로부터의 해방을 위해 인위적으로 삶을

단축시키는 안락사는 '자비롭지만 엄연한 살인^{mercy killing}'이
라는 이미지가 강했다. 살아 있는 한 기적처럼 새로운 가능성
이 열릴 수 있으니 자살이나 안락사보다는 삶의 의지를 회복
하도록 도와야 한다는 것이 사회적 통념이었다. 그래서 안락
사에는 늘 '성급한 자비'에 대한 우려가 깃들어 있다.

그러나 의학이 발전하면서 기적이 일어날 수 없는 상태에
대한 객관적인 진단이 가능해졌다. 최신 자기공명영상장치^{MRI}
와 뇌파검사로 깨어날 수 없는 뇌 손상 즉, 뇌사나 지속 식물
인간 상태에 대한 정확한 진단이 가능해 진 것이다.

이런 현대적 진단이 도입된 이후 뇌사, 지속 식물인간 상
태에서 깨어난 의학적 사례는 아직 보고된 적이 없다. 신문에
간혹 의식을 회복한 기적이라고 보도되는 경우는 애당초 뇌
사나 지속 식물인간 상태가 아니었거나, 정밀 검사를 시행하
지 않아 잘못 진단이 내려진 경우이다.

더불어 더 이상 치료의 효과가 없고 다른 치료법도 없어 완
치를 포기해야 하는 말기 상태에 대한 객관적 진단도 가능해
졌다. 이제 뇌사, 식물인간 상태, 말기 환자에게 자유로운 과
거의 삶으로 돌아갈 가능성을 찾는다는 것은 의학적으로 불
가능하다는 것을 모두가 인식하게 되었다.

이렇게 과학적인 진단으로 성급한 포기에 대한 우려가 제
거되었음에도 혹시 모를 기적 또는 새로운 가능성을 운운하

며 환자들의 고통을 죽기 전까지 방치한다는 것은 비인도적인 태도라는 문제 제기가 일어났다. 과거라면 자연스럽게 죽음을 맞이했을 텐데 뇌사 환자에게 기계호흡장치를, 지속 식물인간 상태 환자에게 인공영양을, 말기 환자에게 심폐소생술을 시행하는 등 회복이 아닌 죽음의 과정을 질질 끌며 의미 없는 고통을 가하는 것에 대한 비판과 죽을 권리에 대한 소송이 본격적으로 제기되기 시작한 것이다.

이로 인해 각 사회마다 죽음의 범위에 대한 새로운 판단 기준을 만들기 시작했다. 인위적으로 죽음을 앞당기는 안락사에서 법과 사회 통념으로 허용할 예외를 정했고 이를 '존엄사'라고 부르기 시작했다.

이처럼 존엄사라는 용어는 안락사의 부정성에서 벗어나기 위한 노력이라는 것은 확실하다. 그런 차원에서 그 사회가 법과 통념이 어느 정도까지 예외를 허용하느냐에 따라 존엄사의 범위는 유동적일 수 밖에 없는데, 그 예외 기준은 전적으로 그 사회의 삶과 죽음에 대한 문화와 인식에 따라 정해진다.

존엄사의 조건

현재로서는 존엄사의 범위에 들어가기 위해서는 불가피성이라는 전제가 필요하다. 이 불가피성이란 다른 대안이나 여지가 없으며, 혹시 모를 성급하고 감정적인 판단이 객관적으로 배제된 상태이다.

우리나라 연명의료 결정법은 이런 불가피성을 확보하게 위해 '말기 환자'와 '임종 과정에 있는 환자'의 판단을 담당 의사와 해당 분야 전문의 1인을 통해 이중으로 판정하도록 규정한다. 그리고 말기 환자에게는 연명의료를 피하고 호스피스 완화의료를 받을 수 있는 권리를, 임종 과정에 있는 환자에게는 연명의료를 중단할 수 있는 권리를 법으로 보장하고 있다.

우리보다 먼저 고민을 시작한 서구의 경우 존엄사의 허용 범위에 임종 과정에 있는 환자뿐만 아니라 말기 환자 또는 지속 식물인간 상태에 있는 환자까지 포함시키는 훨씬 적극적인 방향으로 나아가고 있다. 이런 해외의 경향을 고려했을 때 현재 우리의 연명의료 결정법이 존엄한 죽음을 보장하는 종착역이라고 생각해서는 안 될 것이다. 우리는 안락사 문제에 대해 무척 예민하고 엄격한 듯하지만, 실제로 우리 사회에서 이미 발생했던 안락사 사건들에 대해 사법부는 엄격한 법 적용보다는 법 감정이라는 유동성을 통해 현실 상황을 참작하는 판결을 내리고 있다. 다만 국민적 정서와 불안을 감안하여 그것을 드러내 놓고 일반화하지 못하고 있을 뿐이다.

예를 들면 가족들이 환자의 연명의료 장치를 제거해 죽음

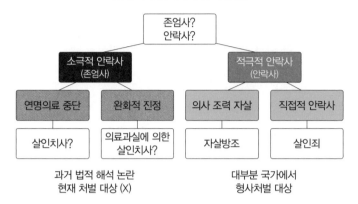

〈존엄사와 안락사의 경계 혼란〉

존엄사?
안락사?

소극적 안락사
(존엄사)

적극적 안락사
(안락사)

연명의료 중단

완화적 진정

의사 조력 자살

직접적 안락사

살인치사?

의료과실에 의한
살인치사?

자살방조

살인죄

과거 법적 해석 논란
현재 처벌 대상 (X)

대부분 국가에서
형사처벌 대상

에 이르게 한 사건들의 많은 사례에서 이런 불가피한 현실에 대한 정상참작이 이루어져 집행유예 또는 기소유예나 무죄 판결이 내려졌다. 객관적 불가피성 외에 현실적 불가피성이 이미 고려되고 있는 것이다.

병원에서도 임종 과정에 있는 환자의 연명의료 중단 외에도 이러한 현실적 불가피성에 의해 존엄사로 인정받는 경우가 있다. 바로 극심한 고통을 겪고 있는 말기 환자에게 다른 치료 대안이 없어 불가피하게 고용량의 마약성 진통제나 진정 약물이 투여되는 경우이다.

이를 '완화적 진정palliative sedation'이라고 하는데, 이 경우 의식 저하나 호흡 억제로 예상보다 이른 죽음이 발생할 수 있다. 하지만 고통을 방치하는 것은 의학이 존재할 이유를 스스로 포기하는 것과 같기에 다른 대안이 없어 완화적 진정을 시행해야 하는 경우에 대해서는 법과 사회적 통념상 존엄사로서의 불가피성이 인정된다.

과거에는 임종 과정 환자의 연명의료 중단은 살인치사, 말기 환자에 대한 진정요법은 의료과실에 대한 살인치사로 처벌되었으나, 우리나라를 포함하여 존엄사에 대한 인식을 갖게 된 대부분의 국가에서는 더 이상의 이견 없이 허용되고 있다.

안락사의 조건

한편 사회통념상 아직 받아들이기 어려운 것은 안락사라는 말로 구분 짓는다. 일반적으로 안락사는 즉각적인 삶의 중단을 위해 독극물이나 진정 약물을 투여하는 것을 의미하는데, 그 행위의 주체가 타인인지, 또는 자신인지에 따라 직접적^{전형}적인 안락사와 의사 조력 자살로 나뉜다.

전형적인, 또는 직접적인 안락사는 잭 케보키언 박사의 사례처럼 의료인이나 타인이 환자에게 약물이나 가스를 주입하여 즉각적인 죽음에 이르게 하는 것이다. 대부분 사회에서는 이를 살인죄로 처벌하고 있다. 현재 네덜란드, 벨기에, 룩셈부르크, 태국, 캐나다, 미국 일부 주_{오리건, 워싱턴, 캘리포니아, 뉴멕시코, 버몬트, 몬태나} 등에서 직접적 안락사를 허용하고 있다. 그리고 프랑스 등 일부 국가에서는 안락사를 허용하는 논의를 진행 중이다.

직접적 안락사보다 더 논란이 되고 있는 것은 죽음에 대해 비교적 개방적인 일부 국가나 지역사회에서 허용하고 있는 의사 조력 자살이다. 의사 조력 자살은 말기 환자가 자살 약물을 처방받아서 스스로 복용하여 죽음에 이르는 것이다.

직접적 안락사는 행위 주체가 의료인이어서 안락사가 금지된 나라에서는 살인죄로 처벌받거나 허용하는 국가라 해도 윤리적 죄책감을 겪게 된다. 이런 문제를 피하기 위해 의사 조력 자살에서는 의료인은 수단만 제공하고 그 행위는 전적으로 환자에게 맡긴다.

안락사나 의사 조력 자살을 허용하는 나라들은 섣부른 삶의 포기를 막기 위해 그 허용 대상을 엄격하게 규정하고 있다. 공통적으로는 회복 가능성이 없는 시한부 말기 환자로 이성적인 의사결정이 가능하며, 다른 치료에도 불구하고 나아지지 않는 고통을 가지고 있어야 한다.

안락사 허용 국가들은 대부분 의사 조력 자살도 같이 허용하고 있는데, 다만 스위스는 의사 조력 자살만 허용하고, 룩셈부르크와 프랑스는 현재 직접적 안락사만 허용하고 있다.

유영규 등이 공동 집필한《그것은 죽고 싶어서가 아니다》를 보면, 저자들은 의사 조력 자살을 위해 스위스로 떠난 2명의 한국인이 있다는 사실을 알고 그 발걸음을 따라간다. 이 여정에서 저자들은 다양한 사람들을 인터뷰하고 설문조사도 진행하면서 존엄과 죽을 권리에 대해 탐사하게 되고, 결론적으로 한국 사회도 적극적인 죽을 권리에 대해 고민하고 대비할 것을 요구한다.

편견과 사실

생을 전체화하여 자기 삶을 착취하면서 살아가는 한국 사회는 세계 그 어느 나라보다도 자살률이 높다. 그래서 더더욱 죽음에 대한 대화가 닫혀 있다. 특히 일제 강점기, 한국전쟁, 군부독재 등 역사 속에서 반복되었던 민간 학살과 같은 생명이 유린되는 상처를 안고 있는 한국 사회에서는 독일이 그러했듯 생명 경시에 대한 우려가 매우 크다.

그래서인지 호스피스 병동에서도 가족들이 혹시 여명이 단축될까 봐 환자에 대한 마약성 진통제 투여를 거부하는 경우도 있다. 심지어 호스피스는 일찍 죽게 만드는 곳이라는 편견으로 호스피스를 선택하기보다는 죽기 전까지 모든 삶의 질을 포기하고 항암치료에 매달리는 말기 환자가 훨씬 많은 실정이다.

이처럼 삶의 질보다 생명의 유지에 더 집착하는 한국인의

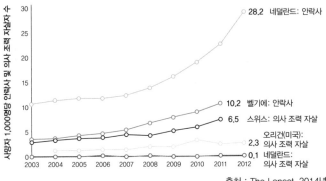

〈안락사와 의사 조력 자살을 허용하는 나라에서
실제 발생률을 조사한 연구〉

출처 : The Lancet, 2014년.

태도는 쉽사리 바뀌지 않을 것이다. 그래서 늘 존엄한 마무리
에 대한 사회적 공감대 마련은 안락사의 우려를 넘어서지 못
했고, 앞으로도 경제 선진국들 중에서 존엄한 죽음을 확장하는
논의에 있어 가장 보수적인 태도를 취할 것이라 예상된다.

여기서 우려와 거부감이 큰 안락사와 의사 조력 자살을 논
의할 필요는 없다. 다만 보라매병원 사건이나 김 할머니 사건
처럼 사회적 갈등이 누적되어 상징적 사건으로 폭발된 후 사
후적 논의가 진행될 때를 위해서 몇 가지 편견을 제거할 필요
는 있다.

2014년 발표된 스위스 완화의료센터 연구팀의 조사에 따
르면 타인이 행위를 지배하는 안락사에 비해 자신이 행위를

지배하는 의사 조력 자살의 경우 실제 실행되는 빈도가 더 낮은 것으로 조사되었다. 안락사와 의사 조력 자살 모두를 허용하고 있는 네덜란드의 경우 안락사의 비율은 증가하고 있지만 의사 조력 자살은 사망 1,000명당 1명 정도를 유지하고 있다.[2]

영국의 의학 저널 〈란셋The Lancet〉에 실린 한 연구의 그래프를 보면 의사 조력 자살을 허용하는 나라들에서 자살이 남용될 것이라는 우려와는 달리 그 빈도가 증가하지 않고 낮은 수준으로 일정하게 유지되는 것을 확인할 수 있다. 특히 미국 오리건 주에서는 자살 약물이 처방된 환자들의 3분의 1은 약물을 복용하지 않고 가지고만 있다가 자연사에 이르는 것으로 조사되었다.

이를 봤을 때 안락사에 비해 의사 조력 자살은 법적으로 허용된다고 해도 무분별하게 그 실행이 늘지 않는다는 것을 보여준다. 그 이유로는 안락사와 달리 자신이 행위의 주체가 된다는 것 때문에 더욱 신중해지고 주저함이 발생하기 때문이다.

또한 자신의 삶에는 고통 외엔 어떤 자유도 존재하지 않는다고 생각했던 말기 환자들이 고통에 대해 공감을 받는 과정과 약물을 처방받고 자율적 선택지가 추가되었다는 것만으로도 위로와 힘을 얻기 때문이라는 분석도 있다.

15

생명의 가치를 다시 생각한다

인격의 가치는 어디서 오는가

문화나 가치는 시대에 따라 변화하게 마련이지만, 시대에 따라 결코 변하지 않는 가치가 있다. 우리는 그것을 진리, 또는 절대적인 정언定言이라고 말한다. 생명이 어떤 경우에도 존중되고 소중히 해야 한다는 것은 시대를 관통하는 정언이고, 인류의 공통된 윤리라고 할 수 있다.

그런데 이 정언 명제가 현대에 와서 흔들리고 있다. 생명 그 자체로 축복이고 감사의 대상이 되어야 함에도 생명이 비극이 되는 상황이 발생하기 시작한 것이다. 바로 '연명'상태이다.

통상적으로 연명이라는 말 앞에는 '무의미한'이라는 단서가 붙는다. 생명은 그 자체로 소중하고 차별 없는 절대적 보호의 대상이다. 그래서 무의미한 생명이 있다는 말에 우리는 동의하기가 어렵다. 하지만 세상을 살면서 무의미한 삶이 존재한다는 것을 경험적으로 알게 된다. 심지어 타인에게 악행을 일삼고 타인의 생명까지 앗아가는 해로운 삶도 존재한다.

무의미한 생명은 없지만, 무의미한 삶은 존재한다는 것에서 생명과 삶의 차이를 따져볼 필요가 있다. 앞서 영화 〈씨 인사이드〉에서, 프란시스코 신부는 삶이 없으면 자유도 존재할 수 없다고 했고 라몬은 자유를 배제한 삶은 삶이 아니라고 반론한다.

우리는 종종 생명과 삶을 같은 것이라고 생각한다. 영어에서는 생명과 삶은 모두 'life'라는 동일한 단어를 사용하지만 엄밀히 말해 생명은 삶을 살아갈 수 있는 목숨 상태를 말한다. 프란시스코 신부는 신이 허락한 목숨 자체의 절대가치를 강조했고, 라몬은 자유가 없는 목숨은 삶이 될 수 없다고 주장한 것이다.

'인간답다'는 것은 목숨과 삶 둘 중 어디에 방점이 찍히는 것일까? 달리 말하면 인간이 다른 생명체와 구분되는 것은 목숨 자체가 다르기 때문인가, 아니면 삶이 다르기 때문인가? 만약 인간이 목숨 그 자체만으로 인간다운 가치가 유지된다면 삶이 어떠하던 죽음을 미루고 목숨을 연장할수록 인격적

가치가 확산될 것이다.

그런데 한국을 비롯한 세계의 각국들은 무의미한 목숨 연장을 중단하거나 막을 수 있는 법들을 앞다퉈 제정하였다. 또한 문화적으로 새 생명인 아기가 탄생했을 때도 축복이라고 말하지만 고령의 노인이 고통 없이 편안한 죽음을 맞이할 때도 축복이라고 말한다.

이는 목숨의 절대가치에 대한 종교적, 윤리적, 철학적 논쟁을 떠나서 이미 경험적으로 인간의 고유한 가치는 목숨보다는 삶에 있음을 말해준다. 인간과 동물의 차이점은 주어진 목숨으로 추구하는 삶의 가치가 다르기 때문이다.

뒤에서 더 자세히 설명하겠지만, 동물은 목숨이 유지되는 생존을 위해 살아가지만, 인간은 자존감이라는 자신의 존엄을 추구하며 살아간다. 그런 인간의 삶을 철학적으로 '실존'이라고 부른다.

때 이른 죽음이 안타까운 이유는 삶의 가능성을 다 펼치지 못했기 때문이며, 너무 질질 끄는 연명이 비참한 이유는 행복이 아닌 고통스러운 삶만 연장되기 때문이다. 목숨이 연장되어 더 많은 삶의 의미를 일구고 행복을 누릴 수 있다면 영원히 사는 것은 모두의 바람이다. 하지만 피조물인 인간은 신으로부터 조건 없이 생명을 선물받은 것처럼 때가 되면 아쉽더라도 그 생명을 다시 반납해야 한다.

이처럼 삶이 유한하기 때문에 인간은 생명을 더 소중히 다루게 된다. 역설적이지만 죽음은 생명에게 가치를 부여한다. 죽음이 없다면 아마도 생명은 함부로 다뤄지고, 삶은 의미를 잃어버리게 될 것이다. 소설 《모리와 함께한 화요일 Tuesdays with Morrie》에서 시한부 삶을 사는 모리 교수는 제자 미치에게 이렇게 말한다.

죽으리라는 것을 안다면 언제든 죽을 수 있도록 준비를 해둘 수 있네. 그렇게 되면 사는 동안 자기 삶에 더 적극적으로 참여하며 살 수 있거든. 미치, 어떻게 죽어야 할지 배우게 되면 어떻게 살아야 할지도 배울 수 있다네.

그래서 완전한 삶이란 늙지도 죽지도 않는 삶이 아니라 주어진 목숨을 통해 최대한 성실하게 삶의 가능성에 도전하고 후회 없이 존엄하게 퇴장하는 것이다. 하지만 의학의 발전으로 연명이 가능해지면서 오히려 죽음이 훼손되는 상황이 발생했다. 기계호흡장치와 인공영양이 없었다면 자연스러운 죽음에 이르렀을 텐데 이제는 연명의료로 인해 생존하나 실존하지 못하는 상태가 만들어지고 있다. 죽음을 통해 삶이 완성된다고 할 때 죽음의 훼손은 삶의 훼손을 초래하게 된다.

삶은 기억을 통해 영원이 된다

우리가 어떤 인간 존재를 기억하는 것은 그 사람의 생명이 아니라 그 사람이 우리와 교류하고 영향을 주었던 삶이다. 웨일스의 철학자 마크 롤랜즈 Mark Rowlands는《철학자와 늑대 The philosopher and the wolf》에서 인간에 대한 기억을 다음과 같이 말한다.

우리 곁에 머물렀던 사람들에 대한 기억은 의식적으로 기억하지 않았어도 우리 생활 속에 자연스럽게 녹아 있다. 누군가를 기억하는 가장 중요한 방법은 그들이 형성하도록 도와준 나의 모습으로 살아가는 것이다. 가끔 기억할 가치가 없는 이도 있다. 그럴 경우 가장 중요한 실존적 과제는 우리의 삶에서 그들의 기억을 삭제하는 것이다. 그러나 기억할 가치가 있는 이들이라면 그들이 만들어 준 사람의 모습으로 사는 것은 단순한 기억이 아니라 그들을 존경하는 방법이다.

인간은 삶을 통해 관계를 맺고, 죽음 이후에도 타인의 삶속에 기억되어진다. 생명은 삶이라는 공간 속에서 그 존재가치를 획득할 수 있다.

이렇게 우리는 삶이라는 공간에서 행복의 가능성을 좇아살아가는 존재이기에 더 이상 행복을 좇을 기회가 사라지는 죽음은 아쉬움일 수밖에 없다. 하지만 죽음을 피할 수 있는 사람은 없기 때문에 그것을 어떻게 받아들이느냐가 삶을 완성하는 핵심이다.

누구나 맞이해야 할 삶의 필연

미국의 윤리학자 조지 에이시치 George Agich는 삶의 마무리를 수용하지 않고 무조건적 연명의료에 집착하는 현대 사회의 경향에 대해 이렇게 반문한다.[3]

우리가 경험하는 삶의 질을 무시하고 매달려야 할 만큼 그렇게 생명이 귀중한 것인가?

이 도발적인 물음에는 죽음은 그 자체가 나쁜 것이 아니라 자연스러운 삶의 과정이자 누구나 마주해야 할 삶의 필연이기에 고통과 싸울지언정 죽음과 싸워서는 안 된다는 의미가 담겨 있다.

특히 좋은 죽음을 준비하고, 죽음을 수용하는 문화가 정착되기 위해서는 노인들이 삶의 무대에서 아쉬움 없이 명예롭게 퇴장할 수 있는 역할과 분위기가 조성되어야 한다고 그는 강조한다. 하지만 '생의 전체화' 사회에서는 질병과 노화는 배제와 억압의 대상이 되고 노인의 역할도 명예로운 은퇴에 대한 사회 분위기도 각박하기만 하다.

하루하루의 삶의 경험이 주는 의미를 무시한 채 오로지 생물학적 생존의 연장에만 매달리는 것은 인격체라는 인간의 본질을 폐기하는 것과 같다. 인간은 삶을 통해 자신만의 고유한 이야기를 써 내려가고 죽음을 통해 그 이야기를 완성하는 존재이다.

목숨 유지와 번식이라는 생존 본능이 이끄는 대로 사는 동물들과 달리 인간은 삶의 시련과 슬픔, 성취와 기쁨 모두를 통합하여 자신만의 서사로 승화시키는 인격체의 삶, 곧 실존을 살아간다.

하지만 연명의료는 그러한 인격체의 실존을 무시한 채 단지 생존하는 것만을 삶의 목표로 만드는 행위이기에 이는 여태껏 살아왔던 서사의 맥락이 뒤틀리고 인격이 훼손되는 삶의 파괴와 같다.

인간에게는 삶의 마지막 순간까지 자신의 정체성에 어울리는 이야기가 이어져야 하고, 의학은 무의미한 생명 연장보다는 이야기의 완성을 지켜내는 것에 관심을 두어야 한다.

서사의 주인공

미국 미네소타 의과대학 교수이자 생명윤리학자인 스티븐 마일스Steven Miles는 자신의 할아버지 사례를 통해 환자의 살아온 삶의 질과 맥락을 존중하지 않는 현대 의학을 비판한다.[4]

그의 할아버지는 노쇠하여 더 이상 집에서 지낼 수 없어 병원에 입원하게 되었다. 마일스는 담당 의사에게 열심히 살아온 할아버지가 편안한 임종을 맞이할 수 있도록 적극적인 치료는 삼갈 것을 부탁했다. 하지만 담당 의사는 살아 있는 한 적극적인 치료를 받는 것이 환자의 권리이자 자신의 책무라며 마일스의 부탁을 거부한다.

직접 가족의 주치의가 되는 것은 의사로서 부담되는 일이지만 마일스는 할아버지를 자신의 병원으로 옮겨와 마지막까지 돌본다. 그는 '그곳의 담당 의사는 병원이라는 자기의 왕국을 떠나 노쇠한 내 할아버지의 성으로 오지 않으려 했다'라고 비판한다.

열심히 살아온 삶의 마지막에 필요한 것은 무의미한 생명의 연장이 아니라 그 삶이 가치 있는 결말로 남을 수 있도록 지켜주는 존중과 돌봄이다.

고령의 환자나 회복될 수 없는 말기 환자에게 행해지는 심폐소생술 역시 그들의 명예로운 은퇴를 난장판으로 만드는 파괴 행위이다. 마지막 순간 가족들이 환자의 지난 삶을 추억하며 아름다운 기억으로 간직할 수 있도록 배려해야 함에도 불구하고 현대 의학의 기술에 도취된 의료인은 1분 1초라도 목숨을 연장하는 것이 생명에 대한 존중이라고 착각하고 있다.

일본의 의사 야마자키 후미오는 이렇게 고령의 환자와 말기 환자에게까지 시행되는 심폐소생술에 대해 마치 '분수를 모르는 삼류 배우가 멋대로 무대에 난입해서 주인공 역할을 강탈하는 것'이라며 그 무례함과 잔혹함을 비판한다. 존엄하게 퇴장할 환자의 권리와 마음껏 애도하고 아름답게 기억하려는 가족들의 기회를 박탈하고 훼손하는 것이 과연 현대 의학의 사명과 윤리에 합당한 것인지 묻고 싶다.

인간은 목숨을 통해 완성되는가, 아니면 살아온 삶으로 완성되는가? 그 안에서 의학이 자신의 기술적 가능성을 동원하여 지켜줘야 할 생명의 가치는 무엇인가? 조지 에이지치의 질문을 다시 한번 되새겨 볼 필요가 있다.

"우리가 경험하는 삶의 질을 무시하고 매달려야 할 만큼 그렇게 생명이 귀중한 것인가?"

16

삶만큼 죽음도 존중되는 문화

죽음의 문화

한 사회가 나아가는 방향은 궁극적으로 그 사회가 가지고 있는 문화의 지배를 받기 마련이다. 일제 강점기와 한국전쟁의 폐허 위에서 한국 사회는 생존을 절대시 할 수밖에 없었다.

단시간에 한강의 기적이라 불리는 놀라운 경제성장을 이루었지만, 정작 한국인의 삶은 죽음에 대한 성숙한 인식이 자리잡지 못해 연명의료, 병원 임종, 자살이라는 철저히 죽음이 실패되는 상황에 빠져들고 있다. 다니엘 튜더가 말한 '기적을 이룬 나라, 기쁨을 잃은 나라'는 정말 뼈아픈 우리의 실체이다.

한국 사회가 겪고 있는 텅 비어 버린 죽음의 체험과 이해로 인한 실존적인 불안은 사람들을 현대 의학의 가능성에 무조건 기대도록 이끌고 있다. 하지만 죽음에 대한 이해가 빈곤한 것은 병원과 의료인도 마찬가지이다. 그들은 죽어가는 환자마저 의학의 가능성을 시험하는 무대로 삼고 있다.

생존경쟁에만 집착하느라 삶의 가치를 잃어버린 현대인의 태도와 의학의 기술주의에 도취된 채 생명 연장에만 집착하는 의료인의 태도는 죽음에 대한 이해의 빈곤이라는 공통점을 보여준다.

결국 연명의료 결정법까지 제정하게 된 한국 사회는 안전하고 행복한 삶을 위한 환경과 더불어 평화롭고 존엄한 죽음의 문화도 만들어야 하는 새로운 도전 앞에 서 있다.

역사학자 아놀드 토인비Arnold Toynbee는 《역사의 연구Study of History》에서 한 사회가 마주하게 되는 문화적 도전은 한 번의 성공으로 끝나는 것이 아니라 한 발짝 전진을 자극하는 도전이라고 정의한다. 한 가지 과업의 달성은 새로운 노력을 매개하고, 한 문제의 해결은 또 다른 문제를 제시하게 하며, 그렇게 전진해 나가는 것, 다시 말해 멈추지 않고 성장해 가는 것을 건강한 사회라고 말한다. 그래서 한 사회가 건강하다는 것은 특정한 상태에 도달하는 게 아니라 지속적으로 문제에 도전하는 태도이다.

한국 사회의 죽음과 관련된 사회문제에 이를 대입해 보면 단지 장기이식법과 의료법, 연명의료 결정법이라는 제도와 규범을 갖추었다고 문제가 해결된 것이 아니다. 이 과정에서 우리는 건너뛴 발걸음들이 있었다. 병원에서도 죽음에 대해 이야기를 하지 않는 것처럼, 우리 사회도 죽음에 대한 진솔한 이야기들을 하지 않았다. 지금이라도 우리는 죽음과의 진솔한 마주함을 외면했던 지난 우리의 태도를 반성해야 한다. 더이상 제도와 규범에 모든 것을 맡기지 말고 죽음을 이야기할 수 있는 용기를 되찾아야 한다.

메멘토 모리(memento mori)

의학이 추구하는 기술과 사회가 추구하는 규범은 문제를 처리하는데 효율적일 수 있지만 그 자체가 사회정신과 문화라는 가치가 될 수는 없다. 미하엘 데 리더가 말했던 것처럼 새로운 죽음의 문화는 그것을 감추지 않는 것에서부터 시작한다.

토인비는 문명사회가 사건이나 현상이 아닌 모든 구성원이 공감하고 공유하는 문화를 만들어 한 단계 성숙한 수준으로 도약하는 것을 '생의 도약élan vital'이라고 불렀다. 이러한 생의 도약은 발전된 기술에 의해 삶의 양식이 진화하는 것뿐만 아니라 공동체 의사결정 방식 또한 한 단계 더 성숙해지는 것, 이 두 가지의 균형을 통해 가능하다고 말한다.

문명의 발전은 이질적인 주변의 문화나 과거의 행동방식과 충돌하며 나아가는데 이러한 갈등을 해소하는 과정에서 공동체는 문명의 문화적 측면인 의사결정 방식의 성숙을 이루게된다. 이러한 성숙은 미래의 변화와 갈등에 유연하게 대처할 문화적 저력으로 자리 잡아 사회 갈등 해소를 위해 치러야 할 사회적 비용을 최소화한다. 결론적으로 기술과 규범의 부작용을 줄이기 위해서는 반드시 기술과 규범의 바탕이 되는 문화의 성숙을 함께 도모해야 한다.

지금의 한국 사회는 급속한 기술과 규범의 팽창이 만든 사회적 갈등을 다시 기술과 규범으로 극복하려는 패착에 빠져 있다. 삶에 대한 이해에 있어서도 죽음의 의미뿐만 아니라 생물 차원의 목숨이 인격 차원의 생명으로 진화하는 과정에 대한 탐구 없이 생명을 산소포화도, 심박수, 혈압으로 평가하고 법과 규범으로 관리하려는 방식은 우리를 자꾸 본질로부터 멀어지게 만든다.

이렇게 죽음의 본질로부터 도피하면 할수록 우리는 지독한 생존경쟁의 막다른 길로 내몰렸던 것은 아닐까? 이제라도 생존에 대한 관심만큼이나 죽음에 대해서도 고민하는 가치의 균형을 이루어야 한다. 왜곡된 한국 사회의 생존 문화를 바로 잡아 줄 최우선 과제는 아마도 '메멘토 모리', 즉 '죽음을 기억하라'는 말이 아닐까 싶다.

5장
—
자연스러운 죽음에 대하여

17

수명의 연장이 불러온 비극

만세(萬歲)에 도전하는 의학

'연장延長'이라는 말은 시간이나 길이를 본래보다 더 길게 늘이는 것을 말한다. 같은 맥락에서 '연명延命'이라는 말은 본래의 수명을 다 살고 추가로 목숨을 이어가는 것을 말한다. 우리는 어른들에게 새해 인사를 드릴 때 '만수무강萬壽無疆'을 기원한다. 만년을 살고도 아직 끝에 다다르지 않았다는 뜻이다. 좋은 일이 있을 때, 누군가를 응원하고 축하할 때, 우리는 '만세萬歲'라고 외친다. 이 기쁨이 만년까지 지속되거나 축하받는 이가 만년 동안 살기를 바라는 말이다.

서구에서도 같은 상황에서 'Long live……!'라는 만세를 외친다. 인간의 수명이 60세를 넘기기 쉽지 않았던 과거에는 오래 산다는 것이 동서양을 막론하고 축복이자 행운이었다. 건강하게 모태를 나오는 것도 어려운 일이었고, 출생 이후 영유아기를 거쳐 청년이 되기까지도 치사율이 40%에 달했던 두창천연두을 비롯한 각종 감염병과 사고를 피해 생존하는 데는 늘 행운이 필요했다.

어른이 되어서도 페스트, 콜레라, 인플루엔자, 결핵 등 각종 감염병의 위험이 도사리고 있었고 자연재해, 기근, 전쟁 등 숱한 재난 속에서 살아남아야 노인의 시기에 도달할 수 있었다. 그 시대에는 노인이 된다는 것은 정말 많은 행운이 필요했다. 그래서 무병장수는 인류에게는 간절한 꿈이었고, 그런 바람이 모여 의학을 발전시켰다.

인류의 염원대로 예방 접종과 항생제의 발견은 감염병으로 인한 때 이른 사망을 획기적으로 막아냈다. 모자 보건*에 대한 이해는 모성 사망을 감소시켜 아이들의 안전한 탄생을 가능케 했다. 갑작스러운 사고를 당해도 제때에 병원에 도착하면 외과술의 발전 덕분에 목숨을 건질 확률이 점점 늘었다. 또한 병에 대한 연구와 제약 산업의 발전은 약물치료를 통해 만성 질환들의 진행을 늦춰 평균 수명을 계속 연장시켰다.

의학은 계속 인류를 죽음으로부터 멀어지게 하여 이제는 기

---

* 　어머니와 자녀의 건강과 생명을 보호하는 것.

대수명 100세 시대를 바라보게 되었다. 하지만 오래 사는 것이 축복이라고 믿었던 과거의 막연한 생각이 잘못되었음을 깨닫게 하는 문제들이 하나둘씩 나타났다. 노인 인구의 급격한 증가와 건강하지 못한 수명의 연장이 바로 그것이다.

앞서 건강수명에 대한 이야기를 했는데, 2020년에 태어난 신생아의 기대수명은 83.5세로 예상되지만 치매, 심장병, 폐 질환 등에 시달리지 않고 건강하게 지낼 수 있는 나이는 66.3세로 무려 17년 정도를 질병에 시달리는 것으로 예측된다. 병에 시달리며 부양과 간병을 받아야 하는 노인 인구의 증가는 자연스레 노인 요양시설의 증가로 이어졌다. 이제 오래 사는 것이 불행이 되는 시대가 도래한 것이다.

인공영양의 모순

인생의 황혼기를 치료와 간병을 위해 집이 아닌 요양시설과 의료기관에서 지낸다는 것은 자연스레 연명의료의 증가로 이어졌다. 연명의료를 떠올릴 때 중환자실에서 기계호흡장치에 혈압 유지 약물을 투여하면서 목숨을 붙잡아 두는 모습을 연상하지만 가장 흔하게 이뤄지고 있는 연명의료는 인공영양이다.

자기결정권을 절대적인 공준으로 내세운 연명의료결정법

에서조차 개인에게 허용하지 않는 것이 물과 영양공급의 중단이다. 연명의료결정법 19조 2항은 '연명의료 중단 등 결정 이행 시 통증 완화를 위한 의료 행위와 영양분 공급, 물 공급, 산소의 단순 공급은 시행하지 아니하거나 중단되어서는 아니 된다'고 명시하고 있다. 어떤 이유에서인지 한국 사회는 개인에게 굶어 죽을 권리는 허용하지 않는다. 아무리 환자가 거부해도 병원에서는 죽기 지전까지 수액을 통해 물과 영양을 공급하는 것이 의무이다.

통증 조절을 위한 진통제 투여와 호흡 곤란을 줄이기 위한 단순 산소 투여는 환자의 고통을 줄여주는 완화치료라고 할 수 있지만, 물과 영양공급은 종종 고통 없이 삶을 마감할 수 있는 기회를 방해한다. 연명의료결정법의 이 조항은 말기 환자를 위한 인도적인 배려가 아닌 안락사에 대한 지나친 우려가 만든 우매한 조항이라고 할 수 있다.

한국 사회의 개별화 구조는 서로에 대한 불신에 기반한다. 연명의료결정법 제정 당시 안락사를 시키듯 무분별하게 물과 영양 공급의 중단이 이뤄질지 모른다는 우려와 불신은 이러한 강제조항을 탄생시켰다. 바로 이 조항 때문에 우리나라의 모든 말기 환자들은 마지막 순간까지 팔에 주삿바늘을 꼽고 수액을 달고 있거나 급식관으로 음식이 강제 투여되는 상태로 죽음을 맞이한다. 강제적인 수분과 영양공급이 인간의 존엄을 지키는 최소한의 인도적 행위라고 한다면 자신의 집에서 인공영양을 받지 않고 자연스럽게 죽음을 맞는 것은 비인도적 행위가 되는 모순에 빠지게 된다.

병원에서도 자택 임종처럼 자연스럽게 수분과 영양공급을 중단하게 되면 연명의료결정법 위반으로 처벌의 대상이 된다는 사실은 상식적으로 납득하기 어렵다.

인공영양의 폭력

실제로 대부분의 말기 환자들과 고령의 노인 환자들은 수액 투여를 위해 정맥 혈관을 확보하려고 팔과 다리 이곳저곳에 주삿바늘을 찔러대는 것을 극도로 싫어한다. 인공영양을 위해 일명 콧줄이라 불리는 급식관을 삽입할 때도 마찬가지다. 고개를 가로저으며 몸부림치거나 눈물을 흘리기도 한다. 우리 사회는 환자의 자기결정권을 법으로 보장한다고 하면서도 환자의 이러한 거부의 표현은 마치 인지가 떨어지는 어린아이의 투정 정도로 여기면서 강제적으로 수액을 투여하고, 급식관을 쑤셔 넣는다.

연명의료결정법 19조 2항은 이런 행위를 정당화하는 것을 넘어 아예 언제 수분과 영양공급을 중단하는 것이 환자에게 도움이 되는지에 대한 논의 자체를 차단해 버렸다. 이러한 논의의 차단과 일방적인 행위의 정당화는 때론 의도치 않은 폭력을 만들어 낸다. 환자가 주삿바늘과 급식관을 잡아 뺄 때면 마치 철부지 아이를 훈육하듯 신체적 구속을 적용한다. 억제대*로 환자의 사지를 묶거나 손을 사용할 수 없도록 고안된 장갑을 채운다.

병원에서 억제대 사용은 늘 윤리적 논쟁을 불러일으킨다. 환자의 자유를 구속하는 대신 건강의 회복이라는 이득이 더 클 때는 부득이하게 허용될 수 있다. 하지만 말기 환자와 고령의 노인 환자에게 신체 안전이 아닌 강제적인 수분과 영양 공급을 위한 신체 구속은 누구의 행복에 기여하는 것이지 묻고 싶다. 앞장에서 언급했듯 이것은 생애 말기 환자를 돌보는 데 있어 목숨의 연장과 삶의 질의 향상 중 무엇이 더 소중한지 심도 있는 논의를 건너 뛴 결과이다.

실제로 어떤 환자는 혈관을 찾는 간호사에게 욕을 하거나 침을 뱉기도 하고, 급식관을 넣는 동안 숨이 넘어갈 듯한 기침과 헛구역질을 하면서 벌겋게 상기된 얼굴로 애처롭게 눈물을 글썽이기도 한다. 심지어 병원에서는 임종 선언과 급식관 삽입은 하찮은 일이라는 듯 경험적으로 가장 미숙한 젊은 의사들에게 전담시킨다. 능숙하지 못한 시술로 말기 환자들은

---

* 환자를 억제할 때 사용하는 끈 같은 도구.

한 번 더 고통받고, 선배 의사들은 말기 환자가 괴로워하거나 가족들이 슬퍼하는 불편한 상황을 피해 갈 수 있어 안도감을 느낀다.

말을 할 수 있는 말기 환자들 중에는 영양 수액을 새것으로 교체하는 의료진을 바라보며 씁쓸한 표정과 지친 목소리로 '이제 그만 해줘요'라고 말하기도 한다. 이렇게 말로, 때로는 온몸과 표정으로 인공영양을 거부하는 그들의 표현이 왜 존엄한 죽음을 위한 자기결정권으로 인정될 수 없는지 묻고 싶다. 누가 그들에게 고통을 강제할 권한을 가지고 있단 말인가?

한국 사회는 존엄한 죽음에 대한 그 어떤 논의에 앞서 우선 인공영양에 대한 문제부터 해결해야 한다. 사례와 경험, 의학적 근거들은 이미 충분히 쌓여 있다. 지금 필요한 것은 꺼내 놓고 대화할 수 있는 용기와 서로에 대한 신뢰이다.

18

곡기를 끊는다는 것

아사를 선택할 자유

1983년 미국의 낸시 크루잔 사건과 1994년 독일의 켐프텐 사건 모두 인공영양을 중단해 달라는 소송이었다. 2021년에 일어난 대구 수성구 사건 역시 뇌출혈 이후 급식관으로 인공영양을 공급받던 아버지의 돌봄 문제로 삶의 절벽으로 내몰린 아들이 영양공급을 중단해 사망에 이르게 한 것이었다.

이 사건의 재판에서 아들은 아버지가 자신을 편하게 해달라며 스스로 부를 때까지 절대 방에 들어오지 말라 했다고 진술했다. 이렇게 아버지 스스로 아사^{餓死}, 즉 굶어 죽기를 선택했다고 주장했지만 1심과 2심 재판정 모두 이를 받아들이지 않고 존속살인죄로 징역 4년을 선고했다. 아들의 진술을 인정하지 않은 판결의 바탕에는 인간은 누구도 굶어 죽길 원하지 않고, 삶이 비참하더라도 목숨에 연연한다는 관념이 깔려 있는 것 같다. 이는 스스로 죽음을 선택하는 자율성을 긍정할 경우 자살이나 안락사가 전염병처럼 퍼질까 두려워하는, 생명을 전체화하는 사회의 무의식으로 보인다. 어찌 되었건 이 판결로 죽기 직전까지 인공영양을 강제하는 경향은 더욱 강화될 것이다.

물론 한국 사회뿐만 아니라 전 세계적으로 강제적인 영양 공급의 중단은 마치 기계호흡장치를 제거하거나 나아가 안락사 약물을 투여하는 것처럼 의도적인 살인으로 간주하는 경향이 크다. 그럼에도 불구하고 인공영양으로 존엄한 죽음이 훼손되는 사례가 늘자 중단할 수 있는 연명의료의 범위 안에 인공영양의 중단도 포함하는 나라들이 늘고 있다.

그러나 한국에서는 연명의료 결정에 있어 인위적인 물과 영양공급의 중단은 개인의 권리에서 배제시켰다. 왜 다른 연명의료를 거부하는 것은 자살이나 안락사가 아니지만, 음식을 거부하는 것은 자살이나 안락사로 간주되는 것일까? 타인에 의한 중단은 차치하더라도 최소한 명료한 의식을 지닌 말기 환자와 노인이 불필요한 고통을 피하기 위해 스스로 음식을 거부하고 죽음에 이르는 것을 마치 윤리에 어긋나는 범죄처럼 받아들이고, 환자의 그런 판단을 존중하는 가족들이나 의료진을 자살 방조로 간주하는 지금의 사회 분위기가 과연 타당한지 진지한 논의가 필요하다. 이에 대한 사회적 합의가 이루어져야 연명의료결정법의 강제 공급 조항이 수정되고, 사전연명의료의향서나 연명의료계획서에도 물과 영양공급의 중단에 대한 선택이 포함될 수 있기 때문이다. 다시 강조하지만 병원에서는 무의미한 영양공급으로 질질 끄는 죽음이 가장 비참한 죽음의 모습 중 하나이기에 이 논의는 한시가 급한 사안이다.

스스로 음식 섭취를 중단하는 아사는 실제 문명사회에서는 통념상 자연사로 분류한다. 나이가 들어 노쇠해지거나 병이 진행되어 말기가 되면 자연스럽게 식욕이 감퇴하고 먹지 못하기 때문이다. 물을 삼키는 것도 힘들어지고, 억지로 음식을 권유했을 때 오히려 기도로 흡인되어 폐렴을 만드는 경우가 매우 흔하다.

한국 사회에서는 전통적으로 죽음이 임박했거나 결연한 죽음을 자처할 때 스스로 곡기를 끊는 경우가 있어왔다. '곡기穀氣'란 곡물로 만든 음식을 뜻하는데 곡기를 끊는다는 것은 관용적으로 입으로 섭취하는 모든 것을 끊어 죽음을 각오한다는 의미를 담고 있다.

의식과 기력이 떨어져 먹을 수 없을 정도로 쇠약해지면 자연스럽게 죽음에 이르게 되는데, 우리는 이를 자연사로 판단한다. 의학적으로는 이러한 아사의 과정에서 탈수가 발생하고 자기 지방과 근육을 소모하면서 피가 산성화되는 '케톤산혈증'이 발생하게 된다. 혈액 속의 산과 염기의 균형이 깨져 산이 지나치게 많아진 상태인 산혈증이 발생되면 뇌는 고통 대신 오히려 행복감을 느끼는 것으로 알려져 있다. 물론 탈수로 인해 환자는 갈증을 느끼거나 탈수열이 발생할 수 있지만 말기나 임종 과정에서의 탈수는 오히려 고통을 경감시키는 역할을 한다.

예를 들어 암의 전이로 인해 장폐색이 발생하여 반복적인 구토를 한다거나 복수나 흉수로 인한 호흡 곤란, 부종 등이 있는 경우에 수분 공급은 이런 증상을 악화시킨다. 그래서 수분 공급을 제한하거나 이뇨제를 투여하여 인위적인 탈수를 유도하기도 한다. 대신 갈증을 줄여주기 위해 입 안에 얼음 조각을 넣어주거나 수분 스프레이를 수시로 분사해 준다.

아사를 선택한 사람들

곡기를 끊는 아사는 스스로 존엄한 혹은 결연한 죽음을 결심한 사람들이 선택하는 방식이기도 하다. 역사 속에서 적군의 포로로 잡힌 장수가 스스로 곡기를 끊어 죽음을 선택하기도 하고, 사랑하는 이를 잃은 사람이 삶의 의지를 잃고 뒤를 따를 때 선택하기도 한다.

다른 한편으로는 수명을 다 살고 더 이상의 연명을 거부할 때 아사를 선택하기도 한다. 아산정책연구원이 조사한 오늘날의 존엄한 죽음의 사례 중 김석기 옹이 그러하다. 2014년 9월 14일자 온라인 중앙일보에 실린 기사 내용은 다음과 같다.

> 2007년 초겨울, 95세 김석기 옹은 눈길에 미끄러져 고관절이 부러졌다. 대수술 끝에 퇴원했지만, 거동이 불편했다. 그러던 어느 날, 아들과 '인생 숙제가 얼추 끝났으면 의식적으로 죽음을 준비하고 맞아야 한다'는 말을 나눴고, 그날부터 식사량을 줄여나갔다.
>
> 이듬해 새봄이 올 무렵 목욕탕에 다녀온 뒤 음식을 끊고 물만 마셨다. 의식이 흐릿해지자 대학병원으로 옮겼지만 김 옹은 링거를 못 꽂게 하고, 큰아들 집으로 가자고 했다. 안방에 누운 김 옹 옆에서 아들·손자들이 옛이야기를 들려줬다. 김 옹은 그만 가겠다면서 편하게 눈을 감았다. 96세.

해외에서 존엄한 죽음을 위해 음식을 줄여가다가 마지막엔 곡기를 끊은 대표적 인물로 미국의 경제학자이자 평화주의자 스콧 니어링 Scott Nearing이 있다. 전쟁과 자본주의적 착취에 반대했던 그는 미국에서 스파이로 몰려 재판정에 서야 했다. 무죄로 풀려났지만 대학 강단에서 쫓겨났고, 그의 글과 책들도 신문사와 출판사로부터 배척당하게 된다. 이런 시련 속에서 오히려 그는 자본주의라는 세속에 얽매이지 않고 자연친화적 자급주의라는 새로운 방식의 삶을 선택했다. 아내 헬렌과 함께 버몬트 시골로 이주하여 일생 동안 생태주의 농부로 지내면서 행복에 대한 글을 쓰는 작가로 살았다. 그는 채식과 소식을 했으며, 1983년에 100세가 되자 서서히 음식을 줄여 세상과 평화롭게 작별하는 길을 선택했다.

그의 마지막 과정을 아내 헬렌은 《아름다운 삶, 사랑, 그리고 마무리 Loving and Leaving the Good Life》라는 책에 상세히 기록하고 있다. 스콧은 처음에는 고형固形 음식을 끊고 주스만 마시며 지냈고, 이어서 주스를 끊고 물만 마셨다. 그리고 그해 여름 임종을 맞았다. 이러한 죽음의 방식은 그가 80세가 되던 해 미리 결심한 것이었는데, 사전연명의료의향서가 없던 당시 그는 자신의 죽음의 방식을 다음과 같이 미리 밝혔다.

만약 내가 자리에서 일어나지 못할 지경에 이르면 자연스럽게 죽어가고 싶소. 병원에 가지 않고 집에 머물고 싶소. 의사가 나를 만지는 것을 원치 않으며, 집 밖에서 죽더라도 병원 천장 아래서 죽고 싶지는 않소.

나는 곡기를 끊는 방식으로 죽고 싶소. 가능한 물도 마시지 않았으면 하오. 죽어가면서도 의식의 활동을 멈추고 싶지 않소. 그러니 진통제나 진정제 같은 것들을 사용하지 말기를 부탁하오. 죽음이 다가오면 피하지 않고 빨리 맞이하려 하오. 그러니 강심제*나 심장 충격, 강제적인 음식 주입, 산소 공급, 수혈 등 응급처치를 하지 않길 바라오.

내 침대 주위의 사람들이 안정과 존엄을 유지한 채 나에 대한 이해와 즐거운 마음으로 희망을 간직한 채 이 세상을 떠나고 싶소. 나는 화장을 한 후 우리 집 나무 아래에 뿌려지기를 원하오. 지금 나는 맑은 정신으로 이상과 같이 요청하니 부디 나의 요청을 존중해 주기를 바라오.

이러한 스콧 니어링의 삶은 많은 사람들에게 영향을 주었다. 미국 템플대학 종교학연구소의 대만 철학자 부위훈傳偉勳은 림프암 진단을 받고 자신이 일생 동안 연구했던 죽음에 대한 책을 집필하게 된다.《죽음, 그 마지막 성장死亡的尊嚴與生命的尊嚴》에서 그는 스콧 니어링의 삶을 소개하면서 자신 역시 그렇게 목숨의 연장보다는 주체적이고 평화로운 죽음을 맞이하길 원했다. 그는 살아온 삶이 무너지기 전에 적절한 시기를 택해 평화롭게 주변과 작별하는 것을 주체적인 삶이자 인간 사회

---

* 약해진 심장의 기능을 회복시키는 약.

의 건전한 생사관이라고 말한다.

고통스럽지 않을까?

알려지지 않았을 뿐, 지금도 많은 고령의 노인들이 혹여 삶이 비루하거나 구차해지지 않도록 스스로 음식을 줄여 의지적인 삶의 마무리를 택하고 있다. 은퇴 후 삶에 대한 자문과 웰다잉에 대한 글을 쓰는 백만기 작가는 연재하던 신문 칼럼에서 존엄한 죽음을 준비 중인 93세 노인이 보내온 글을 소개했다.

그 노인은 사전연명의료의향서를 미리 작성했고, 조금씩 식사량을 줄여나가는 중이라고 했다. 밥을 4분의 1로 줄인 지 한 달이 지났지만 의식은 여전히 맑았고 체중은 좀 줄었지만, 남의 도움 없이 일상생활을 하고 있다고 했다. 오히려 자신의 마음이 편안하고 명랑해져서 자녀들과 소식을 듣고 찾아온 지인들 중 걱정하는 이는 없었다고 전했다. 식사를 다시 절반으로 줄이겠다는 편지 이후 더 이상 편지가 오지 않아 아마도 바라던 대로 평화롭게 세상을 떠났을 것으로 백만기 작가는 추측했다.

스스로 곡기를 끊고 죽음을 택하는 경우는 자연사로 통계가 잡히기 때문에 사실 정확히 그 정도를 파악하기 힘들다.

2014년에 발표된 네덜란드의 정신과 의사 보두앵 엘리스 섀벗 Boudewijn E. Chabot의 조사에 따르면 네덜란드에서 물과 음식의 섭취를 자발적으로 포기하고 죽음에 이르는 사람은 전체 사망자의 2% 정도인 것으로 파악됐다.[1]

아사에 대한 논의에 앞서 모두가 가장 궁금해하는 것은 혹시 그 과정이 고통스럽지 않을까 하는 것이다. 이를 가늠해볼 수 있는 연구가 있는데, 2003년 미국 포틀랜드 오리건 보건과학대학교 정신병리학자 린다 간지니 Linda Ganzini 교수 연구팀은 설문을 통해 아사를 선택한 환자에 대한 호스피스 간호사들의 경험을 파악했다.[2]

오리건 주의 호스피스 기관에서 근무하는 간호사 429명 중 307명 72%이 설문지에 응답했는데, 그 중 102명 33%은 지난 4년간 음식과 수분을 자발적으로 거부하고 임종을 맞은 환자를 경험한 적이 있었다. 연구에 따르면 아사를 선택한 환자들의 85% 정도가 15일 이내에 사망했다. 그들의 죽음의 과정이 어떠했는지 매우 나쁨 0점부터 매우 좋음 9점 사이의 구간에서 측정했는데 놀랍게도 평균점수는 8점으로 나타났다.

이 연구의 결론을 정리하자면 자발적으로 음식과 수분을 거부한 호스피스 환자들은 대부분 고령이었으며 스스로 더 이상 삶의 의미를 찾을 수 없다고 판단했고, 음식과 수분을 중단한 후 2주 안에 '좋은 죽음 good death'을 맞이했다.

19

안락사인가, 자연사인가

물과 음식에 대한 본능

음식에 대한 욕망은 모든 생명체에게 동일하게 존재하는 본능이다. 생명체는 목숨을 유지하기 위해 외부로부터 수분과 영양분을 공급받아야 하므로 생명체의 뇌는 본능을 자극하여 식욕과 갈증을 유발한다.

갈증과 배고픔, 그리고 물과 음식에 대한 만족은 뇌의 시상하부에서 조절하는데 배고플 때 손발이 떨리고 식은땀이 나도록 하거나 갈증이 날 때 타는 듯 고통을 느끼게 하는 것은 고통을 통해 목숨을 유지하도록 하는 시상하부의 생존 명령이다. 이러한 본능의 지배는 너무도 강렬해서 살아 있는 생명체에게 음식과 수분을 제한하는 것은 극심한 고통을 주는 잔

혹한 고문이다.

하지만 모든 것에는 예외가 존재한다. 인간이 배고픔을 느끼지 못하는 상황이 있다. 뇌의 섭식 중추가 자극되지 않는 것을 섭식장애라고 하는데, 심리적인 스트레스와 질병과 노화에 의해 발생한다.

우울증, 불안, 강박, 자폐 등의 심리적 원인에 의해 섭식 중추가 억제되어 배고픔을 느끼지 못하고 음식을 거부하는 경우 신경성 식욕부진증으로 진단하게 된다. 그 외에도 치매 환자에서 관찰되는 음식 거부나 신부전, 빈혈과 같은 만성질환, 암, 고령의 노인에서 나타나는 이차성 식욕 저하가 있다. 심리적 원인이든 질병에 의한 이차적 원인이든 원인이 해결되면 식욕은 되살아난다. 반대로 기존의 질병이 치료될 수 없는 경우에는 배고픔을 못 느끼는 식욕부진도 사라지지 않는다. 바로 말기 치매, 말기 신부전, 말기 암 등 여러 말기 질환들이 식욕부진이 동반되는 대표적인 상태이다.

치료 과정에서 식욕이 저하되고 체중이 감소하기 시작할 때 식욕촉진제를 병행하게 되는데, 그럼에도 불구하고 결국은 이마저도 효과를 보기 어려운 상태로 진행하게 된다. 이때 의료진은 영양공급을 중단하고 자연스러운 임종에 이르게 할 것인지, 아니면 인공영양을 시행해야 할지 기로에 서게 된다.

앞서 언급했지만 환자 스스로 식욕이 없고 배고픔도 느끼지 못하는 경우에는 입 마름이나 갈증을 해결하는 정도의 처치만으로도 환자는 불편감 없이 편안한 상태를 유지할 수 있다. 물을 삼킬 수 있으면 조금씩 물을 마시게 하고, 그마저도 어려우면 물을 스프레이로 입 안에 수시로 뿌려준다. 그리고 대개는 잠이 들 듯 편안하게 임종에 이르게 된다.

그러나 병원에서는 환자가 더 이상 음식을 섭취하지 못하게 되면 연명의료결정법에 따라 강제적인 인공영양을 개시해야 한다. 법이 무서운 의료진은 정맥 혈관을 확보하여 영양수액을 투여하거나 코로 급식관을 위까지 밀어 넣어 유동식을 강제로 투여하게 된다.

질질 끄는 죽음

인공영양이 필요한 시기와 불필요한 시기가 있다. 환자가 의식이 명료하여 좀 더 의미 있는 시간을 갖길 원한다면 인공영양을 통해 기력을 유지시켜 줄 수 있다. 그러나 환자가 의미 있는 시간을 만들 수 없을 때는 강제적인 영양공급은 고통을 겪는 시간만 연장시켜, 지난 삶의 좋은 기억들마저 모조리 파괴한다.

일례로, 어떤 80세 여자 환자는 말기 간세포 암을 앓고 있었다. 말기 진단을 받았지만 다행히 음식 섭취에 문제가 없고 통증도 심하지 않아서 가정 호스피스 서비스를 받으며 집에서 지냈다. 성당 교우들과 매일 만나서 음식을 만들어 먹고 담소를 나누며 화투를 치는 것이 즐거움이었다.

벽에는 잘 죽는 것에 대한 기도문이 붙어 있었고, 그것을 매일 잠자리에 들기 전 읽는다고 했다. 점차 질병이 진행되면서 식욕이 감소하고, 수척해지고, 통증도 이전보다 심해져서 고통 없이 삶을 마무리하기 위해 호스피스 병동에 입원했다.

그녀는 자신이 일주일 안에 천국으로 떠날 줄 알았다. 하지만 입원 기간은 한 달이 넘어 두 달이 다 되어갔다. 병이 진행되어 얼굴은 더욱 수척해졌고, 황달도 심해졌다. 배에는 복수가 심하게 차올랐다. 늘 유쾌했던 그녀는 언제부턴가 짜증이 늘어갔고, 이렇게 무력한 자신의 모습을 겪는 것이 괴로웠다. 입으로 먹지 못한 지 오래되었지만, 계속 정맥으로 영양수액이 투여되고 있었다.

의료진들은 영양수액을 중단해야 한다는 걸 알고 있었다. 그렇지만 인공영양을 중단하는 것은 법에도 위반되고 마치 그녀를 죽게 만드는 것 같아 주저됐다. 그런 주저함은 가족들도 마찬가지였다. 모두가 날로 비참해져 가는 그녀를 보며 죄책감을 느꼈지만 영양수액은 계속 투여됐다. 어느 날 회진 때 그녀는 힘들게 눈을 뜨고 담당 의사를 향해 간신히 입을 열었다.

"이제 그만해 주세요."

고민 끝에 영양수액을 중단하고, 일반수액만 최소한으로 유지한 지 사흘 뒤 그녀는 세상을 떠났다. 그녀의 목소리와 눈빛에 담당 의사는 법을 떠나 인공영양을 중단한 것이 옳다는 확신을 갖게 되었다.

말기 상태에서의 인공영양은 세포들의 활동이 멈추는 것을 막아 질병이 진행되는 과정을 더 오래 겪도록 하는 문제를 가지고 있다. 기계호흡장치, 승압제, 혈액 투석 등은 사전연명의료의향서나 연명의료계획서를 통해 환자가 자기 의지를 표현할 수 있다. 하지만 인공영양의 경우에는 환자의 의사를 묻고 시행할지, 중단할지를 결정할 수 있는 기회조차 허락되지 않는다. 그래서 윤리적, 법적, 의학적 부담감을 모두 떠안고 의료진은 인공영양 중단에 대한 결정을 내려야 한다.

막연하게 인공영양을 환자에게 해가 되지 않는 윤리적인 의료 행위라고 믿어서는 안 된다. 경우에 따라 환자로 하여금 더 오래 병을 앓게 하고, 그 과정에 동반되는 고통을 더 오래 겪도록 만든다는 사실을 반드시 알아야 한다. 말기 환자에게 인공영양은 질질 끄는 죽음의 가장 대표적인 원인이다.

본능이 사그라지는 시기

고령의 환자가 겪는 식욕부진도 같은 맥락에서 이해해야

한다. 나이가 들어 쇠약해지면 활동량이 감소하고 소식을 해도 배고픔을 느끼지 못하는 때가 온다. 스콧 니어링은 100세에 이르자 열량이 높고 소화가 힘든 고형식을 중단했고 소화가 편한 주스만 섭취했다. 그것만으로도 배고픔을 느끼지 않고 의식을 유지할 수 있었다. 그는 마지막에는 갈증을 피하기 위한 물만 섭취했다고 한다.

그가 음식을 줄이면서 자연스럽게 삶의 무대에서 퇴장했던 과정 중에 별다른 고통은 존재하지 않았던 것 같다. 아내 헬렌의 기록에 따르면 의식과 인지가 유지되는 가운데 고통을 겪지 않고 삶의 마무리를 스스로 선택할 수 있다는 다행감이 그의 내면을 채웠다고 한다.

다음 장에서 좀 더 자세히 설명하겠지만 성실한 노화의 과정 끝에는 '통합integration'이라는 발달 과업에 이르게 되는데, 통합을 달성한 노인들은 삶에 더 이상 여한이 없다면서 죽음에 대한 두려움에서 벗어나게 된다고 한다. 그리고 일생 동안 우리를 괴롭혔던 생존의 욕망으로부터도 자유로워져 드디어 본능의 굴레에서 벗어날 수 있게 된다.

고통에 대한 선입견과 강요

말기 환자와 고령의 환자가 겪는 음식 제한이 고통스러울 것이라는 선입견은 신체의 활력 징후가 왕성하고 아직 건강한 사람들의 기준일 따름이다. 우리는 건강한 사람의 뇌가 공복이나 갈증 상태에서 생존을 위해 본능적으로 일으키는 격렬한 고통을 일반화한다. 이는 젊고 건강한 사람의 상태에서 벗어나는 것을 비정상 또는 질병으로 간주하는 '생의 전체화'와 같은 맥락이다.

이렇게 젊고 건강한 사람을 정상의 기준으로 삼고 노화를 비정상과 질병으로 대하는 태도는 사회 정책 속까지 스며들어 있다. 2002년 WHO는 전 지구적으로 진행되고 있는 고령화에 대한 대응 정책으로 '활력 노화Active Aging'를 제안했다. 이는 은퇴 이후에도 활발한 인간관계, 생산적 사회 활동, 비의존 자립 생활을 강조하여 노인의 사회적 의존성을 최소화하기 위한 제안이었다.

이런 활력적인 노년 정책 안에는 노화를 거부하고 극복의 대상을 보는 부정적 인식이 바탕에 깔려 있다. 마치 노인이 되어 의존적 존재가 되는 것을 도덕적 범죄로 여기는 듯하다.

노인에게 젊은이와 같은 활력을 강요하는 사회 분위기에 대해 생명윤리학자 조지 에이지치는 이렇게 말한다.

이런 이상이 널리 퍼지면 스스로 완전히 자립하지 못하는 쇠약한 노인의 이미지는 아주 혐오스러워지게 될 게 뻔하다. 어떤 의미에서든 자립적으로 생활할 능력이 줄어든다는 것이 곧장 비굴함이나 열등함과 동의어로 생각되고, 이것은 더 나아가 인격적 가치의 상실을 암시한다.

노인에게 활력을 강요하는 것처럼 우리는 말기 환자와 노인 환자에게도 끝없이 영양공급을 강요하고 있는 것은 아닐까?

젊음과 활력을 우상화하는 현대 사회의 생존 문화는 죽음을 부정하는 것에 그 뿌리를 내리고 있음을 깨달아야 한다. 영원한 젊음을 향한 집착이 생명 존중으로 왜곡될 때 우리 사회는 인공영양에 대한 집착에서 벗어나지 못할 것이다.

20

가장 흔한 죽음의 모습

최빈도 죽음

영국의 내과 의사이자 노인의학 전문의인 데이비드 재럿 David Jarrett은 저서 《이만하면 괜찮은 죽음33가지 죽음 수업, 33 Meditations On Death》에서 대부분의 사람들이 나이가 들어 병이 들면 비참한 상태에 빠지기 전에 고통 없이 잠들 듯 죽는 것을 바라지만 실제 죽음은 전혀 그렇지 않다고 말한다.

그는 일반적으로 사람들이 가장 많이 거쳐가는 죽음의 모습을 '최빈도最頻度 죽음'이라고 말한다. 우리가 사고나 병으로 요절하지 않는다면 대개 이런 모습으로 죽어간다는 뜻이다.

재럿이 근무한 병원의 노인의학과에서는 지난 30여 년 동안 30,000명 내외의 환자가 사망했는데 재럿은 그중 10%에

달하는 3,000여 명이 자신을 거쳐갔을 것이라고 말한다. 그렇게 많은 노인들의 삶의 마지막을 지켜본 그는 영국에서의 최빈도 죽음의 모습을 이렇게 묘사한다.

남자라면 70대 후반, 여자라면 80대의 고령일 것이며 집보다는 병원에서 죽는 경우가 더 많고 나이가 들며 얻게 된 여러 병들로 서서히 신체적, 정신적 기능이 약화되니가 몇 차례 병원에 입원하게 될 것이며, 운 좋게 회복되더라도 이전보다 훨씬 못한 상태가 되어 있을 것이다.

그러다 점차 가족이나 간병인의 도움을 받아야 생존이 가능하고, 인지 능력도 감퇴되어 낙상과 같은 사고도 겪게 될 것이며 병원에 입원했을 때 불안과 섬망譫妄으로 운이 없다면 팔다리가 묶이거나 진정제가 투여될 수 있다. 이게 싫다면 미리 '신체자유 박탈 보호조치'라는 서류를 작성해야 한다.

점차 당신은 스스로 거동이 힘들어지고, 잠을 자는 시간이 많아지면서 죽음이 서서히 다가오게 되는데 어느 순간부터 의료진은 당신과 관련된 결정을 본인과 논의하지 않고 가족들과 상의하고 실행하게 된다.

또한 당신이 고통스러운 연명의료를 원치 않는다고 미리 밝히지 않으면, 당신에 대한 죄책감이나 주저함으로 가족들은 중환자실 치료나 인공영양공급에 동의할 수도 있다.

영국의 최빈도 죽음의 모습은 우리의 현실과 놀랍게 흡사하다. 그럼에도 불구하고 영국은 EIU의 죽음의 질 보고서에서 세계 1위를 차지하고 있다. 이를 감안하면 한참 순위가 떨어지는 대한민국의 현실은 얼마나 처참한지 짐작할 수 있다.

우리나라의 최빈도 죽음

그렇다면 우리나라의 '최빈도 죽음'은 어떤 모습일까? 오늘날 대한민국의 건강수명과 기대수명을 따져보면 66세부터 83세까지 17년여를 신체적, 정신적 기능이 감소되면서 고혈압, 당뇨 등은 물론이고 뇌졸중이나 폐렴, 낙상에 의한 골절로 병원 신세를 지게 된다.

병이나 장애로 자립이 어려워지면 이제 요양병원이나 요양원에 입원해야 한다. 자녀들은 각자의 육아나 생계문제로 종일 간병하기가 어렵기 때문이다. 적은 인력으로 운영되는 한국의 요양시설은 현실상 한 사람 한 사람을 세심하게 인격적으로 돌보기는 어렵다. 경우에 따라서는 낙상 사고 예방을 위해 억제대에 의한 신체 구속이 이뤄질 수 있다.

이를 비윤리적 행위라고 비난할 수만도 없는 것이 그만큼 요양시설의 운영은 어렵고 종사자들의 정신적 스트레스가 무척 크기 때문이다. 그럼에도 노인 인구의 증가와 돌봄의 현

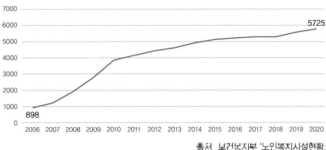

〈노인의료 복지시설*의 증가 추세〉

출처. 보건복지부 '노인복지시설현황.'

실적 어려움으로 한국 사회의 노인 요양시설은 꾸준히 늘고
있다.

폐렴, 요로 감염, 그리고 갑작스러운 뇌경색 등은 요양시설
의 노인들에게 흔히 발생한다. 이 경우 요양시설에서는 종합
병원 응급실로 환자를 이송시키고 적지 않은 노인들이 중환
자실로 옮겨진다. 회복되는 경우도 있지만 이 과정에서 사망
하는 노인들도 많다.

다행스럽게 회복이 되더라도 이전보다 훨씬 쇠약해진 상태
로 다시 요양시설로 가게 되고 금세 또 발열, 호흡 곤란, 의식
저하 등이 발생하여 다시 응급실을 향하게 된다. 이렇게 말년
에는 요양시설과 종합병원 응급실, 중환자실을 떠돌다가 그

---

* 　노인요양시설, 노인요양공동가정생활.

쳇바퀴 어딘가에서 결국은 죽음을 맞게 된다. 이것이 우리나라 최빈도 죽음의 모습이다.

인공영양이 낳은 비극

요양시설의 노인 환자들은 기력이 쇠약해질수록 삼킴 기능 역시 약해져서 이제 가족들은 중요한 결정을 해야 한다. 바로 인공영양이다.

음식을 바로 씹어 삼키지 못하고 입 안에 오래 담고 있거나 입 밖으로 흘리는 경우 결국은 음식이 기도로 들어가 흡인성 폐렴이 발생한다. 흡인성 폐렴을 한 번 앓게 되면 어김없이 코를 통해 위까지 실리콘으로 만들어진 급식관을 밀어 넣어 인공영양을 시행하게 된다.

환자를 굶게 할 수는 없기 때문에 환자를 위한 최선이라고 말하지만, 다른 한편으로는 이렇게 인공영양을 하는 환자들이 많을수록 요양병원은 정부로부터 좀 더 높은 의료수가*를 받을 수 있다.

요양병원 수가체계에서 기계호흡장치와 정맥 영양을 받는 혼수상태 환자는 가장 높은 '의료 최고도'로, 급식관을 통해

---

* 건강보험공단과 환자가 의료 서비스 제공자에게 내는 돈.

지속적인 인공영양을 받는 환자는 그다음 등급인 '의료 고도'로 책정되어 있다. 요양병원 입장에서는 적극적인 인공영양 시행은 더 높은 의료수가를 받을 수 있는 기회가 된다.

연명의료결정법 19조 2항의 영양공급 강제 조항과 인공영양에 대한 더 높은 요양병원 정액 수가는 요양병원으로 하여금 마음의 갈등이 있더라도 선택의 여지가 없기 때문에 인공영양을 당연시하는 요인이 된다. 일단 인공영양이 시작되면 사망 전까지는 멈출 수 없다. 신체기능과 인지 능력이 점차 쇠퇴되어 결국 식물인간과 같은 무의식 상태가 되어도 영양공급은 계속된다.

질병과 노화로 면역은 약해졌으나 인공영양으로 생명이 유지되는 몸은 세균과 진균에게는 최고의 배지培地*가 된다. 폐렴이나 요로감염이 반복되고, 당연히 항생제 투여도 반복된다.

그 과정에서 반코마이신 내성 장구균VRE, 카바페넴 내성 장구균CRE 같은 독한 항생제 내성균이 환자의 몸에 자리 잡는 것은 당연한 수순이다. 이제 환자는 격리 대상이 되어 감염 관리 차원에서 면회와 접촉이 제한되고 더욱 쓸쓸하게 고립되고 만다.

---

* 미생물이나 동식물의 조직배양을 위해 필요한 영양분을 무균 조건하에서 용액이나 고형분 상태로 조제한 것.

반복되는 감염병들은 원래 가지고 있던 질병의 합병증인지, 인공영양의 합병증인지 분간이 되지 않는다. 그렇게 온갖 고초를 다 겪고 마지막 맥까지 말라붙어야 죽음이 허락되어 영양공급이 중단된다.

마치 공장의 컨베이어 벨트에 올려져 있는 화물처럼 자동화된 비참한 죽음은 어느 단계에서 멈춰 세우는 것이 옳을까? 이런 최빈도 죽음을 가장 가까이에서 지켜보고 있는 의료인들에게 어떤 죽음을 원하는지 물으면 답이 보이게 된다.

21

의사들은 어떻게 죽기를 원할까?

임종의 장소는 누가 선택하는가?

2017년 상급 종합병원에서 근무하는 의사와 간호사 225명을 대상으로 임종 과정에서 어떤 치료를 선호하는지 조사한 한 연구에 따르면 충분한 통증 조절이 최우선으로 선택되었다.[3]

이는 일반인을 대상으로 한 다른 연구에서도 동일했는데, 환자와 의료인 모두 임종 과정에서 겪게 될 고통을 가장 두려워했다. 그다음으로 의료인들이 원치 않는 치료로는 심폐소생술, 기계호흡장치, 급식관을 통한 인공영양 등의 연명의료로 확인되었다.

특히 환자의 임종을 가장 가까이에서 돌보게 되는 간호사의 경우 연명의료에 대한 부정적 견해가 의사들보다 높았다.

사실 연명의료에 대한 거부는 의료인뿐만 아니라 모든 국민들에게서 동일하게 나타난다. 하지만 전 국민의 4명 중 3명은 병원에서 죽음을 맞고, 다른 연명의료는 거부하더라도 인공영양은 거부할 수 없는 것이 병원 임종의 현실이다. 결국은 죽음을 맞는 장소가 어디냐에 따라 죽음의 질이 결정된다고 할 수 있다.

2013년 서울대 의대, 조선일보, 미디어리서치가 공동으로 조사한 '한국인의 마지막 10년'에 따르면 세대별, 그리고 일반인과 의료인 간의 임종 장소에 대한 선호에 차이가 있었다.

선호하는 임종 장소를 물었을 때 65세 이상 노인들은 집에서의 임종을 절대적으로 원하는 반면, 40~50대 중년층은 혹시 겪게 될 고통에 대한 두려움 때문인지 병원을 더 선호했다. 한편 중년층에게 부모님의 임종 장소로 어디가 좋은지 물었을 때 역시 병원에서 대한 선호가 컸는데 집에서는 간병과 임종을 치르기 힘들기 때문으로 보인다.

여기까지의 결과를 보면 노인들은 집에서 임종하기를 원하지만, 자녀 세대들은 자신과 부모님 모두 집보다는 병원 임종을 선호하는 것으로 나타났다. 결국 기력과 의식이 쇠약해질수록 의사결정권은 자녀들이 행사하게 되므로 노인들 역시 그들의 바람과 달리 병원이나 요양시설로 옮겨져 삶을 마감하게 된다.

의사들의 선택과 착각

이 조사에서 주목해야 할 것은 바로 의사들이 원하는 임종 장소이다. 조사가 이뤄진 2013년은 호스피스 완화의료 기관들이 많지 않고 대중에게도 익숙하지 않았던 때이다. 그래서 앞선 조사에서 일반인 중 임종 장소로 호스피스 완화의료 기관을 선택한 경우는 드물었다. 하지만 의사들은 일반인들과 달리 임종 장소로 집을 선택한 경우는 가장 낮았고, 대신 호스피스 기관을 가장 선호했다.

호스피스 시설의 가장 대표적인 특징은 생애 말기의 고통을 최대한 줄여주고, 연명의료를 시행하지 않으면서 자연스러운 임종을 돕는다는 것이다. 의사들은 고통 없는 죽음과 연명의료를 받지 않을 가장 확실한 임종 장소로 우리나라에 호스피스 보험제도가 시작되기 전부터 이미 호스피스를 염두에 두고 있었던 것이다. 또한 이 당시는 연명의료결정법 시행 전이므로 인공영양 거부도 전혀 문제가 되지 않았다.

기술주의에 도취되어 있는 의사들은 환자들에게는 최선이라는 명분으로 연명의료를 시행하면서도 정작 자신들은 연명의료를 거부하는 이중적 태도를 가지고 있다는 점이 흥미롭다. 이는 그들이 위선적이라기보다는 현실과 제도, 그리고 사명감 사이에서 혼란을 겪고 있는 것이다. 문제는 이런 가치관과 현실의 괴리로 인한 혼란과 피해는 고스란히 환자들이 떠

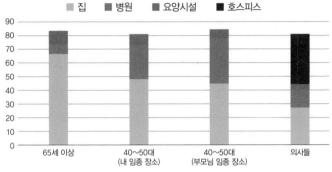

〈2013 일반인(노년, 중년)과 의사들의 선호 임종 장소 비교*〉

■ 집 ■ 병원 ■ 요양시설 ■ 호스피스

출처: 《나는 한국에서 죽기 싫다》, 윤영호.

안게 된다는 점이다.

과거에는 질병과 관계없이 호스피스를 이용할 수 있었지만, 연명의료결정법 이후에는 호스피스에 대한 제도적 지원이 시행되면서 호스피스 기관도 공식 허가를 받아야 하고, 환자 역시도 법이 정하는 말기 환자 요건에 해당되어야만 호스피스 서비스 이용이 가능해졌다.

2022년 3월 22일로 시행 예고된 현재의 개정된 연명의료결정법까지는 호스피스 완화의료를 제공받을 수 있는 질환은 암, 후천성면역결핍증AIDS, 만성 폐쇄성 호흡기질환COPD, 만

---

* 《나는 한국에서 죽기 싫다》 속 도표를 정리 편집한 것이다. 일반인들은 대부분 집에서 임종하는 것을 선호하지만 중년인 경우에는 병원에 대한 선호가 높아진다. 의사들은 집도, 병원도 아닌 호스피스 기관에 대한 선호가 가장 높았다.

성 간경화 이렇게 4개 질병군뿐이다.

향후 적용 범위가 확대되리라 기대하지만 현재로서는 건강보험 재정과 허가된 호스피스 완화의료 전문기관 수의 한계로 위에 언급된 4개 질환군이 아니면 다른 말기 질환이나 고령의 환자들은 공식적인 호스피스 서비스를 받을 수 없다.

2013년 의사들은 호스피스 시설을 가장 선호하는 임종 장소로 꼽았지만 지금의 현실은 원한다고 해서 누구나 호스피스를 이용할 수는 없다. 결국 일반인이든 의료인이든 미리 자신의 죽음을 준비해 놓지 않는다면 예외 없이 최빈도 죽음의 시나리오인 집, 요양기관, 병원을 오가며 인공영양을 받다가 온갖 감염의 배지가 되는 쳇바퀴에 올라타게 될 것이다. 그 와중에 미리 사전연명의료의향서 등을 작성하지 못하게 되면 중환자실에서 기계호흡장치를 달고 누워 있을 수도 있다.

대한민국에서 좋은 죽음을 맞이하기 위해서는 각자도생의 치밀한 계획과 노력, 그리고 이를 지지하는 가족의 배려가 필요하다. 그리고 자신의 권위와 왕국보다 환자를 우선시하여 의학이 멈춰야 할 때 용기를 낼 수 있는 좋은 의사도 만나야 한다.

22

최빈도 죽음의 쳇바퀴에서 탈출하기

가정 임종의 한계

대부분의 사람들은 자신의 집에서 가족들에게 둘러싸여 잠들 듯 평온하게 임종하길 바라지만, 그러기 위해서는 큰 행운이 따라야 한다.

첫째, 임종 전까지 통증, 호흡 곤란, 발열 등 고통스런 신체 증상이 집에서 대처 가능한 수준이어야 한다는 것이다. 호스피스에 입원한 환자들 중 증상이 안정되면 퇴원하여 집에서 임종하기를 원하는 분들이 적지 않다. 죽기 전 먼 친척들까지 모두 만나보고 화목한 시간을 갖길 원하지만 퇴원 후 며칠 되지 않아 다시 응급실로 내원하는 경우가 많다.

고통스러워하는 환자를 집에서 붙들고 있을 가족들은 없

다. 갑작스러운 통증으로 신음을 내거나 이유 모를 열이 나면서 오한으로 덜덜 떨거나 호흡 곤란이 악화되어 거친 숨을 몰아쉬며 얼굴이 창백해지면 가족들도 사색이 된다. 사람이 죽어가는 과정을 겪어본 적이 없는 현대인들에게는 한순간 한순간이 불안과 공포가 된다.

다행히 오늘날 가정간호와 가정 호스피스 제도가 만들어졌고, 집으로 의사가 직접 방문하는 왕진 서비스도 생겨서 집에서도 제한적이지만 의학적 돌봄을 받을 수 있다. 하지만 이런 서비스가 모든 지역에서 가능한 것은 아니기에 모두가 누릴 수 있는 것은 아니다.

둘째, 간병하는 가족들의 여건이 집에서의 돌봄을 뒷받침할 수 있어야 한다. 대개 말기 환자나 노인 환자의 가족들은 이미 심각하게 지쳐 있다. 많은 환자들은 저녁에 잠을 잘 이루지 못하고 수시로 가족을 호출한다. 호흡 곤란, 배뇨 장애, 통증도 낮보다는 적막하고 고독한 밤에 더 심해지는 경향이 있다. 며칠간 잠을 자지 못하면 가족들은 가정 돌봄을 포기하고 다시 병원을 찾게 된다.

또한 생계문제로 환자 곁에 머물 수 없는 경우도 많다. 물론 노인장기요양보험에 등록되면 요양보호사 서비스를 지원받을 수 있지만 이마저도 반나절뿐이다. 결국 가족 중 한 사람이 휴직을 하고 환자의 간병을 전담하거나 치료비보다 더 많은 돈이 드는 간병비를 지불하고 간병인을 고용해야 한다.

특히 인공영양이 시행되고 있다면 질질 끄는 죽음의 과정은 가족들을 더욱 지치게 해서 환자와의 좋은 기억마저도 모두 잊어버리도록 만든다.

결국 집에서의 임종이 좋은 기억이 되려면 환자의 신체 증상뿐만 아니라 가족들의 경제적 여건과 돌봄의 의지까지 전반적으로 안정되어 있어야 한다. 그리고 돌봄의 기간이 너무 길면 가족들의 일상이 회복되기 어려울 정도로 망가지게 되므로 임종까지의 기간도 중요하다.

호스피스 완화의료의 한계

병원에 입원하면 연명의료가 두렵고, 집에 머물기엔 고통에 대한 즉각적인 대처가 어려워 두렵기는 매한가지다. 그러한 상황을 잘 알기에 의사들은 병원도, 집도 아닌 새로운 선택지로 호스피스 시설을 선호한다.

하지만 앞서 말했듯이 원한다고 해서 모두 호스피스 완화의료를 제공받을 수는 없다. 왜냐하면 제도상 호스피스 대상 질환이 제한되어 있고, 호스피스 시설의 보급도 낮기 때문이다. 한 마디로 접근성이 많이 떨어진다.

현행 제도상 호스피스 서비스 대상은 암과 일부 질환으로

〈전국의 호스피스 완화의료 전문병원 분포 지도〉*

출처 : 중앙호스피스센터 홈페이지.

제한되고 있어서 노환이나 노인에게 흔한 뇌졸중, 치매, 파킨
슨, 심부전, 신부전 등은 해당되지 않는다. 이러한 질환을 앓

---

* 한때 전국에는 109개의 호스피스 완화의료 전문병원이 등록되었지만, 코로나
19의 유행으로 그중 21개가 폐업하여 2022년 1월 기준 88개 기관, 1,470개 병
상이 운영 중이다.

는 노인 환자들은 집에서의 돌봄이 어렵기 때문에 결국은 요양시설에 입원하게 되고 인공영양, 응급실, 중환자실이라는 최빈도 죽음의 쳇바퀴에 올라타게 될 가능성이 높아진다.

여전히 호스피스 완화의료 기관의 수가 적어서 이용률이 낮은 것도 안타까운 현실이다. 특히 대부분의 민간 의료기관은 수익을 이유로 호스피스 서비스에 관심을 두지 않는다. 그나마 공공병원과 국립병원, 그리고 종교재단의 의료기관 중심으로 호스피스 완화의료가 유지되고 있는 실정이다.

2022년 기준 전국의 호스피스 완화의료 전문기관 수는 88개 1,470개 병상밖에 되지 않는다. 이마저도 절반가량이 서울, 경기에 집중되어 있어서 지방에 사는 사람들에겐 선택의 문턱이 더욱 높아진다. 우리나라의 월 사망자 수가 25,000명 내외임을 감안할 때 호스피스 서비스를 받으며 죽음을 맞이한다는 것은 정말 어려운 일이다.

실제 호스피스 서비스의 가장 우선 대상은 말기 암 환자인데 영국은 말기 암 환자의 약 90%가, 미국은 약 50%가 호스피스를 이용하는 것으로 알려져 있지만, 한국은 2019년 암 환자의 24.3%, 전체 대상 질환의 22.4%만이 호스피스 완화의료를 이용한 것으로 집계되었다.

정부에서는 호스피스 확대를 위해 요양병원에도 호스피스 완화의료를 제공할 수 있도록 2018년부터 시범 사업을 시행하고 있지만 2022년 현재까지 정식 시행을 보류하고 있다.

마지막 순간, 무엇을 피하고 싶은가?

당신은 자신의 죽음의 모습에 대해 미리 생각해 본 적이 있는가? 좋은 죽음을 위해 가족들의 돌봄과 좋은 의사를 만나는 행운 이전에 스스로 먼저 어떤 죽음을 맞이할지에 대한 계획과 노력이 필요하다. 다음 장의 표는 한국 사회에서의 최빈도 죽음의 모습을 나열한 것이다. 이중에서 당신은 어떤 모습은 피하고 싶은 지 한번 체크해 보기 바란다.

스스로 자신의 죽음을 계획한 사람들에게는 한 가지 공통점이 있다. 자신에게 앞으로 남겨진 시간들이 어떤 모습인지를 예견했다는 것이다.

스페인에서 안락사의 합법화를 외쳤던 영화 〈씨 인사이드〉의 주인공 라몬 삼페드로를 보자. 그는 일생 동안 사지마비라는 굴레 속에 갇혀 있지 않기 위해 부단히 노력했다. 입에 펜을 물고 글을 썼고, 자신이 쓴 글들을 엮어 책으로 출간하기도 했다. 클래식 음악을 즐겼고, 곧잘 지인들을 불러 파티를 열었다.

그러나 그 역시 나이가 들고 쇠약해지기 시작했다. 특히 자신을 돌보는 가족들도 함께 늙어갔다. 현실의 비애에 짓눌리

〈내 죽음을 미리 상상하기〉

임종 시 상황	상관 없다	원치 않음	모르 겠다
중환자실에서의 죽음			
병동 처치실에서의 죽음			
심폐소생술을 받다가 죽음			
기계호흡장치를 부착한 상태로 죽음			
인공영양을 받으며 질질 끌다 죽음			
무의식 상태로 오랜 기간 누워 있다가 죽음			
의식이 있는 상태로 오랜 기간 누워 있다가 죽음			
가족 없이 혼자 맞는 죽음			
심한 욕창이 발생한 상태로 지내다 죽음			
사지가 결박된 상태로 지내다 죽음			
매일 통증에 시달리다 죽음			
밤마다 호흡 곤란에 시달리다 죽음			
밤마다 섬망을 겪다가 죽음			
불안장애, 우울증을 겪다가 죽음			
지쳐 삶의 의미를 잃은 채 비관하다가 죽음			

지 않으려 매일을 자신과 싸우며 견뎌왔지만, 그럼에도 육체적 사랑을 나누고 결혼을 하고 아이를 갖는 등의 감히 엄두조차 낼 수 없는 삶의 불가능한 영역들은 고스란히 남아 그를 매일 괴롭혔다.

그래서 60세를 앞두고 그는 이제 그만 삶이라는 전장에서

물러나기를 청했다. 자신에게 남겨진 시간들은 이전보다 더 행복하기가 쉽지 않다고 생각했다. 일생을 자신에게 헌신했던 가족들의 부담도 덜어주고 싶었다. 무엇보다 앞으로 예견된 삶의 비참함을 겪고 싶지는 않았다. 그래서 그는 삶의 무대에서의 퇴장을 스스로 준비하게 된다.

스콧 니어링의 경우도 마찬가지다. 스콧은 100세를 앞두고 더 이상의 삶은 굳이 겪지 않아도 될 비참함을 만나는 시간이었기에 스스로 은퇴를 기획한다. 일생을 자급자족하며 주체적으로 살아왔던 그는 머잖아 병원에 실려가 병원 천장 아래서 죽음을 맞게 될 것이란 것을 알았다. 이는 스콧의 정체성에 어울리는 마지막이 아니었고, 그의 삶 전체가 부정당하는 것과 같았다.

그래서 그는 80세에 미리 아내 헬렌과 지인들에게 연명의료와 병원 임종을 거부한다는 의지를 밝혔다. 그리고 자신이 바라는 죽음의 모습을 이야기하며 이를 지켜달라고 요청했다. 그리고 죽음도 삶의 한 과정으로 살아내기 위해 음식을 조금씩 줄여갔다. 그렇게 평온함에 이르면서 자신의 서사를 완성했다.

마지막 순간, 무엇을 지키고 싶은가?

2016년 12월 방영된 KBS 스페셜 〈서진아 엄마는〉 편에 나오는 김정화 씨는 중학교 음악 선생님이자 일곱 살 남자아이 서진이의 엄마이기도 했다. 그녀는 결혼 후 10년 만에 시험관 시술을 통해 어렵게 서진이를 가졌고, 서진이는 엄마 뱃속에서부터 몇 가지의 건강문제가 있어 7개월 조산아로 태어나 한동안 인큐베이터 생활을 해야 했다.

건강한 서진이와 함께 매일이 행복하던 어느 날 정화 씨는 청천벽력 같은 대장암 4기 진단을 받게 된다. 이후 2년가량 항암치료를 하며 노력했지만 안타깝게도 암은 계속 퍼져 나갔고, 그녀는 결국 말기 판정을 받게 되었다.

항암치료는 중단했지만 심한 통증으로 마약성 진통제를 맞으며 병원에 입원해 있어야 했던 그녀에게 가장 큰 걱정은 서진이를 두고 이대로 병원에서 삶을 마감하는 것이었다. 그래서 통증에 대한 두려움이 무척 컸지만 그녀는 용기를 내어 퇴원을 결정한다. 자신에게 남은 시간이 길지 않다는 현실을 수용하고 그 시간을 서진이와 보내고 싶었던 것이다. '서진이 엄마'라는 이름표는 정화씨가 마지막까지 지키고픈 자신의 정체성이었다.

다행히 가정 호스피스팀의 정기적인 방문과 처치로 통증은 안정적으로 관리될 수 있었다. 덕분에 정화씨는 힘을 내어 서진이에게 동화책을 읽어주고, 피아노 반주에 함께 노래를 부르며 보름 동안 엄마로서 최선을 다했다. 그렇게 행복한 추억을 차곡차곡 쌓은 후 기력이 떨어지고 임종 증상이 나타나자 지역의 호스피스 병동에 입원했고, 사흘 뒤 세상을 떠났다. 서진이 엄마의 삶은 짧았지만 그녀는 끝까지 엄마라는 정체성 속에서 행복의 가능성을 포기하지 않았고, 숭고하고 아름다운 삶의 마무리를 완성했다.

이번에는 내가 겪은 환자 이야기를 해보려고 한다. 57세의 남자 환자는 위암이 진단되어 열심히 항암치료를 받았으나 전이된 암은 간 전체로 퍼져 결국 항암치료를 중단하고 시한부 말기 판정을 받게 되었다.

집으로 퇴원한 그는 통증은 심하지 않았지만 이런 상황이 믿기지 않는 듯 우울감이 무척 심했다. 내가 속한 병원의 가정 호스피스 서비스에 등록되어 그의 집을 정기적으로 방문했다. 앙상하게 야윈 몸과 온몸을 덮고 있는 황달, 그리고 초점이 없는 멍한 눈빛이 그에 대한 내 첫인상이었다.

그는 일생 동안 자동차 엔지니어로 살았고 아들과 딸 두 명의 자녀가 있었다. 자녀들은 독립하여 직장 근처에서 생활했기 때문에 집에는 덩그러니 그와 아내 단둘뿐이었다. 집안을 가득 채우고 있는 무거운 적막감에 아내는 숨이 막힐 것 같다며 호스피스팀이 방문할 때마다 눈물을 흘렸다.

그는 무기력한 중에도 자동차에 대한 이야기에는 눈이 빤짝거렸기에 무료함을 달래고 우울감을 벗는 데 도움이 될까 하여 자동차 프라모델 조립을 권유했다.

한 주가 지나 그를 찾았을 때였다. 침대에 누운 채 줄에 매단 아령을 당겼다 놓았다를 반복하고 있었다. 그는 프라모델 자동차를 조립하기가 힘들 정도로 팔 힘이 약해져서 운동을 결심하게 됐다고 했다.

놀라운 것은 매주 방문할 때마다 운동기구가 업그레이드되고 있었고 모두 그가 스스로 조립하고 만든 것이라고 했다. 그는 아픈 이후 동료들의 병문안도 거절하고 단 한 번도 공장에 방문하지 않았다고 했다. 아내는 그런 그가 운동 장치를 조립하고 개선하기 위해 요즘 자주 공장에 다녀오고 있다고 감격스러워 했다. 첫인상과 달리 그의 눈빛엔 활기가 되살아났고, 매일 울던 아내의 얼굴에도 모처럼 웃음이 지어졌다.

그는 어느 날 우리에게 수첩을 펼쳐 그림 하나를 보여주면서 자신과 같은 말기 환자가 편하게 용변을 볼 수 있는 자동 변기를 구상 중이라고 했다. 이 설계도가 완성되면 꼭 기부할 테니 자신이 죽고 난 후에도 다른 사람들에게 도움이 되고 싶다고 했다.

그는 그렇게 엔지니어로서의 정체성을 지키면서 죽음의 공포를 이기고 삶의 마지막을 버텨냈다. 이제 정말 시간이 얼마

남지 않았음을 얘기했을 때, 그는 되레 차분하게 아들과 딸, 그리고 아들의 예비 신부까지 불러 가족들과의 추억을 쌓았고 자신의 유언을 전달했다.

가족들에게 부담을 주고 싶지 않아 마지막 때가 임박하면 호스피스 병동에 입원하고 싶다고 했다. 그렇게 주변을 모두 정리한 후 임종 증상이 나타나자 입원을 했다. 그는 그렇게 병원에서 이틀을 보낸 후 평온하게 세상을 떠났다.

정체성이란 자신의 본질이자 자랑스러운 삶의 가치를 담고 있는 자존감의 그릇이다. 다시 말해서 정체성을 수행할 때 인간은 자존감이 생산된다. 이러한 자존감은 행복한 감정과 함께 죽음 앞에서 두려움과 비참함을 느끼지 않도록 지켜준다.

이 두 사례를 통해 좋은 죽음을 원한다면 다음의 두 가지 상황이 지켜져야 한다는 것을 깨달았다. 첫째, 정체성이 훼손될 수 있는 상황을 피하고 둘째, 정체성이 지켜질 수 있는 상황을 미리 확보해 두라는 것이다.

물론 이를 위해서는 행복을 느낄 수 있는 자신의 정체성을 먼저 깨달아야 하는데, 이는 시련과 역경, 도전과 성취의 반복을 통해 획득되는 인생의 숙제이자 중요한 목표이다. 그러고 보면 좋은 죽음이란 좋은 삶의 결과인 셈이다. 그래서 다음 장에는 좋은 죽음을 완성하는 좋은 삶에 대해서 이야기해 보려고 한다.

6장
—

후회 없는 삶에 도전하다

23

인간의 존엄을 다시 생각한다

생존과 실존

생존survival은 말 그대로 살아남는 것을 말한다. 목숨의 유지가 목적인 삶이다. 만약 인간이 생존을 위해 사는 존재라면 사랑과 미움, 자존심과 자존감 따위는 불필요하다. 생존이 목적이면 썩은 고기를 먹는 하이에나처럼 비굴하더라도 목숨만 유지되면 행복감을 느낄 수 있을 것이다.

하지만 매일 목숨이 위태로운 상황에 처한 것이 아니라면 생존만으로 행복이 충족되는 사람은 없다. 인간에게 생존은 실존을 위한 필요조건일 뿐이다. 실존이란 삶의 가치를 추구하는 존재방식을 말한다. 인간은 다른 동물과 달리 태어난 순간부터 자신의 존재가치를 위해 살아간다.

자신이 소망하는 존재가치를 우리는 꿈이라고 말한다. 사람마다 꿈이 다르듯 존재가치를 추구하는 방식도 다르다. 이렇게 꿈을 꾸며 자신의 가치를 추구하는 삶이 바로 실존이다.

미국의 작가 리처드 바크Richard Bach의《갈매기의 꿈Jonathan Livingston Seagull》이라는 소설을 기억하는가? 단지 먹이를 구하기 위해 하늘을 나는 다른 갈매기들과 달리 주인공 '조나단 리빙스턴'은 비행 자체가 삶이 목적인 갈매기이다.

이런 조나난을 무리는 따돌리고 추방한다. 하지만 조나단은 더 멋지고 아름답게 날기 위해 어려운 곡예비행에 끊임없이 도전하고, 결국은 초현실적인 공간까지 날아오르게 된다. 꿈이 실현된 것이다.

생존을 위해 살아가는 무리 속에서 실존을 추구하는 조나단의 이야기는 인간과 여타 동물들의 차이를 은유적으로 보여준다. 인간은 자신만의 가치를 통해 삶의 의미를 찾으려 하고 그 과정을 우리는 실존적 도전이라고 말한다.

조나단이 무리에서 벗어나야 했듯이 도전의 과정에는 결단과 용기가 필요하고, 고독이 뒤따른다. 끝없이 바다에 처박혔던 조나단처럼 숱은 실패와 좌절을 겪어야 한다. 그러나 시련을 이겨내고 맛보는 성취와 성장은 인간에게 이루 말할 수 없는 행복감과 자신감을 심어준다. 그것을 우리는 자존감이라고 말한다. 그래서 실존이란 먹이가 아닌 자존감을 목적으로 살아가는 삶이다. 실존이 억압받고 생존만을 위해 살게 되면 인간은 스스로 동물이 된 듯한 모멸과 비애를 느끼게 된다.

모든 이의 꿈이 이뤄지는 행복한 세상을 유토피아라고 하고, 반대로 꿈을 꿀 자유를 허용하지 않는 세상을 디스토피아라고 한다. 전체주의사회나 독재국가를 디스토피아라고 부르는 이유는 개인의 자유가 금지되고, 국가나 이념을 위해 살도록 강제되기 때문이다.

실존의 억압

일반적으로 폭력이라고 하면 신체에 물리적 해나 구속을 가하는 것을 떠올리지만 차별과 모멸로 인격의 자유를 억압하는 것 역시 심각한 폭력이다. 인종, 성별, 나이, 학력 등을 이유로 꿈에 도전할 기회를 가로막는다면 이는 중대한 사회적 폭력이 된다.

국가가 사회 안전망이나 공정에 무관심하여 개인이 빈곤과 차별에 처해 실존을 포기하고 생존만을 위해 살 때 개인은 자신의 삶이 모멸 받는 폭력을 느낀다. 나아가 어떤 사회에서 위정자나 권력자 등 힘 있는 자들이 약한 자들에 대한 불합리와 폭력의 행사를 당연시할 때 우리는 이를 야만사회라고 한다. 야만사회에서는 폭력이 사회 질서의 준칙이 된다.

동물들의 사회는 힘이 약한 종은 강한 종의 먹잇감이 된다. 먹이 사슬의 구조에서 약한 개체는 다른 동물의 생존을 위한 수단이 되는 것이다. 인류는 오랜 시행착오와 역사적 반성을 통해 약육강식의 야만성보다 인품과 지식으로 사회의 질서를 유지하는 지성사회를 지향하고 있다.

하지만 안타깝게도 한국 사회에는 여전히 많은 야만성이 남아 있다. 그러한 야만성은 개인의 자유과 가치에 모멸을 가해 한국 사회의 행복지수, 자살률, 그리고 죽음의 질에 고루 관여한다. 특히 고도화된 현대사회의 야만성은 직접적인 폭력으로 드러나기보다는 교묘하고 은밀하게 개인의 실존을 억압하는 방식으로 존재한다. 실존을 억압당한 사회적 약자들의 삶은 마치 기득권이나 강자들을 위한 먹잇감 또는 기계처럼 다뤄지면서 강자들의 실존을 위한 수단과 소재로 소비된다.

현대사회의 날로 심각해지는 빈부격차는 단순한 자본의 차이를 넘어 실존을 누리는 계층과 생존으로만 내몰리는 계층의 간격이 멀어지는 새로운 양극화를 드러낸다. 야만사회는 생존에 허덕이는 사람들을 마치 동물을 대하듯 비하하고 혐오하는데 이를 인격에 가하는 폭력 즉 모멸이라고 한다.

2014년 서울 압구정동 어느 고급 아파트 단지에서 있었던 일이다. 한 입주민이 베란다에서 경비원에게 빵을 던져주며 주워 먹으라고 조롱을 했고 심한 모멸감을 느낀 경비원은 자신의 몸에 기름을 끼얹고 분신을 하여 사망하게 되었다.

입주민의 괴롭힘과 인격모독은 이전부터 지속적으로 벌어진 일이었지만 경비원은 가족의 생계를 위해 참고 견뎌야만 했다. 그러다 그런 심한 모멸을 겪게 되자 더 이상 살 이유가 없다고 생각하고 분신을 했다.

자존감과 자존심

여기서 자존감과 자존심, 그리고 모멸감의 관계를 짚고 넘어가 보려고 한다. 인간은 자신만의 존엄을 지키기 위해 실존이라는 삶의 방식을 살아가는 존재이다. 그리고 실존적 도전을 통해 쌓는 성취는 내면에 긍정과 행복을 채워주는데, 이 느낌을 자존감이라고 한다.

그러나 실존적 삶의 기회가 막히거나 성취보다 실패가 쌓이게 되면 자존감이 새어나가면서 인간은 자기존재 가치에 대한 불안에 빠지게 된다. 이러한 존재가치의 불안은 자꾸 자신을 남과 비교하면서 자신의 위치를 확인하게 하고, 위축된 자존감을 들키지 않으려는 방어벽을 세우게 하는데 이러한 자기 보호의 감정을 자존심이라고 한다.

자존감은 겉으로 드러나지 않아도 스스로에 대한 넉넉한

신뢰가 채워져 있기에 타인의 시선에 연연하지 않지만, 자존심은 자아에 대해 불안을 바탕에 두고 있기 때문에 폭발하는 기체와 같아서 주변의 무시에 무척 예민하다. 그래서 처지와 상황이 곤궁하거나, 주변의 지지가 없어 용기를 낼 수 없을 때 인간은 실존적 도전을 보류하고 생존에 전력하게 된다. 이런 상황은 자존감을 위축시키고 자존심이 우리를 지배하게 만든다.

인간은 몸과 인격으로 지어진 집이다. 몸의 안녕을 위해 안정적 생존을 추구하고 인격의 행복을 위해 실존적 도전을 추구하는 것이 인간의 삶이라고 할 수 있다. 그래서 어른이 된다는 것은 육체적으로는 부모로부터 독립하여 스스로의 생존을 책임지는 것이고, 인격적으로는 도전과 모험을 통해 자신의 정체성을 찾아 스스로 자존감을 생산할 수 있는 단계를 말한다. 아무리 나이가 들어도 자신의 생존을 스스로 책임질 수 없고, 자존감을 채우는 방법을 모른다면 아직 손이 가는 아이에 머물러 있는 것이다.

그러나 안타깝게도 생존을 위해서 어쩔 수 없이 자존심을 포기해야 하는 상황도 있다. 이때 인간은 비참함과 굴욕감을 느끼게 된다. 반면 너무 쉽게 자존심을 버리고 생존을 취하는 경우도 있는데, 이런 경우에는 비겁하거나 비굴하다고 비난을 받기도 한다. 그래서 인간에게 비참함이란 굴욕을 강요받는 상황으로 인격의 파괴를 겪게 되어 종종 삶의 포기로 이어진다.

갑질

인간의 인격을 무시하는 외부의 무례와 강압을 인격에 대한 폭력, 즉 모멸이라고 한다. 생존경쟁이 과열된 사회에서는 언제 뒤처질지 모른다는 불안 때문에 가진 것과 상관없이 모두들 자신을 약자라고 생각한다. 그래서 타인에 대한 배려가 빈곤해지고 모멸이 양산된다.

모멸은 특히 불안을 자존감이 아닌 자아도취로 달래는 사람들이 주로 행사한다. 그들은 모멸을 통해 자신보다 약한 사람들을 비굴하게 만들어서 우월감이라는 자아도취에 빠지며 실존적 불안을 해소한다. 오늘날 한국 사회의 심각한 문제로 부각되고 있는 '갑질'은 이러한 파괴적 자아도취의 전형이다.

갑질을 일삼는 사람들의 특징은 나이와 상관없이 실존적 삶의 경험이 빈약해서 가진 것에 비해 형편없이 자존감이 낮다는 것이다. 스스로 터득한 성실과 용기 역시 빈약해서 자신을 신뢰하지 못해 추락에 대한 공포에 늘 전전긍긍한다. 그래서 약자에 대한 모멸과 거기에서 얻어지는 우월감으로 자신의 열등감을 감추려고 한다. 이런 파괴적이고 야만스러운 우월감은 스스로를 영웅으로 우상화하는 자아도취를 만든다.

이런 자아도취는 역사 속 독재자들에게 공통적으로 발견되는 속성이다. 그들은 자신의 인품으로는 사람들의 자발적인 인정을 받을 수 없기 때문에 폭력과 공포로 사회를 통제하고, 전체주의를 통해 사람들의 자유로운 실존을 억압하여 자신이 영웅 또는 메시아가 되는 세상에 헌신토록 했다.

오늘날 민주주의 사회에서도 자본과 권력으로 부하와 직원들의 생존을 틀어쥐어 자신만의 왕국을 만들고 영웅처럼 떠받들도록 강요하는 재벌, 정치인들은 여전히 존재한다. 이런 자아도취에 젖은 사람들은 자존감이 낮아서 자신이 언젠가 죽는다는 사실을 받아들이지 못한다. 그 누구보다도 죽음 앞에서 벌벌 떨며 도망치려 하고 자신이 늙어간다는 사실을 공포스러워하며 격렬하게 부정한다.

모멸사회

불안한 생존, 실존의 억압, 그리고 인격에 대한 모멸이 넘쳐날 때 인간은 삶의 희망을 찾지 못하고 목숨을 포기하게 된다. 인간이 자존심을 버리면서까지 생존하려는 이유는 실존, 즉 꿈에 대한 희망을 포기하지 않은 경우이다. 그러나 실존이 불가능하면 꿈과 욕망이 사라지고 생존도 무의미해진다.

대한민국은 높은 경제성장을 이루었지만 그만큼 양극화는 심해졌고, 더 견고해진 자본주의 신분 구조는 빈곤층을 생존과 실존의 절벽으로 내몰고 있다. OECD 최고의 자살률이 보여주듯 타인의 수단으로 생존해야 하는 사람들은 종종 살아 있다는 것 자체가 모멸이라고 느끼게 된다. 그리고 좀처럼 탈출구가 보이지 않을 때 자살이라는 방법으로 이 비극을 종결한다. OECD 최고 수준의 높은 근로시간은 한국인들이 얼마나 생존에 치여 살고 있는지 짐작하게 해준다.

오늘날 많은 한국인들은 실존보다 생존에 더 몰입하며 살아간다. 미디어들은 쉴 새 없이 더 좋은 스펙, 더 예쁜 외모, 비싼 차, 전망 좋은 넓은 집, 고가의 명품들을 행복의 척도로 보여준다.

사람들은 그런 삶과 자신을 비교하면서 자괴감에 빠져들고, 어느 순간 더 많은 물질을 위한 삶을 실존이라고 착각하게 된다. 그 순간부터 환경이나 타인에 의해서가 아닌 스스로 실존을 억압하는 자기 폭력이 발생하고, 스스로에 대한 모멸과 착취가 시작된다. 자신이 자신을 모멸하기 시작하면 자존심은 열등감으로 진화한다.

한국 사회에서 좋은 죽음에 대한 바람이 철저히 실패하는 이유는 실존보다 생존을 강요하는 사회문화가 그 바탕에 깔려 있기 때문이다. 실존을 망각한 채 가라앉지 않는 생존 불안과 열등감을 어찌할 줄 몰라 타인을 모멸하고 자신까지 모멸하는 모멸사회가 한국의 현주소이다.

24

후회 없는 삶을 위하여

그때 그랬어야 했는데

과학의 시대는 다수가 선택하는 삶의 방식이 가장 안전하다고 안내한다. 통계, 빅데이터, 전문가 상담은 더 이상 불안하지 않을 수 있는 안정적인 선택을 제시해 준다.

하지만 인간은 안정적인 삶을 동경하면서도 남과 똑같은 개성 없는 삶은 원하지 않는다. 한 마디로 인간은 안정적 생존과 고유한 실존 사이를 갈팡질팡한다. 자신만의 개성을 찾기 위해서는 변화와 도전을 선택하는 용기가 필요하지만 실패와 불안정이 겁이 날 때는 실존 욕구를 억누르고 그저 앞서가는 사람의 꽁무니를 좇는 생존적 삶을 살게 된다.

결국 실존과 생존의 선택은 그가 가지고 있는 가치관이 정하게 된다. 어떤 이는 현재의 안정, 어떤 이는 미래의 성공, 어떤 이는 하루하루의 소소한 행복 등 각기 다른 삶의 방식으로 살아간다. 이처럼 삶의 목표를 어디에 두느냐에 따라 자신이 써나가는 삶의 이야기도 역할도 달라진다. 각자 다른 삶의 방식과 목표를 추구하더라도 죽기 전 후회를 남기지 않는 삶을 살고 싶다는 바람에는 이견이 없는 것 같다.

어떤 삶을 선택을 하면 후회 없는 삶을 살 수 있는지 궁금하다면 미리 알 수 있는 방법이 하나 있다. 물건을 구매하기 전 사용 후기를 꼼꼼히 확인하는 것처럼 세상을 먼저 살아본 선배들의 인생 후기를 들어보는 것이다.

미국 코넬대학 사회학과 칼 필레머 Karl Pillemer 교수 연구팀은 1,000명의 노인들과 인터뷰하며 다음 세대에게 남겨주고 싶은 삶의 지혜를 추출했다. '코넬대학 인류 유산 프로젝트'라 불리는 이 연구는《내가 알고 있는 걸 당신도 알게 된다면 30 Lesson For Living》이라는 책으로도 출간되었다.

노인들은 많은 삶의 지혜 중에서 만족스러운 삶의 비결에 대해 '그때 그랬어야 했는데⋯⋯'를 되뇌며 후회 속에서 사는 것처럼 어리석은 것은 없다고 말한다. 그들은 만약 젊은 시절로 되돌아간다면 평범하기보다는 모험을 선택할 수 있는 기회를 놓치고 싶지 않다면서, '새로운 일은 하고 싶지 않은데⋯⋯'라고 생각하는 순간 삶이 지루해지기에 삶은 모험이

란 것을 잊지 말고 늘 열려 있어야 후회 없는 삶을 살 수 있다
고 조언했다.

예상 못한 시련과 역경

하지만 명심해야 할 것은 새로운 도전에 나선다고 늘 행복
한 것은 아니라는 점이다. 많은 경우 도전하는 그때보다는 시
간이 흐르고 난 뒤 그 가치를 깨닫고 열매를 수확하게 된다.

인생은 기본적으로 비극이다. 인생은 시작부터 끝까지 철
저히 불확실성에 지배되기 때문이다. 우리는 삶의 행복과 평
탄함을 기대하지만 늘 변수가 끼어들고 예상하지 못한 불운
이 따른다. 계획대로 인생이 풀리는 사람은 아무도 없다. 불
운은 우리가 울타리 안에 있든 밖에 있든 어느 상황에서든 찾
아온다. 그래서 현자들은 어차피 맞닥뜨리게 되는 시련과 역
경을 피해 다니기보다는 열린 자세로 마주하면서 적극적으로
삶의 본질을 터득하라고 조언한다. 우리가 비극을 통해 배워
야 하는 것은 행운이 아니라 삶의 본질인 불확실성을 대하는
태도이다.

아카데미, 베니스, 칸영화제를 모두 석권한 세계적 거장 이
안Ang Lee 감독의 영화 〈라이프 오브 파이 Life of Pi〉를 보면 생
은 비극을 대하는 태도를 배우는 과정이라는 말이 잘 들어맞

는다.

인도에서 동물원을 운영하던 파이 가족은 안정된 삶을 피해 동물들과 함께 여객선을 타고 캐나다로 이민을 가게 된다. 그러나 항해 도중 배는 예상치 못한 풍랑에 좌초되어 어린 소년 파이는 가족을 모두 잃고 호랑이 한 마리와 함께 구명보트를 타고 망망대해를 표류하게 된다.

좁은 보트 안에서 호랑이에게 잡아먹히지 않기 위해 파이는 매 순간 절박한 위기와 맞서야 했다. 당장 눈앞에 있는 호랑이와의 긴장 관계는 오히려 망망대해라는 거대한 절망을 바라볼 틈을 주지 않았다.

그리고 바다가 폭풍우라는 시련으로 둘을 덮쳤을 때 둘은 적대적 관계에서 서로를 의지할 수 밖에 없는 동지가 되었다. 이러한 위기와의 연대는 역설적으로 희망이 없는 시간들을 벼텨낼 수 있는 힘과 위로가 되어주었고 마침내 파이는 살아서 호랑이와 함께 육지를 밟게 된다.

호랑이와 함께한 파이의 표류는 사람들에게 큰 화제가 된다. 물론 영화이기에 모든 것은 사실이 아닌 상징과 은유를 담고 있지만 중요한 것은 파이가 겪었던 지독한 고통과 절망의 시간마저도 견디고 나면 성장의 역사가 된다는 것이다.

영화 속에서 인상적인 것은 물과 음식이 없는 바다에서 생존에 허덕이던 파이와 호랑이는 먹을 것이 풍부한 무인도에

도달하고 풍족한 나날을 보낸다. 하지만 어느 날 파이는 나무 열매 속에 씨 대신 사람의 치아가 들어 있는 것을 발견한다.

곧바로 파이는 호랑이와 함께 보트에 올라 다시 망망대해로 나선다. 생존에서 벗어나 다시 실존의 바다로 나아간 것이다. 생존에만 머무는 순간 사람은 죽은 것과 다를 바 없다는 것을 깨달았기 때문이다. 생존의 풍족함은 종종 영화 속 식인 섬처럼 인간의 실존을 집어삼켜 후회스러운 삶을 남기게 한다.

시련이라는 삶의 극치

삶이란 시간이 만드는 가능성이다. 마치 문구점 앞 행운 뽑기처럼 우리는 우리 앞에 놓인 모든 가능성이 행운의 씨앗이 되길 바라지만 미래는 알 수 없고 우리의 바람과 달리 빈번하게 고통스러운 시련을 마주하게 된다.

실패든 성공이든, 기쁨이든 슬픔이든 인간은 필연적으로 평화로운 시간뿐만 아니라 시련의 시간까지 겪어내면서 살아가기 때문에 삶은 드라마 같은 이야기, 즉 서사narrative의 구조를 갖는다. 감동적인 소재가 되고, 나아가 성장의 발판으로 승화시켰을 때 시련은 삶의 소중한 순간으로 의미화된다. 소설도 인생도 행복한 결말을 위해서는 시련을 넘어서야 하는 법이다.

철학자 마크 롤랜즈는《철학자와 늑대》에서 삶에서 마주하게 되는 비극적인 시련에 대해 "때로는 삶에서 가장 불편한 순간이 가장 가치 있기도 하다. 가장 불편하다는 이유만으로도 가장 가치 있는 순간이 될 수 있다"는 역설을 펼친다.

삶의 가치는 평탄한 시간보다 모험과 위기를 통해 쌓인다. 후회 없는 삶이란 많은 행운을 경험한 삶이 아니라 시련마저도 가치 있는 삶의 자원으로 수용할 수 있을 때 가능하다. 시간이 흘러 그 시련들이 오히려 행운이었다고 말할 수 있다면 그 인생은 온통 행운과 행복만 남아 후회 없는 성공이라고 할 수 있을 것이다.

비극이 희극이 되려면

폴 칼라니티Paul Kalanithi는 미국 스탠포드대학병원 신경외과 레지던트였다. 내과의사인 아내 낸시와 행복한 가정을 이루고 있었고 미국 신경외과학회에서 수여하는 최우수 연구논문상도 받아서 전문의가 되기도 전에 이미 여러 의과대학에서 교수직을 제안받았다.

그런데 어느 날 알 수 없는 기침이 계속되었고 검사 결과 이미 여기저기 퍼져 있는 말기 폐암이었다. 그의 삶은 장밋빛에서 한순간 암흑이 되었다.

정신적인 충격으로 방황하고 항암 치료 과정에서 생과 사를 오가기도 했다. 그 좌절과 혼란 속에서 자신에게 시간이 많지 않음을 깨닫고 용기를 내어 암과 함께 실존에 도전하기로 결심한다. 우선 신경외과 수련 과정을 마치고 전문의가 되기로 했고 아내 낸시와 상의 후 아이를 갖기로 한다.

의학전문대학원으로 진학하기 전에 학부에서 영문학과 철학을 공부했던 그는 늘 죽음이란 주제에 관심을 가지고 있었고 신경외과를 선택한 것도 죽음을 결정하는 장기인 뇌에 대한 호기심 때문이었다. 그래서 그는 다가오는 죽음의 경험을 통해 오히려 죽음에 대한 책을 쓰기로 결심한다.

그는 마지막 삶을 자신이 계획한 대로 하나씩 실천하면서 신경외과 전문의 시험을 통과했고, 그에게 세상에서 가장 큰 기쁨을 안겨준 딸 케이디가 태어났다. 물론 그 와중에도 자신의 투병 과정에 죽음에 대한 단상을 덧붙여 계속 글도 써나갔다.

그가 남긴 책의 제목은 《숨결이 바람 될 때When breath becomes air》이다. 비록 책을 완성하기 전에 그는 세상을 떠났지만 삶의 동반자인 아내 낸시가 폴을 대신하여 책의 마지막 부분을 채웠다. 그녀는 폴의 삶을 이렇게 정리한다.

폴은 자신의 강인함과 가족 및 공동체의 응원에 힘입어 암의 여러 단계에 우아한 자세로 맞섰다. 그는 암을 극복하거나 물리치겠다고 허세를 부리거나 허황된 믿음에 휘둘리지 않고 성실하게 대처했다. 그래서 미리 계획해둔 미래를 잃고 슬픈 와중에도 새로운 미래를 구축할 수 있었다.

생과 사는 떼어내려고 해도 뗄 수 없으며 그럼에도, 혹은 그 때문에 우리는 어려움을 극복하고 인생의 의미를 찾아낼 수 있다. 폴에게 벌어진 일은 비극적이었지만, 폴은 비극이 아니었다.

인생을 비극에서 구원하는 것은 생존을 위한 노력이 아닌 실존이라는 도전이다. 폴의 삶이 비극으로 끝맺지 않았던 것은 죽음을 맞이하는 순간까지 자존감을 얻기 위한 도전을 멈추지 않았기 때문이다. 좀 더 구체적으로 말하자면 대개 사람들은 죽기 직전까지 죽음을 부정하면서 마지막 삶의 도전을 한 채 비관과 절망에 빠져 지내는데 폴은 눈앞에 벌어진 비극이라는 현실을 회피하지 않았고 살아남기 위한 목표가 아닌 살아내야 할 목표들로 삶을 재정비했다. 낸시가 말한 대로 그의 암은 비극이었지만 그의 삶은 비극이 아니었다. 오히려 지금의 우리에게 감동을 주며 그를 모르던 많은 사람들도 그를 기억할 수 있게 되었다.

비극을 마주하는 용기

삶이 예측 불가하더라도 우리가 예측할 수 있는 것이 하나 있다. 그것은 바로 우리는 언젠가는 죽는다는 사실이다. 그래서 서사의 최종적인 결말에 대한 고민과 준비 없이 산다는 것은 목적지를 모르는 여행과 같고, 이내 길을 잃고 방황하게 될 것이다.

죽음이 갑자기 삶 속으로 뛰어 들어왔을 때 시련을 삶의 기회로 승화시킨 또 한 사람을 소개해 보려 한다. 바로 일본의 여성 철학자 미야노 마키코^{宮野 眞生子}이다. 그녀는 오랫동안 앓았던 유방암이 온몸으로 전이되어 결국 말기 판정을 받는다.

혼란과 절망에 빠져 무엇을 해야 할지 갈피를 잡지 못하는 상황에서 그녀는 자신이 일생 동안 연구해 왔던 '삶의 우연성'에 비추어 현재 자신에게 벌어진 비극을 조망한다.

그리고 친구이자 의료인류학자인 이소노 마호^{磯野 眞穗}는 마치 마라토너 옆에서 함께 달리는 페이스메이커처럼 마키코와 편지를 주고받으면서 그녀의 마지막 도전을 돕는다. 이들의 편지는《우연의 질병, 필연의 죽음^{急に具合が惡くなる}》이라는 책으로 엮어졌다.

마키코는 자신에게 유방암이 찾아온 것도 좋은 친구 마호를 만난 것도 모두 우연이라면서 이렇게 삶은 수많은 우연이 만든 그물과 같다고 말한다. 그러자 마호는 모든 것이 우연으로 뒤덮인 예측 불가한 인생이라면 첫째, 인간은 어떤 때에 삶의 의미를 발견하고 둘째, 어떻게 그것을 자신의 운명으로 확신할 수 있는지 철학자 마키코에게 되묻는다.

마키코는 의미 있는 삶을 살기 위해서는 예상 못한 우연으로 곤란해질까 봐 위험성을 계산하고 사람들과 거리를 두며 살기보다는 우연이 만들어 주는 인연과 진실하게 마주하고 '함께 발자취를 남기며 살아갈 것'을 제안한다.

또한 운명이란 인간이 삶에 수동적으로 끌려가는 게 아니라 자신에게 벌어지는 우연과 마주하는 용기를 통해 스스로 만들어 가는 것이 아니겠냐며, 그렇게 용기를 내어 우연을 받아들일 때야말로 비로소 '나'라고 부를 만한 운명적 존재가 탄생된다고 말한다.

그녀의 말을 정리하면 자신이 설계한 이야기 속에 스스로를 가두어 안정시키기보다는 우연에서 비롯되는 혼란을 즐길 수 있는 용기가 우연한 비극을 피할 수 없더라도 비극이 운명이 되는 것을 막아준다는 것이다. 결국 폴 칼라니티와 미야노 마키코 모두 시련은 피하는 것이 아니라 맞서는 것이고, 그럴 수 있는 용기가 삶을 비극에서 축제로 만들어 준다고 우리에게 귀띔하고 있다.

고독의 힘

실존주의 철학자 하이데거에 따르면 인간은 이 세상에 던져지듯 우연하게 탄생하는 존재이다. 태어날 때 아무도 내가 무엇을 위해 살아야 하는지 그리고 어떤 삶을 살아가야 하는지도 알려주지 않는다. 탄생의 순간 우리 앞에 놓인 것은 오로지 불확실한 물음표뿐이다.

시간은 한순간도 멈추지 않고 죽음을 향해 흐르면서 인간으로 하여금 자신의 존재의 이유와 존재가치를 찾도록 재촉한다. 하지만 많은 이들은 이런 시간의 재촉을 무시하고 자신의 내면보다는 타인을 의식하면서 보편적이고 안정적인 삶을 살려 노력한다.

그러나 그런 삶은 죽음 앞에서 허무함과 후회를 남기게 되기에 하이데거는 주체적 삶과 진정한 자아를 찾기 위해선 스스로를 죽음 앞에 미리 던져보라고 제안한다.

자, 내일 당장 죽는다고 했을 때 오늘 당신은 무엇을 할 것인가? 당신 인생에서 다시는 돌아오지 않는 지금을 무엇을 위해 사용할 것인가? 당신은 주변과 후대의 사람들에게 어떻게 기억되고 싶고, 묘비에 어떤 말을 새기고 싶은가?

삶은 예측 불가하기에 늘 불안하다. 그래서 인생은 용기 없이는 한 걸음도 내딛기가 어렵다. 그러나 죽음 앞에 자신을 세웠을 때 맞이하는 고독은 나태와 허위라는 나를 보호하고 있던 위장막을 걷어낸다. 죽음을 떠올리며 마주하게 되는 고독을 통해 절실함과 냉정함을 되찾게 되면 그 보상으로 내 안에 용기가 자라나게 된다.

영국의 정신심리학자 앤서니 스토 Anthony Storr는 저서 《고독의 위로 Solitude: a return to the self》에서 "혼자 있는 능력은 귀중한 자원이다. 혼자 있을 때 사람들은 내면 가장 깊은 곳의 느낌과 접촉하고, 상실을 받아들이고, 생각을 정리하고, 태도를 바꾼다"라며 고독이 삶에서 차지하는 역할을 설명한다.

결론적으로 고독을 통해 자신의 진실한 내면을 만나 용기를 얻게 될 때 인간은 주체적으로 거듭나게 되고, 주체적인 삶은 후회 없는 삶으로 이어진다.

죽음까지 살아내다

인간이 가장 고독해지는 때는 실제 죽음을 마주해야 하는 순간이다. 다가오는 죽음 앞에서 어떤 이는 죽음을 피하기 위해 몸부림치며 울고, 어떤 이는 그 공포에 질식되어 넋을 놓기도 한다.

다큐멘터리 영화 〈엔딩 노트 Ending Note〉의 주인공인 일본인 스나다 도모아키는 죽음을 담담하게 마주한 대표적인 사람이다. 67세에 정년퇴직하고 제2의 인생을 꿈꾸던 그는 건강검

진에서 수술도 불가능한 위암 4기 판정을 받는다.

하루아침에 시한부 인생이 된 그는 항암 치료를 유지하면서도 다른 한편으론 침착하게 자신의 죽음을 준비한다. 그는 '엔딩 노트'라는 10가지 마지막 삶의 숙제를 정하고 자신에게 허락된 시간 동안 하나씩 실천에 옮긴다. 버킷리스트가 죽기 전까지 꼭 해보고 싶은 일이라면 엔딩 노트는 죽기 전까지 반드시 해야만 하는 일이다.

엔딩 노트의 첫 번째는 바로 자신의 장례식을 준비하는 일이었다. 많은 사람들이 말기 판정을 받으면 삶을 비관하고 극심한 우울감에 되는데 그는 오히려 침착하고 담담했다. 조금이라도 더 살기 위해 항암제를 계속 복용하면서도 다른 한편으로는 여러 곳을 미리 다녀보고 한 성당을 자신의 장례식장으로 정한 뒤에 장례식 초청 명단을 정하고 재산과 채무까지다 정리한다.

여러 가지 엔딩 노트 항목 중에 그가 가장 중요하게 생각했던 것은 사랑하는 손녀들과 함께하는 시간이었다. 그는 일생동안 직장을 최우선으로 살아왔지만 은퇴 후에는 손녀들과 함께하는 시간을 가장 행복해했다.

봄이 한창이던 5월에 시작한 그의 마지막 삶의 도전은 7개월 뒤 새롭게 해가 바뀔 무렵 마무리 아니 완성이 된다. 그는 스스로 병원이 편하다며 입원해 마지막 4일을 보냈고, 그곳에서 자녀들과 손녀들을 불러 작별 인사를 하고 담당 주치의에게도 고마움을 전했다.

그리고 그날 저녁 마지막 엔딩 노트 두 가지를 실천한다. 미뤄오던 세례를 받았고, 아내에게 그동안 표현 못 했던 사랑한다는 말을 남겼다. 이처럼 담대하고 차분하게 자신의 죽음을 준비한 사람이 있을까? 영화를 보는 내내 이 모든 것이 실화라는 사실에 반복해서 감탄했다.

흔히들 죽음은 끝이고 절망이라고 하지만 스나다의 마지막 7개월은 더없이 행복하고 존엄하며 위대한 시간들이었다. 그는 말기 암이라는 시련 속에서 삶의 주체성을 포기하지 않았다. 오히려 엔딩 노트를 실천하며 행복의 가능성을 포기하지 않았고 죽음까지 삶으로 살아냈다.

25

웃으면서 죽음을 맞이하다

묘비에 정체성을 담다

폴 칼라니티, 미야노 마키코, 스나다 도모아키는 모두 죽음 앞에서 삶의 마지막 실존에 도전한 사람들이었다. 이를 통해 그들은 죽음의 공포에 휘둘리지 않고 자존감을 유지하면서 존엄하고 주체적인 죽음을 맞이할 수 있었다.

한편 자신의 죽음을 예견하고 미리 마음의 준비를 한 후 평소 살아온 평범한 일상으로 죽음을 맞이한 사람들도 있다. 평범한 일상이란 죽음의 공포에 휘둘리지 않고 자신의 정체성을 고스란히 간직하는 것이다.

소설 《적과 흑 Le Rouge et le Noir》으로 유명한 프랑스의 대문호 스탕달 Stendhal 은 고국 프랑스보다는 자유로운 이탈리아에서의 삶을 동경했다. 그는 처음 이탈리아에 가 놀라운 예술들을 마주한 순간 그 황홀함에 정신이 아득해지며 쓰러졌다고 한다. 오늘날 이를 빗대어 감동으로 정신을 잃을 것 같은 상태를 '스탕달 신드롬'이라고 말한다. 어쨌든 그는 이런저런 병에 시달리면서 일찍부터 자신의 죽음을 생각했고, 묘비명까지 미리 마련해 두었다.

그는 자신의 정체성을 이탈리아에 두고 있었기에 묘비명을 이탈리아어로 '밀라노 사람 아르리고 베일레, 썼노라, 사랑했노라, 살았노라'라고 새겼다.

프랑스 본명인 '마리 앙리 베일' 대신 이탈리아 이름 '아르리고 베일'이라고 적고, 이탈리아 밀라노 사람이라 자칭했다. 일생을 방랑하듯 여행하며 자유로운 삶과 글쓰기에 매진했기에 '쓰고, 사랑하고, 그렇게 살았노라'라는 말로 59년의 삶과 존재의 의미를 함축했다.

소풍을 마치고 되돌아가다

우리나라에는 비극적 삶에도 불구하고 자신의 죽음을 예견하고 유언을 시로 승화시킨 사람, 천상병 시인이 있다. 그는 한국인의 평균 수명에 비하면 무척 이른 나이인 63세에 삶을 마감했다.

1967년 군부독재 시절 그는 간첩단 사건인 '동백림 사건'에 연루되어 중앙정보부에 끌려가 6개월간 모진 고문을 당했다. 동백림 사건의 최종 심사 결과 간첩죄가 인정된 사람은 한 명도 없었다. 그럼에도 억울하게 끌려가 전기고문으로 몸과 정신이 모두 망가진 시인은 행려병자로 떠돌다가 서울시립정신병원에 수용된다.

그는 그의 소재를 찾던 지인들에게 간신히 발견되었고, 친구의 동생이던 목순옥 여사의 돌봄을 받다가 그녀와 부부의 연을 맺게 된다. 그는 끔찍했던 고문의 상처와 충격을 시와 술로 달랬는데 결국 지병인 간경화로 삶을 마감한다.

그의 묘비에는 1970년에 발표한 시 〈귀천歸天〉의 마지막 부분인 '나 하늘로 돌아가리. 아름다운 이 세상 소풍 끝내는 날, 가서 아름다웠더라고 말하리라'라는 시구가 새겨져 있다.

인생의 가장 고통스럽고 비참했던 시기에 삶은 아름다운 소풍이라고 역설적으로 노래했던 그는 세상을 소풍 온 듯이 살다가 떠났다. 한국인이라면 누구나 알고 있는 이 시에는 스탕달의 묘비명처럼 비극의 순간에 머물지 않고 자기 삶을 사랑으로 끌어안은 시인의 철학이 고스란히 담겨 있다.

죽음을 자기증명의 기회로 삼다

예측 불가한 삶은 늘 우리에게 시련을 던진다. 그런 불운과 비극마저도 나만의 고유한 이야기로 승화시킬 수 있다면 후회가 남지 않는 삶을 살 수 있을 것이며 그의 삶의 태도는 죽음 앞에서 여가 없이 드러나게 된다.

1973년 어느 날 죽음을 대하는 인류의 태도를 평생 연구했던 어니스트 베커Ernest Becker는 말기 암 상태에서 일생의 지작《죽음의 부정The Denial of Death》을 완성한 후 병원에서 삶의 마지막 순간을 보내고 있었다. 인터뷰를 위해 정신의학 잡지의 편집자인 샘 킨Sam Kean이 병문안 겸 그를 찾았는데 샘 킨을 보며 베커는 이렇게 말한다.

최후의 순간에 저를 찾아오셨군요. 제가 죽음에 대해 쓴 모든 것을 드디어 검증할 때가 되었습니다. 사람이 어떻게 죽는지, 어떤 태도를 취하는지 보여줄 기회가 찾아온 거죠. 제가 과연 존엄하고 인간답게 죽음을 맞이하는지, 죽음에 대해 어떤 생각을 하는지, 어떻게 죽음을 받아들이는지 보여드리겠습니다.

이 말은 베커의 유언이 되었고 샘 킨은 이를 베커의 책《죽음의 부정》의 서문에 실어 그의 삶을 기렸다. 베커는 자신의 죽음이 두렵지 않았던 것일까, 그리고 아쉬움은 없었을까?

그는 일생 동안 학계로부터 별다른 인정을 받지 못했으며, 대학에서도 행정적 마찰과 학문적 견해 충돌로 한 곳에 둥지를 틀지 못하고 강단을 이곳저곳 옮겨 다녀야 했다.

그의 일생의 저작이자 유작이 된《죽음의 부정》도 49세의 젊은 나이로 세상을 뜨기 마지막 5년 동안 집필한 것이다. 그런 그가 자기 삶에 후회와 아쉬움이 남지 않았을 리 없다.

그럼에도 그는 죽음을 사색하고 탐구하면서 후회 없는 삶이란 단지 오래 사는 것보다 이야기를 잘 완성하는 것임을 깨달은 것 같다. 그는 실제 자신의 죽음 앞에서 지난 삶을 부정하지 않고 담대하게 받아들이는 자기 증명의 기회로 삼았다.

그의 책은 사후 학계의 인정을 받아 퓰리처상을 수상하게 되었고, 인간이 죽음을 대하는 태도를 정립한 현대 '공포 관리 이론 Terror Management Theory'*의 근간이 되었다.

사람은 무엇을 위해 사는가

육체의 생명이 목숨이라면 인격의 생명은 자존감이라는 사실을 앞에서 설명했다. 이는 사실 어니스트 베커가 주장한 이

---

* 인간이 죽는다는 것을 인식하게 되면 결국 실존적 불안 또는 공포가 생기며 자기 삶의 가치를 확인하려고 노력한다는 실존주의 심리학 견해의 일부를 말한다.

론이다. 인간은 죽을 운명을 깨닫는 순간 의미 없이 소멸되지 않기 위해 후대가 기억할 업적을 남기려고 한다.

인간이 더 높고 화려한 욕망을 위해 달려가는 것은 그 이면에는 죽음이라는 삶의 유한함과 이를 부정하려는 불안 심리가 있음을 베커는 간파했다.

현대의 사회심리학자들은 과학적 실험으로 베커의 이론을 증명해 보기로 했다. 그들은 저마다 자존감의 근거가 다른 4명을 선택하고 그들에게 죽음에 대한 불안을 주입했다.

자신이 갑자기 죽을 수도 있다는 불안을 느낀 그들은 자존감이 추락했고 자존감을 되찾기 위한 보상 행동에 돌입했다. 운전 실력이 자존감의 근거였던 이스라엘 군인은 더 빠른 속도로 차를 몰았고, 힘이 센 사람은 더욱 세게 악수를 했고, 건강을 중시했던 사람은 그날 더 열심히 운동을 했고, 외모가 자존감인 사람은 외모에 대한 관심이 더 커졌다.

이 외에도 다양한 실험들을 통해 학자들은 죽음 불안과 자존감의 상관관계를 연구했고 "인간은 존재 의미를 알기 위해 노력하면서 죽을 운명과 싸우고, 죽을 운명임에도 더 높은 자존감을 얻기 위해 분투한다"고 주장했다.

학자들은 자기들의 연구 결과를 바탕으로 인간이 죽음의 공포를 이겨내기 위해 자존감을 추구한다는 '공포 관리 이론'을 정리하여 《슬픈 불멸주의자 The Worm at the Core》라는 책으로 출간되었다. 그들에 따르면 죽음 앞에서의 자존감 투쟁은 공포에 휘둘리지 않고 의연하게 죽음을 맞이한 사람들에게서 공통적으로 관찰되는 특징이다.

우리는 내게 가장 소중한 것이 무엇인지 확인할 때 '무인도에 가게 되면 무엇을 챙겨갈 것인가?'라고 서로에게 묻는다. 무인도처럼 고독하고 외로운 곳에 갇힌 상황을 가정했을 때 누군가는 책을, 누군가는 음식을, 누군가는 운동기구를 챙겨 갈 것이라고 말한다. 그것들은 자신에게 가장 위로와 행복을 주는 물건들이며 다른 한편으로는 자신의 정체성을 드러내는 물건이기도 하다.

하이데거가 죽음 앞에 자신을 미리 세워보라고 한 말도 이와 같은 맥락이다. 우리는 언젠가는 삶의 가장 고독한 시간인 죽음을 마주하게 된다. 그때 당신은 무엇으로부터 위로를 얻으면서 불안을 견디고 의연하게 죽음을 받아들일 것인가? 죽기 직전까지 할 일을 떠올려 본 적이 있는가?

만약 살면서 진지하게 죽음에 대해 떠올려 본 적 없는 사람에게 불현듯 죽음이 닥치면 가장 흔한 최빈도 죽음의 과정을 따르게 될 가능성이 크다. 그는 죽어가는 과정 내내 병원 천장을 바라보며 신세를 한탄하다가 몸부림치며 죽게 될 것이다.

통합, 죽음의 수용

과연 인간은 죽음의 두려움을 벗어날 수 있을까? 폴 칼라니티, 미야노 마키코, 어니스트 베커 같은 철학을 공부한 사람들이나 스탕달, 천상병과 같이 삶을 꿰뚫는 대작가들이나 가능한 것일까?

의연한 죽음은 뭔가 특별한 사람들에게나 가능하고 평범한 사람들은 불가능한 일일 것 같다. 죽음을 떠올리는 것도 싫으니 말이다. 그런데 발달심리학자들은 인생에서 누구나 다 더이상 죽음이 두렵지 않게 되는 기회를 맞이하게 된다고 말한다. 인간은 태어나서 죽을 때까지 성장해 나가는데, 다시 말해 생애 각 시기별로 넘어서야 할 과업이 있다.

심리학에서는 인간의 이런 삶의 과정을 '성인 발달 과업'이라고 말하는데 마치 수업 과정을 수료하면 한 학년씩 진급하는 학교처럼 인생도 각 단계가 존재하고, 마지막 단계인 통합에 도달하면 의연하게 죽음을 받아들이는 것이 가능해진다.

성인 발달 과업은 미국의 심리학자 에릭 에릭슨Erik Erikson의 모델이 가장 대표적인데, 훗날 하버드 의대 정신과 조지 베일런트George Vaillant 교수가 에릭슨의 모델을 약간 수정하여 6단계 모델을 제시했다.

여기서는 베일런트의 모델을 소개하려 하는데 그 이유는 무려 814명의 어린이와 청년들의 일생을 추적하여 그들이 죽음에 이르기까지 어떤 삶의 과정을 밟아가는지를 분석했기 때문이다. 이는 세계에서 가장 오랜 시간 진행된 종적 연구로 '하버드 성인 발달 연구'라고 불린다.

참고로 과학적 연구에서 가장 쉬운 것은 특정 시기에 사람들을 조사 분석하는 단면 연구가 있고, 그보다 신뢰도가 높은 연구 방법은 두 개의 비슷한 집단을 서로 다른 상황에 두고 비교하는 실험 대조군 연구가 있다. 오늘날 과학계에서는 실험 대조군 연구의 한 방법인 무작위 대조군 연구RCT를 가장 신뢰도가 높은 연구 설계로 꼽는다.

하지만 이보다 더 높은 신뢰를 부여할 수 있는 것이 바로 종적 연구이다. 하버드 성인 발달 연구처럼 한 집단을 일생 동안 관찰 분석하는 것인데 수십 년의 시간이 소요되므로 쉽사리 시도할 수도 없고 비용도 어마어마하게 소요된다.

무려 80여 년이 걸린 하버드 성인 발달 연구는 연구 책임자들도 세대를 이어 진행되었고 베일런트는 3번째 연구 책임자이고, 현재는 로버트 월딩거Robert Waldinger 교수가 이어받아 초기 연구 대상자들의 자녀들을 포함시켜 계속 진행하고 있다.

성인 발달 과업의 최종 단계는 바로 통합integrity인데, 각각 분절되어 있던 삶의 사건들이 하나로 뭉쳐져 완성된 서사를 이루는 것이다. 삶의 희로애락과 시련과 행복이 한데 모여 조화롭고 아름답게 어우러지는 것이라고 할 수 있다.

통합에 이르게 되면 '다시 태어나도 같은 삶을 살고 싶다', '더 이상 죽음이 무섭지 않다' 등의 상징적인 자기 고백을 남기게 된다. 삶에 대한 아쉬움과 미련보다는 행복과 만족이 내면을 채우고 있을 때 가능한 고백이다.

앞서 발달과업을 학교에 비유했듯 초등학교에 입학하여 6학년이 되기 위해서는 1학년부터 차근차근 밟아나가야 하는 것처럼 발달 과업도 생애 시기별로 그 흐름이 있다.

1) 정체성(identity) 과업

인간은 사춘기를 맞이하면서 부모로부터 경제적, 이념적, 문화적으로 독립하여 홀로 서는 자기만의 정체성을 만들기 시작한다. 이 초기 정체성은 이후의 발달 과업을 통해 계속 성숙하게 되는데 그 완성이 바로 통합이다.

2) 친밀감(intimacy) 과업

자기정체성을 갖추게 되면 다른 이의 정체성도 존중해야 어울리고 교류할 수 있는데 이를 친밀감이라고 한다. 친밀감은 사회성의 바탕이 되어 가정을 이루고 조직에 참여하는 것을 가능케 한다.

3) 직업적 안정(career consolidation)

가정과 사회에 도움이 되는 역할을 가지고 있을 때 비로소 그 일원이 될 수 있는데 안정된 직업은 가족의 생계는 물론 타인과 사회에 긍정적으로 기여할 수 있는 역할을 제공하여 자존감을 쌓는 원천이 된다.

4) 생산성(generativity)

중년에 이르게 되면 그동안 쌓은 경험을 활용하여 자녀와 후배 세대의 성장을 이끌어 주는 멘토, 리더, 그리고 좋은 부모로서의 역할을 수행하게 된다. 주전 선수보다는 주장, 코치, 감독이 되어 후배 선수들을 양성하는 것과 같다.

5) 의미의 수호자(keeper of the meaning)

경쟁과 도전, 성공과 실패를 겪으면서 장년을 지나 중년에 다다르면 하나의 철학이 자리를 잡게 된다. 이를 바탕으로 공동체가 수호하거나 회복해야 할 올바른 가치를 위한 삶의 후반전에 도전하게 된다면, 육체적 노화를 겪고 있지만 공동체에 지혜를 제공하며 새로운 자존감을 계속 만들어 가게 된다.

6) 통합(integrity)

이 모든 과업을 성실하게 달성한 인간은 드디어 통합이라는 최종 목적지에 이를 수 있다. 지난 삶에 대한 후회와 죽음에 대한 두려움 대신 자신에 대한 긍정과 자부심이 내면을 채우게 된다. 그리고 충만한 자존감은 죽음마저도 성장의 과정으로 활용하게 된다.

정체성부터 통합에 이르기까지 성인 발달 과업을 관통하는 하나의 단어가 있다. 바로 '성숙'이니. 하비드 성인 발달 연구팀은 어떤 사람들이 건강하고 행복하게 늙어가고 안정적으로 통합에 이르게 되는지를 분석했다.

그 결과 가장 강력한 변인_{變因}* 으로 '성숙'을 제시했다. 좋은 출신, 건강한 유전자, 명문대 학벌, 큰 성공 모두 나이가 들수록 영향력이 감소했지만 성숙하게 자신을 표현하고 보호할 수 있는 사람이 마지막까지 행복했다. 하버드 성인 발달 연구의 내용과 결과는 《행복의 조건 Aging Well》이라는 책으로 출간되었다.

죽음, 그 마지막 성장
시간이 흐른다고 모두 통합에 이르는 것은 아니다. 통합은

---

* 성질이나 모습이 변하는 원인을 말한다.

마치 나이를 먹는 것처럼 시간에 따라 자연스럽게 도달하는 것이 아니라 각 단계별 과업을 달성하여 성장과 성숙을 이루어야 한다. 특히 성숙은 성공과 성취보다는 실패와 시련을 긍정적으로 승화시키는 태도를 통해 쌓인다.

템플대학 종교학 연구소의 부위훈은 각 종교가 가지고 있는 죽음관을 탐구한 철학자로서 학생들에게 죽음학thanatology을 강의했다. 그는 어느 날 폴 칼라니티와 미야노 마키코, 어니스트 베커처럼 말기 암을 진단받고 남은 시간 동안 죽음의 의미를 사색하고 책을 쓰면서 삶을 정리한다.

《죽음, 그 마지막 성장》이라는 책의 제목에서 알 수 있듯이 부위훈은 인간은 건강과 성공보다는 노화와 질병, 죽음을 맞이하는 과정에서 성장을 이루게 된다고 말한다. 큰 명성과 부를 얻었지만 죽음 앞에서 초라하고 비굴하게 무너져 내린 많은 이들이 있었기 때문이다. 그래서 인간이 지난 삶을 긍정하면서 죽음마저 담담하게 수용할 수 있으려면 삶의 과정 중에 꾸준히 성숙을 이루어야 한다.

하버드 성인 발달 연구에서도 행복한 삶의 핵심 요인으로 성숙을 꼽았다. 심리학적으로 한 사람의 성숙 여부는 위기 상황에서 자신의 자존감과 자존심을 보호하는 방어기제를 통해 확인할 수 있다. 방어기제는 크게 성숙한 것과 미성숙한 것으로 나뉘는데 어린아이 때는 주로 미성숙한 방어기제울고, 화내고,

떼쓰고, 싸우고, 핑계대고, 도망치는를 사용하지만, 성실하게 성장했다면 나이가 들면서 성숙한 방어기제인정하고, 참고, 웃어넘기고, 더 노력하는를 주로 사용하게 된다.

구체적으로 미성숙 방어기제는 남 탓을 하거나투사 쉽사리 감정적으로 분노하거나행동화 약한 척하여 동정을 구하거나수동공격 난처한 상황으로부터 도망치는회피 행위들이 있다.

반면 성숙한 방어기제는 앞날을 미리 예측해서 대비하거나예견 인내심을 발휘하거나억제 재치를 발휘해서 갈등을 피하거나유머 고통과 슬픔마저 성장의 원동력으로 사용하거나승화 자신이 힘들 때 오히려 기부나 봉사활동으로이타주의 자존감을 지키는 태도이다.

성숙은 거저 얻어지는 것도, 유전으로 물려받는 것도 아니다. 재벌, 정치인, 교수 등 사회 고위층의 갑질, 탈세, 성 추문이 연이어 터지는 한국 사회에서 평생 폐지를 팔아 모은 돈을 고아원에 기부하거나 시장에서 분식점을 하며 번 전 재산을 장학금으로 쾌척하는 분들을 보면 화려한 성공과 성숙은 관련이 없는 것 같다.

인간적 연대가 희미해진 개별화 사회에서는 생존을 최우선 과제로 삼고 물질 가치가 그 어떤 때보다 숭배되기에 미디어에 넘쳐나는 화려한 성공의 모습들은 모든 사람들을 패배자로 만들고 열등감을 자극한다.

언제부턴가 한국 사회에서는 배려, 존중, 겸손 등 성숙의 자세보다는 경쟁에서 이겨 더 빨리 성공하는 비법들이 넘쳐난다. 그런 쥐어짜는 삶 속에선 어른들도 불행하고 아이들도 불행할 수밖에 없다. 하지만 성인 발달 과업은 성숙을 이끄는 성장이 행복하고 건강한 삶뿐만 아니라 의연하고 존엄한 죽음까지 이어진다고 말한다. 반면 성숙보다는 오로지 성공에만 몰두하는 한국 사회의 치열한 생존경쟁은 고스란히 후회스러운 삶과 함께 비참하고 초라한 죽음의 현실로 귀결되는 것 같다.

더 늦기 전에 죽음 앞에 자신을 세워 생애 말기를 어떤 일상으로 보내고 싶은지를 떠올려 보기 바란다. 그 생각이 생존경쟁에 가려진 눈과 귀를 열어주고 내 삶의 방향을 바로잡아 줄 것이다.

7장

—

나는 친절한 죽음이 좋다

26

의료인의 편도체

편도체

사회심리학자 셸던 솔로몬, 제프 린드버그, 톰 피진스키는 《슬픈 불멸주의자》라는 책을 통해 인간이 자존감을 통해 죽음의 공포에 대처하는 '공포 관리 이론'을 소개한다. 이 책의 원래 제목은 '중심부에 있는 벌레The Worm at the Core'인데, 여기서 벌레는 인간의 두려움과 불안을 관장하는 뇌의 영역인 편도체amygdala를 가리킨다. 편도체는 아몬드 크기 정도로 뇌의 중심부에 위치하는데 기억과 감정, 행동을 조절하는 해마 hippocampus의 끝에 위치한다.

편도체는 모든 위험한 상황들을 이성보다 먼저 인지하여 본능적으로 대처하도록 하는 아주 빠르고 예민한 사이렌이다. 예를 들면 '쾅' 하는 폭발음이 들리면 그게 무엇인지 알아채기도 전에 우리는 반사적으로 두 팔로 머리를 감싸 쥔 채 소리가 나는 반대편으로 몸을 돌리게 된다. 귀로 들어온 소리가 안전한 소리인지, 위험한 소리인지를 편도체가 먼저 판단해 몸을 움직이게 만든 것이다.

우리 속담에 '자라 보고 놀란 가슴 솥뚜껑 보고 놀란다'라는 말은 편도체의 역할을 단적으로 드러낸다. 혹시 당신이 과거에 자라에게 물릴 뻔한 경험이 있다면, 이 위험은 고스란히 편도체에 저장된다. 그리고 이 저장된 위험 정보 때문에 자라와 비슷한 솥뚜껑만 봐도 편도체는 강렬한 사이렌을 울려서 당신을 깜짝 놀라게 만들고 몸을 긴장시켜 솥뚜껑에 다가서지 못하도록 막는다.

이렇게 편도체는 위험하거나 불쾌한 모든 상황을 차곡차곡 저장하는 서버이자, 위험 상황을 감지해 몸과 감정을 지키는 레이더 역할을 한다. 문제는 그것이 자라가 아닌 솥뚜껑으로 밝혀지면 바로 진정되어야 하는데 과거의 깊은 트라우마나 현재의 낮은 자존감은 자신을 너무 강하게 보호하도록 만들어서 편도체는 꺼지지 않는 사이렌처럼 항상 작동상태를 유지하게 된다.

편도체가 과도하게 활성화되면 오히려 이성적 사고가 방해되고 감정이 앞서면서 분노 발작 같은 폭발적인 흥분을 일으키거나, 불안과 걱정에 계속 안절부절하며 부정적인 생각에 사로잡히게 된다.

공포 관리 이론에 따르면 자존감은 편도체를 안정시키는 가장 강력한 힘이다. 건강하고 안정적인 자존감은 자신에 대한 신뢰와 함께 변화를 수용하는 용기를 제공하여 시련과 역경을 이겨내는 힘이 되고, 궁극적으로 인간을 성숙하게 만드는 원천이 된다. 달리 말하면 성숙이란 자존감을 추구하는 과정에서 편도체를 잘 훈련시켜 과도한 불안과 걱정, 흥분 대신 차분함과 이성적 판단 그리고 용기를 키워가는 것이라고 할 수 있다.

의료인의 편도체

고통스러운 죽음은 인간에게 불안의 근원이자 가장 강력한 공포이다. 죽음에 대한 생각은 인간의 편도체를 거세게 뒤흔든다. 차분하게 고독 속으로 들어가 편도체를 진정시키고 죽음과 마주하는 사람도 있지만 대부분은 죽음과 관련된 생각을 최대한 억제하며 도망을 선택한다. 그렇다면 매일 병원에서 죽음과 마주하는 의료인들은 어떠할까?

인간은 누구나 자신의 편도체에 죽음에 대한 불안을 저장하고 있다. 그래서 타인의 고통이나 죽어가는 과정을 접하게 되면 본능적으로 편도체가 반응하게 된다.

예를 들어 생기가 넘치는 대학생들을 나이 들고 쇠약한 노인과 접촉시키면 대학생들의 편도체가 자극되어 은연중 노화와 죽음에 대한 불안에 휩싸이게 된다. 마찬가지로 의료인은 죽음과 싸우는 사람들이지만, 그들 역시 죽음이 두려운 인간이기에 죽어가는 환자를 대하거나 임종 상황 앞에 서면 은연중 두려움에 휩싸이고 자존감의 위축을 겪게 된다. 특히 편도체가 예민한 사람일수록 환자의 죽음과 마주하는 것을 잘 견뎌내지 못한다.

공포관리 이론에 따르면 인간은 불안할수록 더 높은 자존감을 추구하여 이를 극복하려고 한다. 하지만 외부 환경이 너무 힘들거나 트라우마처럼 심리적 위축이 너무 커서 안정적인 자존감 유지가 어려운 경우에는 갈등 상황을 회피하거나 우월감 같은 자아도취로 불안에서 벗어나려 한다.

마찬가지로 환자의 상태가 악화되거나 죽음이 가까워질 때 많은 의료인들은 그 환자를 외면하면서 자신의 자존감을 지키려 한다. 외면하기 힘든 상황에서는 오히려 마지막까지 적극적인 치료를 통해 의학적 우월감을 이끌어 내려고 집착하게 되는데 그 대표적인 경우가 바로 연명의료이다. 그렇다면 매일 일상처럼 환자의 죽음을 겪을 수밖에 없는 의료인들이 말기 환자를 피하지도 않고 치료적 집착에 빠지지도 않으면서 안정적인 자존감을 유지할 수 있는 방법은 없는 것일까?

최선이라는 위선

말기 환자의 우울과 고통을 감당할 수 있으려면 의료인들에게 편도체의 불안을 억누를 수 있는 자존감의 안정은 필수라고 할 수 있다. 그렇지 않으면 죽어가는 환자 앞에서 자신의 무력함에 괴로워하며 금방 정신적으로 소진되고 말 것이다. 자존감이 자신의 역할에 대해 긍정과 신뢰를 갖는 것이라면 무력감은 그 반대로 철저히 자신이 쓸모없다고 느끼는 감정이다.

스스로 쓸모없다고 느끼는 무력감은 자존감의 원천이자 삶의 궁극적 목적인 존재이유와 존재가치를 한순간에 뒤흔든다. 그래서 쓸모없다고 느껴지는 이 불편한 상황을 어떻게든 반전시켜야 한다.

야마자키 후미오의 《병원에서 죽는다는 것》에서는 이런 의료인의 무력감이 어떻게 치료적 집착으로 이어지는지를 잘 묘사하고 있다. 기타자와라는 젊은 전공의는 전날 응급 환자의 기관 삽관에 실패하여 자존심이 상하고 의기소침해진 상태이다. 주변의 모두가 자신을 못 미더워하는 것 같은 자격지심에 빠진 그는 때마침 70세 말기 위암 환자의 심정지가 발생하자 적극적으로 심폐소생술을 시행한다. 멈췄던 환자의 심장이 미약하게나마 다시 뛰는 순간 그는 '이것이 의학의 승리구나' 하며 쾌재를 부른다. 물론 환자의 심장은 이내 멈추었고 오히려 하지 않아도 될, 아니 해서는 안 되는 심폐소생술로 70세 말기 환자는 처참한 몰골이 되어 영안실로 내려간다.

도대체 왜 의사들은 생명 존중이라는 말도 안 되는 사명을 내세워 무의미한 전쟁을 일으키려고 득달같이 달려드는 것일까? 이에 대해 후미오는 기타자와로 상징되는 많은 의료인들이 자기만족을 위해 환자의 죽음을 농락하고 있다고 다음과 같이 비판한다.

환자의 입에서는 기관 튜브가 천장을 향해 튀어나와 있었다. 입술에는 삽관할 때 잇몸이 다쳐 나온 피가 묻어 있었다. 그로 인해 겨우 20분 전에는 평온했던 환자의 얼굴이 흉측하게 변해 있었다. 이렇게 해서 자신의 인생처럼 조용하고 자연스러운 죽음을 맞이했을 환자는 마지막 순간에 이르러 폭풍에 휩싸인 돛단배처럼 의사들에게 실컷 농락당한 뒤 죽음을 맞았다.

한편 자신의 미숙한 의술에 잔뜩 풀이 죽어 있던 한 청년 의사는 또 내일이면 모두로부터 '선생님'이라 불리는 것에 아무 거부감도 느끼지 않는, 다시 자신감에 충만한 의사로 살아가게 될 것이다.

그런데 이 죽음과의 투쟁인 소생술에서 본래 싸워야 할 주인공은 과연 누구일까? 의사들이 마음대로 환자의 몸을 죽음과의 싸움 터로 사용하다가 패배해서 도망가고, 도망가는 자들은 아무 상처 도 입지 않는데 싸움터만 황폐해진다. 지금 생각해 보면 그런 소생 술의 대부분은 의사들의 일방적인 의지이자 행위이며 자기만족에 지나지 않았다.

말기 환자에게 무의미하다는 걸 알면서도 연명의료를 시행 하는 심리의 바탕에는 무력감에서 벗어나 의학적 우월감이라 는 자기만족을 좇는 의료인의 일방적이고 무모한 의지가 깔 려 있다. 위태로운 자존감을 자존심으로 감추고 갑질과 모멸 을 통해 우월감으로 대체하려는 현대사회의 야만성처럼, 오늘 날 병원에서 공공연하게 벌어지는 치료적 집착은 자기만족을 위해 환자를 수단화하는 의학의 폭력이라고 할 수 있다.

안타깝게도 기술주의라는 현대의학의 도그마에 빠져 있는 의료인들은 의학적 기술 이외 다른 방식으로 자존감을 생산 하는 법을 알지 못한다. 손에 들고 있는 것이 망치면 모든 것 이 못으로 보이는 것처럼, 기술주의라는 망치를 들고 있는 현 대의학은 평온한 임종을 제공해야 할 말기 환자에게 마지막 까지 망치질을 하는 관행을 반복하고 있다. 이처럼 자존심과 자기만족을 위한 행동 앞에 생명 존중이라는 명분을 내세우 는 것은 분명히 자기 기만이자 위선이다.

죽음의 통과의례

환자의 죽음 앞에서 자존감이 흔들리고 무력감을 겪는 것을 피하기 위해 의료인은 늘 최선이라는 사명 뒤에 자신을 숨기면서 자기 기만에 익숙해져 갔다.《도시에서 죽는다는 것》에서 김형숙 교수는 최선이라는 핑계로 고령의 할머니에게 심폐소생술을 시행해야 했던 경험을 이렇게 말한다.

만신창이가 된 할머니의 몸에 손을 댈 때마다 온몸의 신경이 곤두서던 그 느낌만큼은 아직도 생생하다. 그런 처참한 상황에 접할 때마다 화가 났지만, 늘 대상은 불분명했다. 그런 일은 이별할 준비가 되어 있지 않은 가족들 때문에 발생하는 것만이 아니라 실패를 인정할 수 없는, 혹은 포기를 모르는 의료진이 그렇게 끝까지 밀어붙이는 경우도 있었다.

마지막까지 최선을 다해 한 생명을 구해보려는 몸부림과 '의료 집착적 행위'의 경계는 늘 불분명했고, 한때는 의료기술의 발전에만 열광하는 세상 전체가 우리 의료진이나 환자, 가족들에게 의료 집착을 부추기는 듯 보이기도 했다.

김형숙 교수에 따르면 의료진들은 비극적인 결과를 뻔히 알면서도 자신의 자존심과 미련을 버리지 못해 생명 존중과 가족들의 선택이라는 명분 뒤에 교묘히 숨는다. 또한 가족들

은 일말의 가능성이라도 놓치면 어쩌나 하는 죄책감으로 최
선을 다해 달라는 선택을 하게 된다.

그러나 냉정하게 말하자면 이것은 환자를 위한 최선이 아
닌 무력감과 죄책감을 피하려는 의료진과 가족들의 자기만족
과 자기위로를 위한 변명이다. 이런 무력감과 죄책감을 벗어
나려는 최선은 환자의 몸을 평온한 안식 대신 풍랑을 만난 돛
단배처럼 이리저리 휘두르다가 산산조각을 내고 만다. 안타
깝지만 이런 비극이 오늘날 대한민국에서는 죽음의 통과의례
가 되어버렸다. 그리고 그보다 더 안타까운 것은 이런 어긋난
최선에 대해 용기 있게 지적하고 반성하지 않았다는 것이다.
치료적 집착이 얼마나 공허한 것인지를 이미 경험했으면서도
아무것도 바꾸지 않은 선배 의료인들의 무책임함과 비겁함
때문에 환자와 가족들의 고통은 물론이거니와 젊은 의료인들
은 그 공허한 최선을 여전히 반복하고 있으며, 떨쳐낼 수 없
는 허탈함을 지우기 위해 더욱더 최신 기술에 매달리는 악순
환이 이어지고 있다.

미국 하버드 의대 교수 안젤로 볼란데스Angelo Volandes는
《우리 앞에 생이 끝나갈 때 꼭 해야 하는 이야기들The Conversa-
tion: a revolutionary plan for end-of-life care》에서 과거 죽어가는 환자
에게 행했던 자신의 의학적 집착들에 대해 다음과 같이 반성
한다.

의사로서 나는 불필요하게 죽음의 과정을 연장한 적이 있음을 고백한다. 죽어가는 환자에게 고통과 해를 끼쳤던 사실은 나의 사랑하는 이들의 존재의 유한성이나 언젠가 마주하게 될 나 자신의 죽음을 직시할 때면 무척이나 나를 불안하게 한다.

초창기에는 젊은 의사로서의 의학적 훈련과 경험들이 도리어 인생에 있어서 죽음의 역할에 대해 제대로 이해하는 것을 방해했다. 그러나 점차 나는 의사로서 부인할 수 없는 현신과 직면하게 됐다. 의사에게 환자란 어떻게 죽으면 안 되는지를 배우는 과정이다.

볼란데스에 따르면 무력감을 벗어나기 위해 환자에게 행하는 의료적 집착은 한 마디로 불필요한 것, 죽음의 과정을 연장하는 것, 환자에게 가하는 고통과 해로움 그 자체이다. 그리고 앞으로도 이런 행태가 바뀌지 않는다면 이는 부메랑이 되어 훗날 병원에서 죽음을 맞게 될 나와 나의 가족들에게 동일한 비극이 펼쳐질 것이라고 말한다. 상상하면 끔찍하고 소름이 돋지 않는가?

뱀파이어와 인간의 피

뱀파이어가 등장하는 많은 영화들의 공통점이 있다. 영화 속 뱀파이어 무리는 인간세계에 숨어 살면서 인간과 공존해야 하지만, 그들은 좀처럼 인간의 피를 포기하지 못한다. 인간의 피 이외에 다른 것으로는 자신의 활력을 유지할 수 없기 때문이다.

급기야 뱀파이어들은 인간의 피를 두고 내분을 일으킨다. 인간과의 평화로운 공존을 위해 인간의 피가 아닌 다른 대체 식량을 찾아야 한다는 무리와, 살아왔던 원래 방식대로 인간을 해하면서 그 피를 취하자는 무리가 서로 맞서게 된 것이다.

이런 갈등은 뱀파이어 영화의 흔한 클리셰인데 만약 뱀파이어들에게 인간과의 공존이 필요 없다면 그들은 원래의 생존 방식을 바꿀 이유가 없다. 하지만 대개 영화 속에서는 강경파들에 의해 인간들과 전쟁이 일어나고 영웅적인 뱀파이어 헌터의 활약으로 그들은 멸족의 위기에서 새로운 생존 방식을 선택하게 된다.

뱀파이어에게 인간의 피가 생명의 자원인 것처럼 인간에게는 음식과 자존감이라는 생명 자원이 필요하다. 앞서 설명했지만 목숨의 생존을 위해서는 음식이, 인격의 실존을 위해서는 자존감이 필수적이다.

영화에서처럼 기존의 방식만을 고수하다가 위기에 처했다면 이제 변화를 모색하는 것이 지성 사회의 행동 양식이다. 그렇지 않으면 정말 파국에 이르게 된다. 이렇게 뜬금없이 뱀파이어를 소환한 이유는 마치 뱀파이어가 인간의 피만을 고수하는 것처럼 의료인은 꼭 의학의 승리만을 자존감의 자원으로 삼아야 하는가를 묻기 위해서이다.

흔히 의학의 승리는 약물이나 수술, 기계 장치를 통해 인간의 몸에 개입하여 질병을 제거하고 신체기능을 회복시키는 기술의 승리를 의미한다. 물론 어떤 방식을 선택하든지 환자가 건강을 회복하여 생존을 이어갈 수 있다면, 실존의 가능성 역시 다시 주어지게 된다.

하지만 생존이 실존의 가능성으로 이어지지 못하거나, 오히려 짧은 생존 연장의 대가로 큰 희생을 치러야 하는 경우도 있다. 의식을 회복할 수 없는 임종 과정에 있는 환자의 경우 단지 몇 시간, 또는 며칠의 삶을 연장한다고 해서 실존의 가능성이 열리지는 않는다. 실존의 가능성이 열리지 않는다면 의학은 그곳에서 생명 연장의 집착을 멈춰야 한다. 오히려 고통 없는 삶을 유지시켜 주고 존엄하고 평온한 죽음을 통해 실존의 종결과 함께 삶의 완성을 돕는 것이 바람직하다.

그렇다면 이처럼 말기 환자의 남은 시간 동안 평온한 죽음을 완성시켜 주는 것이 환자를 살리는 것만큼이나 극적인 감동이며, 또한 자존감의 원천이 될 수 있는지 그 가능성을 살펴보고자 한다. 마치 뱀파이어가 평화를 위해 인간의 피가 아닌 다른 생존 수단을 찾아 나서는 것처럼 말이다.

27

죽음을 지켜내다

어떻게 죽어야 하는지 알려준 환자

2010년 2월. 정년을 앞두고 있는 선배님이 나를 불러 도움을 청했다. 25세 젊은 여성 환자를 좀 부탁해도 되겠느냐고 하면서 아무리 대화를 하려고 해도 이불을 덮어쓰고 얼굴을 돌려 지난 열흘간 단 한 마디도 나눠보지 못했다며 난색을 표했다.

선배님은 답답한 마음에 주치의로서 자존심을 내려놓고 젊은 의사로 담당을 바꾸는 것이 도움이 될 것 같다며 나를 부른 것이다. 환자에 대한 배경을 인계받은 후 도대체 어떤 환자인가 싶어 호기심을 가지고 병실을 찾아갔다. 인사를 건넸지만 아무런 대답도 돌아오지 않았다, 역시나 이불을 덮어쓰고 얼굴조차 보여주지 않았다.

25세의 그 여성은 말기 자궁경부암 환자였다. 부모님이 이혼하면서 고등학교를 그만두고 가출했고, 이후 어떻게 살아왔는지는 알 수 없지만 갑자기 임신을 하게 되었다. 물론 미혼 상태였다.

임신을 확인하려고 산부인과를 찾았을 때 자궁경부암이라는 청천벽력 같은 소리를 듣게 되었다. 대학병원으로 의뢰되어 정밀 검사를 진행했는데, 안타깝게도 암은 이곳저곳에 퍼져 있어서 수술도 불가능한 상태였다.

아이를 낳겠다는 의지가 있어 8개월까지 임신을 유지한 후 바로 제왕절개로 출산하고 항암 치료에 들어갔다. 그 사이에 보호자 역할을 하던 남자친구가 연락을 끊고 사라졌다. 모든 것이 무너져 내렸고 항암치료를 받을 체력도 남아 있지 않았다.

결국은 치료 중단 후 말기 판정이 내려졌고 대학병원에서는 퇴원을 요구했다. 이혼한 부모님은 끝내 찾아오지 않았으며 유일한 보호자는 이모와 여동생이었다. 결국 살아야 할 다른 환자에게 자리를 내어주고 말기 환자인 그녀는 2차 종합병원으로 전원이 되었다.

이 여성은 사람에 대한 증오심인지 아니면 운명에 대한 증오심인지 이때부터 모든 대화를 닫아버렸다. 찾아오는 이모도, 여동생도 만나지 않았다. 종일 이불을 덮어쓰고 울었고 통증이 올 때마다 비명을 질렀다.

2차 종합병원에서도 죽어가는 환자에게 해줄 수 있는 것이 없다며, 특히 쌓여가는 병원비 때문에 호스피스를 이유로 내가 근무하던 병원으로 전원을 의뢰했다. 당시는 우리나라에 호스피스가 정식 제도로 정착되기 전이어서 건강보험 적용이 되지 않았고 호스피스가 가능한 병원도 의사도 매우 드물었다. 그래서 수술도, 고가의 검사도 하지 않는 말기 환자가 입원해서 몇 주에서 한 달 이상을 머물게 되면 병원의 적자가 컸다. 다행히 내가 근무했던 병원에는 은퇴를 앞둔 선배님이 호스피스 후원회를 조직해서 기부금을 모았고, 그렇게 말기 환자를 입원시켜 돌볼 수 있었다. 물론 호스피스 전용 병동을 운영할 여력은 없어서 말기 환자들은 일반 병실에서 다른 환자들과 함께 지내야 했다. 그렇게 가련한 25세 말기 암 환자는 이곳까지 흘러오게 되었다.

처음 그녀가 있는 병실을 찾았을 때 그녀는 역시나 입을 닫은 채 내게 눈길조차 주지 않았고, 나는 20분간 그냥 침대 옆에 멀거니 서 있어야 했다. 무슨 말을 해야 할지 몰랐고, 나에게 환자를 맡긴 선배님이 야속하기만 했다. 마치 기싸움을 하듯 서 있다가 내가 먼저 백기를 들고 입을 열었다. 그날은 2월 22일이었고 봄을 앞둔 시기였다. 창밖을 보며 나는 앙상

한 나무 끝에 동글동글 매달린 뭔가를 발견하고 혼잣말처럼 '정말 봄이 오나보네. 나무에 새순이 돋네'라고 말했다. 그런데 놀랍게도 이불 안에서 소리가 들렸다.

"그거 새순 아닌데요. 나뭇잎이 말라서 말린 거예요."

창가로 다가가 확인해 보니 그 말이 맞았다. 그녀도 새순이 돋고 봄이 오길 기다렸던 것일까? 그렇게 대화가 시작되었고, 회진 때마다 이런저런 얘기를 하며 대화의 시간을 늘려갔다.

며칠 동안 내가 관찰한 그녀의 일과는 코팅이 되어 있는 아기 사진을 보고 또 보는 것이었다. 그러다가 갑자기 울곤 했다. 아이 아빠가 잠적하고, 그녀는 시한부 환자였기에 아이는 태어나자마자 입양기관으로 보내져 바로 해외입양 절차에 들어갔고, 대신 기관에서는 그녀에게 아이 사진 5장을 보내주었다.

그녀는 배 안으로 퍼진 암으로 인해 장이 막혀 물만 마셔도 와락 구토를 했다. 또한 심한 복통으로 매일 모르핀 주사가 100mg이나 투여되고 있었지만 하루에도 수차례 추가적인 진통제를 찾았다. 다만 특이한 게 있다면 아플 때마다 잘못한 사람처럼 두 손을 싹싹 빌면서 진통제를 달라고 애원을 했다. 그녀가 빌기 시작하면 병실은 난리가 났다. 세상에서 이보다 더 불쌍한 사람이 있을까? 울면서 빌 때면 병동 간병인들과 간호사들 모두 혼비백산이 되었다.

어느 날 병동에서 실제 그 모습을 본 나는 이렇게 비굴하게 도움을 요청해야 생존할 수 있는 그녀의 과거가 상상되었고 대상을 찾을 수 없는 분노와 함께 되레 그녀에게 화를 냈다.

"빌지 않아도 돼요. 모두가 도와줄 거예요. 그냥 '주사 줘!' 라고 명령해도 돼요. 대신 이제부터 빌면 절대 도와주지 않을 거예요!"

간호사와 간병인 모두가 그녀가 불쌍하지만 실제로 응석도 심하다고 말해주었다. 우리의 결론은 그녀의 응석과 과한 행동을 멈추기 위해서는 엄마라는 울타리가 필요하다는 것이었다. 그 역할은 간병인들이 맡아주었다.

그 이후로 우리는 그녀가 빌거나 응석을 부리면 휘둘리지 않고 단호하게 대했다. 대신 응석을 멈추면 껴안아 주면서 대견하다고 칭찬을 했다. 어느 순간 그녀는 간병인들을 엄마라고 부르기 시작했다.

그럼에도 그녀는 여전히 눈을 뜨면 아이 사진을 보면서 울다가 아프면 진통제를 맞고 잠시 잠들었고 깨면 다시 사진을 보며 울었다. 그 모습은 지켜보는 사람들의 마음마저 더없이 슬프고 우울하게 만들었다. 하루는 그녀에게 소원이 있는지 물었다. 그녀는 아이가 보고 싶다고 했다. 쉽지 않은 부탁이었다. 그래서 나는 혹시 그럴 기회가 생긴다면 사진보다 훌쩍 더 자라 있을 아이 모습을 직접 예쁘게 찍어줄 수 있도록 사진 공부를 권유했다.

　나는 다음날 그녀에게 필름 카메라를 하나를 건넸고, 필름을 넣고 조리개와 초점 맞추는 법을 차근차근 알려주었다. 디지털 카메라를 줄 수도 있었지만 너무 쉬워서 빨리 아이를 데려다 달라고 조를까 봐 일부러 방법을 익히는 데 시간이 오래 걸리는 필름 카메라를 선택했다.

　다행히 그녀는 사진 찍는 일에 재미를 붙였다. 아침에 눈을 뜨면 병원 풍경, 화분, 그리고 엄마라 부르는 간병인들과 다른 환자들, 간호사, 때로는 회진을 온 나를 찍기도 했다.

　다 찍으면 퇴근 때 필름을 받아서 현상소에 맡겼고 이틀 뒤 인화해 가져다주었다. 그녀는 사진을 사람들에게 선물하는 것을 좋아했다. 점차 표정도 밝아지면서 신기하게 복통도 나아져 하루 100mg이 투여되던 모르핀 주사는 10mg까지 줄게 되었다. 그뿐만이 아니었다. 구토가 사라지고 대변이 조금씩 나오기 시작하더니 물과 아이스크림도 조금씩 삼킬 수 있게 되었다.

　어느 날 오후 회진을 갔을 때 휠체어를 타고 복도 산책 중인 그녀 옆에 이모가 서 있었다. 그동안 철저히 외면했던 이모의 면회를 언제부터인가 받아들였고, 그날은 함께 병원 옆 미용실을 다녀왔는데 앞머리를 내렸다며 자랑을 했다.

　나는 신이 나기 시작했다, 내가 쓰는 약과 주사가 그녀에게 기적을 만든 듯 우쭐해졌다. 큰 병원 중앙내과에 있는 친구에게 그녀의 검사 결과들을 보내서 다시 항암 치료를 할 수 있는지 자문을 구했다.

하지만 바로 그 다음날부터 그녀는 급격히 악화되기 시작했다. 통증은 모르핀으로도 잘 조절이 되지 않았고, 혈액검사 결과는 그녀가 삶의 기쁨을 조금씩 되찾아가는 중에도 꽤 많이 암이 악화되고 있음을 보여주었다. 다시 모르핀 용량이 늘고, 내 의학 지식과 경험으로 그녀의 고통을 완화시킬 방법을 찾지 못하자 한껏 우쭐했었던 나는 하늘에서 추락하는 듯한 무력감을 마주하게 됐다.

이제 신음을 내며 잔뜩 찡그리고 있는 그녀의 얼굴을 보는 것이 너무 괴로웠기에 그녀를 마주할 용기가 없어 회진마저도 피하고 싶었다. 그래서 간호사들의 호출에 짜증을 내기도 했다. 그러나 다행인지 불행인지 신부전이 진행되어 의식이 조금씩 옅어지면서 자는 시간이 많아지자 통증은 자연스레 감소했다. 다리는 림프부종이 생겨 심하게 부어올랐고 더 이상 움직일 수도 없게 되었다.

점점 마지막 순간이 찾아오고 있었다. 늘 무섭다고 북적이는 6인실을 떠나지 않으려 했던 그녀는 어느 날 긴 잠을 자고 눈을 떴을 때 조용한 곳이 좋다고 했다. 내게 그녀를 의뢰했던 선배님은 호스피스 후원회를 통해 지원을 계속해 주고 계셨기에 비용 걱정 없이 조용한 2인실로 그녀를 옮길 수 있었다.

안타까운 일은 다른 병동으로 가야 하기에 그동안 친숙해졌던 엄마 역할의 간병인들과 떨어져야 한다는 것이었다. 그런데 간병인들 중 한 분이 그녀를 따라가겠다고 나섰다. 3교대를 포기하고 하루 종일 그녀를 간병하겠다며 그 이유를 이렇게 말했다.

"나는 그 아이의 엄마예요. 어떻게 엄마가 딸을 버려요."

그녀는 종일 잠만 잤고, 그녀의 침대 옆엔 더 이상 필름이 돌지 않고 멈춰 있는 카메라가 덩그러니 놓여 있었다. 이제 회진을 갔을 때 운 좋게 그녀가 깨어 있으면 내가 그녀를 카메라에 담았다. 그때마다 그녀는 나를 향해 손으로 V를 그려 보였다. 나는 이모와 여동생을 불러 그녀의 장례 준비에 대한 계획을 미리 세웠다. 그리고 그녀가 찍었던 사진들과 필름들을 모두 건넸다.

그녀는 44일 동안 우리와 함께했고, 2인실로 옮긴 지 열흘, 장례 계획을 나눈 지 이틀째 되는 날 아침에 영원한 작별을 했다. 그녀의 혈압이 떨어지고 호흡이 가늘어지는 중에도 중환자실로 가지 않았고 기계호흡장치도, 승압제도, 투석도, 심폐소생술도 없었다. 25세 젊은 환자에게 우리는 의학적 최선을 다하지 않았지만 그녀와 함께 했던 44일 동안 그 누구도 최선을 다하지 않은 사람은 없었다.

그래서 그녀의 마지막에 슬프지만 기쁘게 작별 인사를 할 수 있었다. 처음 그녀가 아프다고 빌면서 진통제를 찾을 때 세상에 이보다 더 비참한 상황이 있을까 머릿속이 아득해졌고 이 상황을 어떻게 대처해야 할지 나는 울화가 치밀 정도로 막막했었다.

하지만 내가 근무했던 병원 안에 이렇게 큰 사랑이 숨어 있는지 나는 미처 몰랐다. 그 놀라운 사랑 덕에 나는 환자의 목숨을 살리지는 못했지만 생명이 비극에서 빠져나와 인간다움을 회복하는 기적을 목격할 수 있었다. 12년이라는 시간이 흐른 지금도 난 그때를 추억하면 가슴 벅찬 감동이 솟아오르고 마치 배터리가 충전되듯 의사로서 내 자신에 대한 자존감이 채워지는 걸 느낀다.

나는 어떻게 죽고 싶은가?

편의상 그녀를 A라고 부르겠다. A의 죽음을 함께하면서 나는 무엇이 평온하고 행복한 죽음인지 고민하기 시작했고 몇 가지 결심을 하게 되었다. 이 깨달음은 나에게만 해당되는 것이 아닌 이 글을 읽고 있는 여러분 모두가 함께 고민해야 할 사안들이다.

첫째, 어디서 죽을 것인가? 내가 죽을 장소가 병원인지, 집인지는 사실 중요하지 않다. 정말 중요한 것은 그곳이 마지막까지 나를 사랑하고 존중해 주는 사람들과 함께할 수 있는 공간이어야 한다는 것이다.

A는 집이 없었다. 친부모는 마지막까지 그녀를 찾아오지 않았고, 남자친구도 그녀를 버렸다. 하지만 다행히 그녀를 끝까지 포기하지 않은 이모와 여동생이 있었고 병원에서도 새로운 가족들이 만들어졌다.

특히 A의 매몰찬 거절에도 일이 끝나고 시간이 될 때마다 그녀를 찾아와 병실 밖 대기실에서 조카가 마음을 열어주길 하염없이 기다렸던 이모님 때문에 A는 어른에 대한 증오를 버릴 수 있었다.

그리고 짜증과 응석으로 끝없이 괴로움을 투사했던 그녀를 포용했던 간병인의 사랑은 마치 신의 사랑처럼 숭고했다. 그녀의 고통에 함께 아파하고, 그녀의 웃음에 함께 기뻐했고, 기꺼이 사진 모델까지 되어주었던 간병인과 간호사 모두 덕분에 그녀는 비참함에서 벗어나 사랑을 느낄 수 있는 존재로 회복할 수 있었다.

그리하여 나는 소망한다. 내가 가장 초라하고 외로운 상태일 때마저도 나를 포용하고 사랑해 주는 사람들에 둘러싸여 삶을 마감하고 싶다고 말이다. 그곳이 병원이든 집이든 혹은 다른 장소이든 그럴 수 있는 곳이 최고의 임종 장소일 거라고 나는 생각한다.

둘째, 흔히 고통의 의미를 통해 삶의 지혜를 얻을 수 있다고 말한다. 하지만 나는 삶의 마지막 순간에는 고통의 의미를 탐구하기보다는 고통 없이 편안하기를 바란다. 건강할 때는 고통을 통해 인내와 겸손 그리고 연민을 배울 수 있다는 데 동의한다.

하지만 내 삶의 마지막 단계에서는 더 이상 이런 배움은 무의미할 것이다. 죽음 앞에서 고통을 통해 지혜를 얻더라도 그것을 베풀 수 있는 기회가 더 이상 없기 때문이다.

그래서는 건강할 때 최대한 많이 배우고 베풀기로 마음먹었다. 대신 마지막 순간은 최대한 평온하게 삶을 마감하고 싶다. 혹시 운이 좋아 병이 아닌 노화로 죽음을 맞이해야 한다면 더 이상 노쇠로 실존적 삶의 가능성을 열 수 없을 때 구차한 연명보다는 집에서 스스로 음식을 조절하면서 평온하게 삶을 마감하고 싶다.

만약 내게 병이 생겨 부득이하게 통증 조절과 같은 의학적 돌봄이 필요하다면 병원에서 임종을 맞이하되 마치 스나다 도모아키가 장례식장을 고르듯 꼼꼼하게 병원을 물색할 것이다.

마치 좋은 배필이나 동료를 구하듯 내 가치관과 정체성을 존중해 주며, 최대한 나를 고통과 비참함에 처하지 않도록 배려해 줄 좋은 주치의를 미리 찾아 그곳에 입원할 것이다.

뒤에서 자세히 설명하겠지만,《숨결이 바람 될 때》에서 폴의 주치의 에마가 바로 그런 존재였다. 그녀는 의학적인 치료뿐만 아니라 폴이 고통과 불안에 휘둘리지 않고 삶의 마지막까지 주체적으로 완성할 수 있도록 그를 이끌었다.

반면에 가장 피하고 싶은 것은 나를 자기 자존심을 위한 먹잇감으로 삼으려는 맹수 같은 철부지 의사이다. 그래서 나는 환자의 목숨뿐만 아니라 존엄까지 소중히 할 수 있는 후배 의사들을 양성하는 교육에 사명감을 갖게 되었다. 훗날 나와 내 가족의 평온하고 존엄한 죽음을 위해서이기도 하다.

셋째, 마지막 날까지 사과나무를 심을 것이다. 이는 내일 지구가 멸망해도 평범하게 오늘 하루를 살겠다는 의지가 담긴 격언인데 마르틴 루터의 말인지, 스피노자의 말인지 분명하지는 않다.

아무튼 A가 죽음의 공포에서 벗어날 수 있었던 것은 주변의 사랑 덕분이었지만, 그럼에도 다가오는 죽음과 함께 밀려오는 외로움은 고스란히 그녀의 몫이었다. 하지만 그녀는 매일 사진을 찍는 일상으로 그 외로움을 이겨낼 수 있었다. 일상의 과제는 가장 기본적인 자존감의 샘물이 되어주기 때문이다.

유대인 정신과 의사인 빅터 프랭클 Viktor Frankl 박사는 2차 세계대전 당시 나치의 아우슈비츠 수용소로 끌려간다. 거기

서 그를 비롯한 유대인들은 매일 지옥과 같은 시간을 견뎌야
했고 결국 나치가 전쟁에서 패하자 유대인들 중 끝까지 버티
며 살아남은 자들은 구원과 같은 해방을 맞이했다. 프랭클 박
사는 지옥 같던 아우슈비츠를 견딜 수 있었던 이유에 대해 살
아야겠다는 희망보다는 그냥 매일 고된 노동이 끝난 후 잠들
기 전 압수당한 자신의 논문을 복기하면서 옮겨 적는 일에 집
중했다고 했다. 미래에 대한 기대를 가질 수 없는 곳에서는 하
루하루의 과제가 삶의 의미를 유지시켜 준다고 그는 말했다.

A는 매일 아침 눈을 뜨면 또 하루의 절망이 기다리고 있었
다. 그러나 사진을 찍기 시작하면서 아침에 눈을 뜨면 해야
할 일이 있었고 그때부터 자신의 존재이유를 조금씩 되찾을
수 있었다. 그리고 그 사진을 보며 사람들이 기뻐하고 즐거워
하자 시한부 인생인 그녀에게도 내일에 대한 기대와 설렘이
자라났다. 자존감이 만들어지기 시작한 것이다.

나는 내가 의식이 있는 한 매일 해야 할 일을 놓치지 않고
싶다. 폴 칼라니티와 부위훈, 미야노 마키코, 어니스트 베커는
다가오는 죽음 앞에서 죽음에 대한 책을 쓰면서 철학자로서
의 정체성을 유지하고 다가오는 죽음의 불안을 이겨냈다.

그러니 눈을 뜨면 내게 할 일이 남아 있다는 것은 얼마나
큰 다행인가? 나는 나의 죽어감에 있어 내가 의미 없는 존재
로 추락하는 것을 원치 않는다. 그것은 결코 겪고 싶지 않은

두렵고 비참한 일이다. 그래서 나를 존중해 줄 사람들과 함께 하길 원하고, 나 역시도 내게 남은 시간을 의미 있는 것으로 만들기 위해 끝까지 노력할 것이다.

넷째, 웃으며 체념하는 법을 꼭 배우겠다. A는 낳자마자 이별을 해야 했던 아이를 늘 그리워했다. 사진을 찍기 전 그녀의 하루 일과는 종일 아이 사진을 보며 우는 것이었고, 사진을 시작한 이유도 직접 아이 사진을 찍어주겠다는 바람 때문이었다.

하지만 암이 계속 진행되면서 날이 갈수록 쇠약해지자 그 기대가 이루어질 수 없다는 것을 그녀도 받아들여야 했다. 그럼에도 그녀는 그 어떤 실망과 원망을 주변에 내비치지 않았다. 오히려 안타까워하는 주변 사람들에게 미소를 보이고 손으로 V자를 그리며 괜찮다고 말했다.

그녀는 자신의 짧은 삶이 아쉽지 않았을까? 그녀가 한순간에 정신적인 성장을 이루었거나, 아니면 아이의 존재를 망각했다고 생각되지는 않는다. 그녀는 비참함으로부터 자신을 지키기 위해 체념을 선택했던 것 같다. 인간은 고집할수록 더 비참해질 때는 냉정하게 체념할 줄도 알아야 한다. 그 대신 지금 내가 가지고 있고 내 옆을 지키고 있는 행복들에 집중하며 만족해야 한다.

시한부라는 자신의 상황을 수용하면서 그녀는 오히려 죽음을 두려워하지 않게 되었고 아이에 대한 간절함도 내려놓을 수 있었던 것 같다. 알 수 없지만 엄마가 되어준 간병인과도 많은 이야기를 나눴을 것이다. 그리고 아마도 아이가 입양을 통해 더 좋은 부모를 만나 행복하기를 기도하면서 그게 아이에게는 다행이라고 자신을 위로했을 것이다.

영국의 국민작가 줄리언 반스Julian Barnes는 갑작스럽게 인생 최고의 친구이자 동료였던 아내를 먼저 하늘로 떠나보내게 된다. 그는 우울증에 빠졌고 외부와 자신을 차단한 채 죽음과 관련된 글을 쓰면서 자신에게 닥친 시련의 의미를 탐색했다. 그 과정에서 나온《웃으면서 죽음을 이야기하는 방법Nothing to be Frightened Of》에서 반스는 앞으로의 자신의 삶의 목표는 죽음을 회피하지 않고 '웃으면서 체념하는 법'을 배우는 것이라 말한다.

병마에 시달리다 병실에서 쓸쓸히 떠난 아버지, 억척스럽게 살다 떠난 어머니, 그리고 자신에겐 아내를 넘어 최고의 동료였던 퍼트리샤의 죽음을 겪으면서 인생은 손에 쥐는 성취도 있지만 부득이하게 놓아야 하는 것도 있음을 깨닫는다.

그래서 자신이 좋아하는 극작가 서머싯 몸William Somerset Maugham이 64세에 쓴 회상록《서밍 업Summing Up》에 적힌 삶을 이끄는 최상의 정신 상태는 '유머를 간직한 체념'이라는 말을 자기 삶의 궁극적 목표로 받아들이기로 한다.

나도 그렇다. 어찌 죽음 앞에서 아쉽지 않겠는가? 내게 좀 더 행복을 누릴 기회를 신이 허락해 주면 좋겠지만 피조물인 인간에겐 죽음은 피할 수 없는 숙명이다. 어리석은 집착으로 더 비참한 구덩이로 빠져드는 것보다 웃으면서 남은 시간을 음미하며 내 자존감을 지키고 싶다. 그렇게 살아낸다면 비록 아쉬움은 남더라도 후회는 없을 것 같다. 때론 용기 있게 체념 하는 것도 행복을 지키는 지혜이다.

28

의학, 이제 죽음에 친절해지자

의료인의 새로운 역할

나는 지금까지 인간이 생존이 아닌 실존을 추구하는 존재이고 죽음이 실존의 완성이라는 사실을 설명했다. 이제 의학과 의료인도 죽음을 맞이하는 환자에 대해 친절할 수 있는 새로운 역할과 정체성을 갖출 때가 되었다.

더 이상 인간의 가치를 목숨에만 국한하던 일차원적 사고에서 벗어나 존엄과 실존이라는 총체적인 삶을 바라볼 수 있는 새로운 생명관을 탑재할 때가 되었다. 이는 의사들이 의료기술자라는 정체성을 벗고 잊고 있었던 철학자이자 인간학자로서의 정체성을 되찾는 것이다.

그래서 나는 환자가 죽음 앞에서 지난 삶을 정리하고 평화롭게 삶을 완성할 수 있도록 돕는 안내자^{guide}, 죽어가는 과정에서 고통을 최대한 막아 비참함에 빠지지 않도록 보호하는 파수꾼^{guardian}, 그리고 환자의 죽음을 통해 성장하고 그 성찰을 사회에 환원하는 목격자^{witness}라는 세 가지 역할을 제안하려고 한다.

안내자(guide)

《숨결이 바람 될 때》에서 에마는 더 이상 항암 치료가 무의미해지자 폴에게 목숨의 연장보다 더 소중한 무언가를 찾아야 한다고 다음과 같이 조언한다.

> 그때 다시 에마의 목소리가 들렸다. '당신에게 가장 중요한 게 뭔지 찾아내야 해요.' 도무지 알 수가 없었다. 하지만 내가 바라는 게 뭔지는 몰라도, 나는 히포크라테스나 마이모니데스, 오슬러도 가르쳐 주지 않은 뭔가를 배웠다. 의사의 의무는 죽음을 늦추거나 환자에게 예전의 삶을 돌려주는 것이 아니라 삶이 무너져 버린 환자와 그 가족을 가슴에 품고 그들이 다시 일어나 자신들이 처한 실존적 상황을 마주보고 이해할 수 있을 때까지 돕는 것이었다.

폴은 그녀의 용기 있는 조언을 통해 운명에 대한 비관에서 벗어나 멈추었던 삶의 시계를 다시 움직일 수 있었다. 그런 에마의 모습을 통해 폴은 "의사의 의무는 죽음을 늦추거나 환자에게 예전의 삶을 돌려주는 것이 아니라, 삶이 무너져 버린 환자와 그 가족을 가슴에 품고 그들이 다시 일어나 자신들이 처한 실존적 상황을 마주보고 이해할 수 있을 때까지 돕는 것"이라고 말한다.

인간은 언젠가 죽기 마련이기에 미리 자신의 죽음의 방식을 결정해 두는 것이 현명하겠지만, 누구나 죽음은 두렵기 때문에 쉽사리 용기를 내지 못하고 많은 이들이 차일피일 미루다 갑작스럽게 죽음이 눈앞에 찾아오고 맑은 정신이라면 절대 동의하지 않았을 여러 가지 연명의료와 고통을 겪다가 결국 비참한 죽음을 맞게 된다.

그러므로 환자들과 그 가족들이 두려움과 혼란 속에서 어떤 계획을 세워야 할지 모를 때 의사들이 적극적으로 나서야 한다. 하버드의 볼란데스 교수는 생애 말기 환자들이 가장 필요로 하는 것은 최신 의료 기술이 펼쳐 보이는 장밋빛 청사진보다 이 암울한 터널을 어떻게 통과해야 할지에 대한 '안내 guide'라고 지적한다.

더 이상 질병의 완치가 불가능하다고 해서 의사의 역할이 종결되는 것은 아니다. 의사들은 많은 환자의 마지막을 경험하면서 어떤 선택이 비참함과 고통을 피할 수 있는지 잘 알고 있다. 에마가 그러했듯 용기 있게 환자와 치료적 선택뿐만 아니라 삶의 선택에 대한 이야기를 나눌 수 있어야 한다.

의료인이 삶의 마지막에 대한 안내자 역할을 해야 하는 이유는 생애 말기에 시행되는 의료의 종류에 따라 결국 어떤 결과가 초래되는지 잘 알고 있기 때문이다. 혼란에 빠진 환자와 가족들의 불안을 달래주고 삶의 마무리를 침착하게 준비하도록 돕는 안내자가 그 무엇보다 실제적인 도움이 될 것이다.

반면, 환자의 무너져 버린 삶은 외면한 채 마지막까지 목숨의 연장에 집착하는 태도는 매우 미숙하고 무책임하다. 환자는 질병을 가지고 의사를 찾지만 의사가 만나는 것은 질병과 함께하는 환자의 삶이란 것을 잊어서는 안 된다.

의료인들은 과거의 환자들이 자신의 삶과 죽음을 통해 제공한 경험과 성찰을 바탕으로 현재의 환자와 죽음에 대한 진솔한 이야기를 나누고, 자신이라면 절대로 하지 않을 의학적 선택들을 솔직하게 환자에게 안내해야 한다. 나아가 에마처럼 마지막까지 삶의 의미를 추구할 수 있도록 위로를 제공한다면 그들은 다시 용기를 내어 일명 '라스트 댄스last dance'라는 삶의 마지막 실존을 완성할 수 있을 것이다.

이렇게 의료인이 진솔하게 죽음을 이야기할 수 있는 용기를 내게 되면 그다음 단계로 죽음과 맞서는 전사warrior가 아닌, 환자의 존엄을 지키는 파수꾼guardian이라는 새로운 의학의 역할이 열리게 된다.

파수꾼(guardian)

다가오는 죽음 앞에서 의료인에게 요구되는 파수꾼 역할은 환자의 목숨을 지키는 것이 아니라 삶의 질과 존엄을 지키는 것이다. 안내자가 존엄하고 평온한 죽음이라는 목표 지점까지 길을 잃지 않도록 인도하는 역할이라면 파수꾼은 그 여정 곳곳에 숨어 있는 여러 신체적, 심리적 고통들을 미리 탐지하고 막아내는 역할이다.

이런 파수꾼의 역할을 위해 태어난 의학의 영역이 바로 '완화의학palliative medicine'이다. 완치를 목표를 하는 의학curative medicine을 질병과 끝까지 싸워 이기는 전사에 비유한다면, 완화의학은 지치고 다친 병사가 고통을 잊고 안전한 방어벽 안에서 쉼과 안정을 되찾도록 돕는 보호자 또는 파수꾼이라고 할 수 있다.

집단 심리 치료 전문가인 하버드의대 정신과 주디스 허먼Judith Herman 교수는 저서 《트라우마Trauma and Recovery : The Aftermath of Violence》에서 인간이 트라우마에서 빠져나와 다시 행복을 회복하는 과정을 3단계로 정리한다.

첫 번째 단계는 현재 머물고 있는 장소는 더 이상 과거의 끔찍한 고통이 반복되지 않는 안전한 곳이라는 신뢰이다. 두 번째 단계는 안심과 안정을 통해 조금씩 과거의 트라우마와 마주하는 용기를 내는 것이다. 마지막 단계로 지난 과거의 비극마저도 이제는 자신의 삶의 일부로 수용하는 '기억의 재구성'에 도전하는 것이다. 사람은 비참한 현실을 부정할 수 없을 때 어떻게든 긍정적인 부분을 찾아 스스로에게 위안을 주려고 몸부림친다.

예를 들면, 다큐멘터리 영화《뚜르: 내 생애 최고의 49일》의 주인공 이윤혁은 26살 말기 암 환자이다. 그는 치료를 중단하고 늘 꿈꾸었던 프랑스 일주 자전거 대회에 나서는데, 여러 사건 사고들을 극복하고 그는 3,500km 극한의 코스를 완주한다. 그 힘든 과정 중에 그는 '암은 내게 새로운 기회였다'라고 말한다. 윤혁은 자전거 페달을 밟으면서 자신의 상황을 진실하게 마주했고, 그 결과 말기 암이라는 비극이 오히려 자신에게는 감히 꿈꿀 수 없었던 뚜르 드 프랑스에 도전할 수 있는 용기를 주었다며 비극적 시련을 긍정적인 서사로 의미화했다.

투병 과정 중 고통과 좌절이 반복될 때 환자들은 자신의 삶에 대한 '기본 신뢰 basic trust'를 잃게 된다. 다시 말해 자기 존재를 비하하고 운명을 비관하게 된다. 그런 몸부림 속에서도 마음 한편에서는 생명과 같은 자존감을 지키기 위해 삶의 의미를 되찾으려는 노력이 일어난다.

이처럼 고난마저도 긍정적인 삶의 의미로 승화하기 위해서는 그 무엇으로부터도 방해받지 않는 고독한 사색의 시간이 보장되어야 한다. 하지만 마지막까지 치료에 집착하느라 이 고독한 사색의 기회를 갖지 못하거나, 통증 등 신체적 고통으로 방해받게 되면 환자는 마지막까지 비참함을 벗어나지 못하게 된다.

그래서 비극이 희극이 되는 반전이 일어나기 위해서 반드시 확보되어야 하는 것이 트라우마 극복의 첫 단계인 안전이다. '안전하다'는 느낌은 자신을 보살펴 주는 사람들과 안정적으로 연결되어 있다는 느낌_{사랑받고 있다는 느낌}과 함께 더 이상 고통받지 않을 것이라는 믿음이다.

심리적 고통을 당장 해결할 수는 없더라도 죽음 앞에 선 환자가 어떤 경우라도 더 이상은 고통에 처하지 않게 하겠다는 결의가 의료인에게는 있어야 한다. 통증이 사라져 처음으로 등을 누이고 푹 잠을 잤다거나 구토 없이 하루를 보낸 후 환자가 평온하고 행복한 미소를 짓는다면 파수꾼의 역할은 성공한 것이다.

이제 환자는 그런 안전함 속에서 자기비하와 삶의 비관에서 점차 빠져나와 삶의 주인공이라는 감각을 회복하게 될 것이다. 이 파수꾼 역할을 위해서는 복잡한 고통의 원인들을 파악하고 해결할 수 있는 원숙한 경험과 노련한 통찰력과 풍부한 의학적 지식이 필요하다.

미하엘 데 리더는 환자가 의사의 보호를 받고 있음에도 불구하고 고통스럽고 끔찍한 죽음을 맞이한다면 그것이야말로 의학의 실패라고 말한다. 의료인이 정말로 수치스럽게 여겨야 하는 것은 환자의 목숨을 구하지 못한 것이 아니라 내 환자가 고통에 몸부림치다 비참하게 죽음을 맞이하는 것이다.

목격자(witness)

의료인들은 가장 가까이에서 환자의 고통을 함께 겪으며 그 마지막 삶의 과정에 참여하게 된다. 증인에게는 증언의 책임이 주어지듯 의료인은 자신이 목격한 비참한 죽음과 숭고한 죽음에 대한 성찰을 사회에 공유해야 하는 책임이 있다.

하지만 의학의 기술주의만을 신봉하는 의사들은 환자의 죽음을 통해 삶과 존엄에 대해 배우거나 성찰하려고 하지 않고 그저 기계적으로 죽음을 처리할 뿐이다.

이렇게 죽음의 의미를 회피하는 태도는 환자가 사망한 후 임종 선언을 할 때 가장 잘 드러난다. 일반적으로 병원에서의 임종 선언은 가장 낮은 연차의 의료인에게 떠맡겨진다. 환자의 마지막을 예우한다면 원칙적으로는 그동안 환자의 투병 과정을 함께했던 담당교수나 주치의가 임종 선언을 해야 하는 것이 맞다.

그런데 현실은 죽음에 대한 경험과 성찰이 부족한 가장 낮은 연차의 전공의나 인턴 의사가 기계적인 진찰 이후 짧은 임종 선언을 하고 도망치듯 황급히 자리를 떠난다. 환자에 대한 회상과 가족들에 대한 위로는 존재하지 않는다. 왜 병원에서는 좀 더 따뜻하고 인간적인 임종 선언을 중요하게 생각하지 않는 것일까?

아마도 이에 대한 가장 큰 이유는 대부분의 의료인들이 죽음을 패배로 받아들이고 있어서 전쟁에 진 패장처럼 그 순간을 불편해하기 때문이다. 또한 의대 교육과 병원 수련 중에 그 누구에게도 인간적인 임종 선언에 대해 배운 적이 없기 때문이다. 끝으로 충분히 애도할 수 있는 임종실조차 마련되어 있지 않기 때문에 죽음은 늘 불청객 대우를 받는다.

고통과 불안을 함께 했던 주치의가 인간적인 애도와 함께 가족들 한 명 한 명에게 작별 인사의 기회를 주고, 정중하게 고인을 진찰한 다음 환자와의 인간적인 추억 하나를 짧게 언급한 후 최종적인 선언을 하는 것이 인간적인 마무리가 아닐까? 임종 선언은 단순히 생체 징후가 정지했음을 의학적으로 확인하는 과정을 넘어서 환자에 대한 기억이 감사하고 다행스러운 것으로 간직될 수 있도록 자신과 가족들의 기억을 매

만져 주는 역할이 되어야 한다.

이를 통해 감동과 감사의 마음을 공유할 수 있다면 환자를 떠나보내는 가족들뿐만 아니라 의료인 역시 마음에 죄책감이나 패배감 대신 위로를 남길 수 있게 된다. 무거운 임종 상황에서 침착하게 가족들을 위로하고, 스스로에게도 위로를 남기는 것은 꼭 신배 의사들이 후배 의사들에게 전수해야 하는 의학의 중요한 기예art이다. 그렇지 않으면 임종 선언을 죽음에 대한 항복 선언으로 여기는 의료계의 풍토가 사라지지 않을 것이다. 그러므로 인간적인 임종 선언은 환자의 죽음으로 인해 의료인의 무의식에 쌓이는 상처를 스스로 치유하는 과정임을 명심해야 한다.

목격자의 역할은 임종 선언을 통해 환자에 대한 추억을 아름답게 공유하는 것을 넘어 사회공동체에 죽음에 대한 경험과 성찰을 공유하는 것도 포함한다. 이런 목격자 역할은 폴 칼라니티의 죽음을 옆에서 지켜보았던 아내 낸시 칼라니티의 글에서 드러난다. 낸시는 자신이 바라본 폴의 죽음을 다음과 같이 의미화한다.

죽음을 정면으로 바라보겠다는 폴의 결단은 삶의 마지막 순간에 그가 어떤 사람이었는지 증명할 뿐만 아니라 그의 인생 자체가 어떠했는지를 보여주는 증거이다. 폴은 평생 죽음에 대해, 그리고 자신이 죽음을 진실하게 마주할 수 있을지에 대해 깊이 고민했다. 그리고 그는 그 일을 해냈다. 나는 그의 아내이자 목격자였다.

이렇게 죽음의 과정을 목격하면서 삶의 의미와 감동을 깨닫는 모습은 5장에서 언급했던 '서진이 엄마' 김정화 씨의 마지막 삶을 영상으로 담았던 KBS 이호경 PD의 독백에서도 드러난다. 이호경 PD는 다큐멘터리 속에서 자신의 목소리로 서진이 엄마 김정화 씨 마지막을 이렇게 전한다.

저는 서진이 가족을 통해 가장 아름다운 마무리를 보았습니다. 암 발병 2년 후 서진이 엄마에게 마지막 시간이 찾아왔습니다. 서진이 엄마의 마지막을 괴롭힌 것은 엄마로서의 책임감과 통증에 대한 두려움이었습니다. 저는 서진이 엄마가 그 굴레를 벗어가는 과정을 보았습니다.

낸시와 이호경 PD는 폴과 정화씨가 죽음 앞에서 용기 있게 마지막 실존을 살아낸 의연함과 숭고함을 글과 영상으로 세상과 공유했다. 그들은 자신들이 직접 지켜봤던 위대한 삶의 마무리를 증언하면서 죽음에 대해 무지하고 서툰 우리들에게 그 감동과 교훈을 전파하고 있다.

목격자 역할은 현대 사회가 은폐하고 있는 죽음의 이야기와 가치를 드러내는 데 매우 중요하다. 생명이 소멸되어 가는 과정은 이를 목격하는 사람들을 통해 생생히 관찰되고 다양한 감정과 의미로 재해석된다. 그래서 죽음은 환자의 체험이지만 그 의미는 목격자들이 만들어 간다.

결국 우리 사회가 공유하고 있는 죽음의 문화란 목격자들이 해석하고 전달해 준 이야기로 만들어진다. 그런데 일부 미디어들은 죽음을 철저히 공포스러운 것으로 과장하거나 때론 지나치게 낭만적인 것으로 미화하면서 죽음에 대한 인식을 왜곡하고 우려스럽기도 하다.

죽음에 대한 성찰을 공유하는 한 사회와 개인의 태도에 따라 죽음은 여전히 패배이자 공포가 되기도 하고, 때로는 삶의 마지막 도전이며 위대한 완성이 될 수도 있다. 목격자가 죽음을 어떻게 공유하느냐에 따라 고인의 삶 또한 허무하게 은폐될지 아니면 사회의 성숙을 이끄는 밑거름이 될지 그 가치가 달라질 것이다.

29

마지막 제안

다섯 가지 과제

개별화 구조, 주거 환경, 간병비, 생계문제 등 여러 가지 현실적 이유로 대부분의 한국인이 병원에서 삶을 마감하는 상황은 쉽사리 바뀌지 않을 것이다. 때문에 병원에서 환자가 존엄하게 임종할 수 있도록 의료인들의 책임과 병원의 환경, 나아가 사회제도가 함께 변화되어야 한다. 반복되는 이야기이지만 나는 이를 위해서 다음의 다섯 가지 과제를 다시 한번 강조하려고 한다.

첫째는 종합병원 임종실 설치 의무화이며, 둘째는 연명의료결정법에서 물과 영양공급 의무조항 삭제, 셋째는 호스피스 완화의료의 적극적인 확대, 넷째는 간병 등 생애 말기 돌봄에 대한 사회적 대책 마련, 마지막으로 의과대학 교육 과정과 병원 수련 과정에서 죽음 교육을 의무화하는 것이다.

첫째, 종합병원 임종실 설치 의무화

인구의 75%가 병원에서 임종하는 상황에서 병원에 임종실이 없다는 것이 과연 상식적으로 이해될 수 있는 일일까? 임종실이 없기 때문에 종합병원에서는 환자의 임종이 예상되면 일반 병실에 둘 수 없으므로 보호자를 불러 중환자실 치료를 묻는다.

만약 중환자실 치료를 거부하게 되면 병원에서는 더 이상 자신들의 역할이 없다며 호스피스 병원이나 요양병원으로의 전원, 또는 다른 환자들의 불안과 동요를 우려하여 1인실 사용을 요구하게 된다. 호스피스 병원이나 요양병원으로의 전원을 선택하는 경우 적지 않은 환자와 보호자들이 쫓겨나는 듯한 서운함과 심지어 배신감을 토로하기도 한다.

상태가 위중하거나 임종이 임박하여 전원이 어려운 경우에는 1인실로 옮겨야 하는데 문제는 1인실은 건강보험이 적용되지 않아 가족들은 비용 부담에 갈등하게 된다. 2021년 건강보험심사평가원의 비급여 진료비 공개 자료에 따르면 병원들의 1인실 하루 입원비는 적게는 30만 원에서 많게는 60만

원까지 하는 것으로 나타났다. 경제적으로 어려운 가족들은 쉽사리 결정하지 못하고 망설이게 되고 1인실 사용을 결심하더라도 빈 병실이 있어야 옮겨갈 수 있다. 종합병원, 특히 대학병원의 1인실은 비어 있는 경우가 드물다.

결국 이런저런 사정으로 전원이나 전실이 늦어지고 임종이 임박하게 되면 환자는 다른 환자들과 분리되어 처치실로 옮겨지게 된다. 처치실은 의료 물품이나 기구들을 보관하고 소독이나 환부 세척 등의 시술을 하기 위한 공간이다. 중환자실도 전원도 1인실도 가지 못한 환자들은 마치 창고 같은 처치실에서 삶을 마감하게 된다. 자칫 당신과 나와 우리의 가족들이 겪게 될지도 모르는 미래이다.

그동안 임종실 설치에 대한 노력이 없었던 것은 아니다. 병원 임종이 늘어가자 2004년 종합병원 내 임종실 설치를 의무화하는 의료법 개정안이 국회에서 발의되었지만 병원협회는 급성기 질환을 주목적으로 하는 종합병원에 임종을 위한 공간을 의무화하는 것은 타당치 않다며 반대했다.

병원협회의 논리라면 종합병원에서는 사망이 발생하지 않는다는 것인지 납득하기가 어렵다. 실제로는 하루 수십만 원의 비급여 수익이 되는 1인실을 보험적용이 되는 임종실로 사용하는 것이 손해라고 판단했기 때문에 반대한 것이다.

이러한 임종실 의무화 논쟁은 20여 년이 흘러 현재까지 제자리걸음이다. 2018년과 2020년에도 종합병원 임종실 설치 의무화 법안이 발의되었지만 국회에서 제대로 논의조차 되지 못하고 심사 기간을 넘겨 폐기되기를 반복하고 있다.

그나마 달라진 것은 2021년 자문형 호스피스 제도가 도입되면서 일반 병동의 말기 환자기 자문형 호스피스에 등록되면 임종기에 들어섰을 때 1인실 비용에 대해 건강보험 혜택을 받을 수 있도록 한 것이다. 자문형 호스피스란 말기 환자가 호스피스 병동으로 옮기지 않고 원래 치료받던 병동에서 호스피스 서비스를 받는 것을 말한다.

하지만 이 역시도 자문형 호스피스 서비스를 제공하는 일부 병원만 해당되며, 무엇보다도 때마침 1인실이 비어 있지 않다면 결국은 처지실에서 임종해야 하는 현실은 매한가지이다.

경쟁적으로 수익이 되는 장례식장은 더 크고 호화롭게 확장하면서도 임종실 설치에 대해서는 철저히 고개를 돌리고 있는 병원들의 태도뿐만 아니라, 죽음의 질은 뒷전인 채 생애 말기에 지출되는 보험 재정을 줄이는 데만 몰두하는 정부의 태도 또한 개탄스럽기 그지없다.

둘째, 물과 영양공급 의무 조항 삭제

물과 영양공급 중단을 강제하게 되면 죽음의 장소는 어쩔 수 없이 병원이 되어야 한다. 끔찍한 죽음의 대표적인 사례가 통증에 몸부림치며 죽는 것이라면 비참한 죽음의 가장 전형적인 사례는 의미 없는 물과 영양공급을 통해 고통스러운 죽음의 과정을 질질 끄는 것이다.

이미 시체와 같은 상태가 되었는데도 죽음을 질질 끄는 과정은 환자와 함께했던 좋은 기억들을 현재의 안타깝고 비참한 시간들이 모두 잠식해 환자의 죽음은 결국 어두운 기억으로 남게 된다. 생명이 소중하다는 막연한 강박과 집착에서 벗어나기 위해서는 인간의 생명은 목숨이 아닌 존엄으로 완성된다는 사실을 깨달아야 한다. 무조건적인 물과 영양공급은 인간을 단지 목숨만 가진 생물학적 존재로 축소하는 것이며 절대 생명에 대한 존중이 아니다.

일반인뿐만 아니라 모든 종교계와 시민단체까지 인간은 육신이 전부가 아닌 이성적이고 영적인 존재라고 말하면서 왜 인간의 인격과 영적 상태는 고려하지 않고 목숨의 연장에만 그리도 매달리는지 답답할 때가 있다.

실제 2012년 보건복지부가 일반 국민 1,000명과 의료인 450명을 대상으로 시행한 조사에서 국민들이 중단을 원하는 연명의료를 물었을 때 기계호흡장치73.9%, 기도삽관59.3%, 심폐소생술 48.8%, 영양공급 40.9% 순서로 나타났다.

2016년 국민 4,000여 명을 대상으로 국내 12개 병원이 공동으로 진행한 연구에서는 인공영양을 중단하고 죽음을 맞이하는 일명 '소극적 안락사'에 대해 의사 77.2%, 일반인 66.5%, 환자 가족 55.3%가 찬성하는 것으로 조사되었다.

그럼에도 불구하고 의료인과 국민들 상당수가 원치 않는데도 죽어가는 과정에서 무의미한 영양공급을 중단할 수 있는 기회를 법으로 원천 차단하고 있는 것은 무척 안타까운 일이다. 이는 무의미한 연명의료를 막겠다는 연명의료결정법의 취지에 가장 위배되는 조항이라고 할 수 있다.

윤리적인 논쟁이 일어날 수 있지만 이미 설명했듯 인간의 생명을 목숨과 존엄으로 구분하고 삶 역시도 생존과 실존으로 구분하여 이해한다면 충분히 사회적 합의를 이룰 수 있을 것이라고 기대하며 사회적 논의를 촉구해 본다.

셋째, 호스피스 완화의료의 적극적 확대

현재 연명의료결정법에 따라 호스피스 완화의료를 제공받을 수 있는 환자는 암, AIDS, 만성폐쇄성 폐 질환, 간경화, 이렇게 4개 질환군이다. 물론 법을 개정하면서 대상 질환군을 조금씩 넓혀가고 있지만, 대개는 매우 희귀한 특수 질환군들이어서 그 범위가 크게 확대되고 있다고 평가하기는 어렵다. 현재로서는 그 외의 질환을 가진 환자는 아무리 원해도 공식적인 호스피스 완화의료를 이용할 수가 없다.

물론 호스피스 완화의료를 보편적 의료 서비스로 확대하게 되면 앞서 말한 4가지 질환군 환자들이 역으로 기피되거나 소외될 수 있다. 그래서 호스피스 완화의료의 보편화, 또는 적용 질환군의 확대를 위해서는 우선 호스피스 완화의료 기관을 적극적으로 늘려야 하고, 관련된 전문 인력도 충분히 배출되어야 한다.

하지만 연명의료결정법 이후 호스피스 완화의료가 법제화되면서 보건 당국을 통해 개설과 운영에 대한 관리와 더불어 건강보험 재정의 지원을 받게 된 긍정적인 면도 있지만, 제한된 보험 재정과 인력 그리고 질 관리 역량의 한계를 감안할 때 무작정 확대하는 것은 현실적으로 어려운 일이다.

여기서 드러나는 근본적인 문제는 전체 의료기관의 90% 이상을 차지하고 있는 민간 의료기관들이 호스피스 완화의료에 관심을 갖지 않는다는 것이다. 이는 임종실 설치를 반대했던 것과 같은 맥락으로 병원들의 이윤 추구와 관련이 깊다. 여러 가지 검사와 수술, 중환자실 등 적극적 치료를 받는 급성기 환자에 비해 호스피스 환자들은 수익이 되지 않기 때문이다. 병실 하나하나를 수익 원가로 계산하기 시작하면 임종실도 호스피스 병상도 아깝다.

호스피스 완화의료 적용 질환군 확대에 앞서 민간 의료기관들이 호스피스 완화의료에 관심을 갖도록 이끌 수 있는 대책이 필요하다. 하지만 복잡한 모순과 구조적인 한계가 가득한 대한민국의 의료체계와 건강보험제도의 실체를 이해하고 있다면 이것이 얼마나 아득한 일인지 알게 될 것이다.

그럼에도 언젠가는 영국이나 호주, 가까이는 대만처럼 호스피스 완화의료가 보편화되는 것에 대한 희망을 포기할 수는 없다. 왜냐하면 호스피스 완화의료는 가장 확실하게 비참한 죽음을 막고 존엄한 죽음을 지킬 수 있는 대안이기 때문이다.

넷째, 생애 말기 돌봄에 대한 대책

정신과 의사이자 의료인류학자인 하버드 대학의 아서 클라인먼 Arthur Kleinman 교수는 조기 알츠하이머병에 걸린 아내를 10년간 돌본다.

미국의 상황이긴 하지만 그는 자신의 돌봄 경험을 담은 책 《케어 The Soul of Care》에서 현대 사회에 의료 자원은 차고도 넘치는 반면, 사회경제적 지원과 배려는 한없이 부족하다고 비판한다. 특히 보호자의 삶이 통째로 저당잡히는 간병을 10년간 겪으면서 그 어려움을 이렇게 말한다.

잔인한 사이클임을 알면서도 여기서 쉽게 벗어날 수 없는 이들에게 기다린다는 것은 시간을 잃어버린다는 것, 우리가 적응하고 일상을 꾸리고 미래를 준비할 수 있는 다른 모든 일을 해야 할 시간을 잃어버린다는 것을 의미했다.

그 모든 시간과 그로 인한 짜증은 몇 배나 늘어나면서 영구화되기도 한다. 우리의 공포나 개인적인 사정에는 관심 없는 전문가들을 연이어 만나다 보면 어리둥절해지고 의욕을 상실하게 된다. 환자의 가족이 되어서야 비로소 알게 된 것들이다.

이러한 간병의 문제는 한국 사회에서도 크게 다르지 않다. 그래서 2018년 정부는 '커뮤니티 케어'라는 대책을 통해 의료기관에 치중된 돌봄을 지역사회와 분담하는 것을 시도하고 있다. 이는 병원과 요양기관에서의 죽음이 존엄하지 못하다는 문제의식에 정부도 공감하고 있기에 만들어진 제도이다.

주간지 〈시사IN〉의 김영화 기자는 한국 사회에서의 환자와 노인 돌봄의 구조적 문제에 대해 깊이 파고들면서 정부 대책의 한계를 꼬집는다. 김 기자는 《죽는 게 참 어렵습니다》라는 책에서 기존에 뿔뿔이 흩어져 있는 복지망을 통합적으로 만드는 체계 정비가 먼저임에도 늘 그렇듯 이런저런 건물부터 짓고 관련 인력만 늘려 지자체와의 소통은 어렵고 혼란은 더 가중되고 있는 커뮤니티 케어의 실태를 지적한다.

대책의 남발보다는 돌봄의 관계망을 자율적이고 효율적으로 유지할 수 있는 방법을 진중하게 연구해야 하고, 또한 환자의 삶의 질뿐만 아니라 보호자의 삶의 질까지 살피는 시선이 필요하다는 김 기자의 조언에 귀 기울여야 한다.

다섯째, 의과대학과 병원에서 죽음을 가르치자

김형숙 교수와 야마자키 후미오, 그리고 미하엘 데 리더의 자전적 고백을 통해 의료현장에서 많은 의료인들이 환자의 죽음을 어떻게 돌보고, 받아들이고, 해석해야 하는지 몰라서 심한 정체성의 혼란을 겪고 있음을 알 수 있었다. 그중에서 김형숙 교수의 《도시에서 죽는다는 것》 속 깊은 자괴감이 담긴 고백을 옮겨본다.

우리는 환자의 심장 기능을 유지하기 위해 필사적으로 노력하고 있었지만 환자를 살리거나 호전시킬 수 있으리라는 기대가 없었다. 그렇다고 보호자들이 환자의 죽음을 받아들이고 잘 이별할 수 있게 돕는다는 목적이 뚜렷했던 것도 아니었다.

그러면 왜 이렇게 애를 쓰고 있는 거지? 혹시 보호자들이 지치기를 기다리고 있는 것은 아닐까? 단지 시간을 벌기 위하여 환자의 심장박동을 유지하면서 임종을 연기하고 있는 것 같았다. 정말 그때 우리는 어서 보호자들이 지치기를, 그래서 그만하자고 선언하고 환자의 죽음을 둘러싼 각종 부담으로부터 벗어날 수 있기를 기다렸는지도 모른다. 그래서 후배 간호사가 '다른 사람이 보면 지금의 우리, 참 재수 없을 것 같아요. 그쵸?' 했을 때, 나도 고개를 주억거릴 수밖에 없었다.

생명을 살리기 위한 의료인의 숭고한 노력이 '참 재수 없는 일'이 되는 현실을 어떻게 받아들여야 할까? 죽음에 대한 철학적이고 인간학적인 이해 없이 모든 죽음을 질병의 연장선으로 바라보면서 오로지 싸우고 정복해야 하는 대상으로 삼아왔기에 발생한 안타까운 현실이다.

의료인이 최선을 다해 막아야 하는 죽음이 있다. 때 이른 죽음과 미리 예방할 수 있는 죽음이 그렇다. 그뿐만이 아니다. 질질 끄는 죽음과 고통스러운 죽음도 의료인으로서의 사명을 걸고 막아내야 한다.

일말의 가능성도 포기하지 않고 최선을 다한다는 말이 얼마나 무모하고 무서운 것인지에 대한 비극적인 사례는 꽁꽁 감추고 있을 뿐 이미 병원마다 차고 넘친다. 죽음 자체를 막아야 할 때와 죽음이 비참하게 망가지는 것을 막아야 할 때를 분별할 수 있는 통찰과 용기를 의과대학과 병원에서 가르쳐야 한다.

의대생과 의료인을 대상으로 하는 죽음 교육이 가능하기 위해 우선 극복해야 하는 것은 바로 모든 상황을 획일화하는 '원칙주의 생명윤리 principles-based ethics'이다. 과거 황우석 박사의 실험 조작에 의한 허위 논문 사태 이후 한국에서는 환자의 자율성 존중, 의료인의 악행 금지와 선행 의무, 그리고 공정한 의료 자원의 분배라는 원칙주의가 모든 생명 윤리 영역에서 강조되었다.

이런 원칙주의의 한계와 부작용은 생명 존중이라는 의학적 최선이 환자를 되레 비참한 죽음에 빠뜨리는 연명의료의 모순에서 잘 드러난다. 또한 반대로 절대 환자에게 도움이 되지 않음에도 연명의료나 위험한 치료를 요구하는 경우 환자의 자율성 존중이라는 것이 의료인의 전문성과 충돌되기도 한다. 그만큼 오늘날 의료현장은 다양한 이해관계가 복잡하게 얽혀 있으므로 현실에 유연하게 적용할 수 있는 새로운 대안이 필요하다.

여기서 자세히 설명하기는 어렵지만 환자와의 교감과 연대를 바탕으로 그의 정체성을 이해하고 거기에 부합하는 의료와 돌봄을 제공하는 '서사적 생명윤리'가 대안이 될 수 있다. 이를 위해서는 기존의 원칙주의 생명 윤리가 자기결정권이라는 환자의 자율성을 최우선 공준으로 삼았던 것과 달리 환자와 의사의 상호 교감을 바탕으로 한 의료인의 역할 확대가 필요하다.

　원칙주의 생명윤리에 의해 이미 의료현장은 인간적인 교감 대신 규범과 책임이 강조되고 있다. 이런 부작용이 나타나고 있는 만큼 이제 이를 넘어서기 위해 의료인과 환자, 그리고 가족 사이에 상호 신뢰를 바탕으로 한 새로운 합의가 필요하다.

　지금까지의 이야기들이 다소 추상적이고 원론적인 이야기처럼 느껴질 수 있지만 최소한 의과대학과 병원에서의 죽음 교육은 이러한 문제의식을 바탕으로 준비되어야 한다.

에필로그

나는 어떻게 죽고 싶은가? 아니, 어떻게 살고 싶은가? 폴 칼라니티와 스나다 도모아키처럼 말기 암이라는 비극 앞에서도 무너지지 않고 행복을 위한 도전을 이어갈 수 있을까? 천상병 시인과 줄리언 반스처럼 시련과 상처마저도 삶의 의미가 담긴 예술로 승화할 수 있을까?

스콧 니어링이나 라몬 삼페드로처럼 생에 집착하기보다는 용기 있게 퇴장해야 할 시점을 스스로 결정할 수 있을까? 어니스트 베커와 부위훈, 그리고 모리 교수처럼 죽어가는 과정마저도 의연하게 삶의 성장 기회로 삼을 수 있을까?

나는 20여 년 넘게 의사로 살면서 갓 태어난 신생아부터 100세가 넘은 노인까지 다양한 죽음을 만나 봤다. 그중에는 도무지 죽음의 의미와 이유를 알 수 없어 최대한 빨리 기억에서 지워야 하는 죽음도 있었고, 혹시 나도 저렇게 죽게 되면 어떻게 하지라는 두려움을 주는 죽음도 있었으며, 마지막까지 존엄을 잃지 않으면서 감동을 주어 평생토록 기억에 남을 것 같은 죽음도 있었다.

거듭해서 겪게 되는 환자들의 죽음은 한때 나를 허무주의에 빠지게도 했지만 시간이 지날수록 오히려 삶의 궁극적인 목표가 무엇인지 사색할 수 있도록 이끌었다. 그 과정에서 내가 얻은 깨달음은 삶의 본질이 '이야기'라는 것이었다. 솔직히 죽음이 무엇인지는 아직도 잘 모르겠다. 다만 내 기억 속에는 죽음은 '사건'이 아니라 환자분들이 내게 보여주었던, 그리고 나와 함께 만들었던 삶의 마지막 이야기로 저장되어 있다.

이야기는 필연적으로 결말을 향해 달려간다. 그리고 과정이 아무리 힘들고 험난했더라도 아름답고 감동적인 마무리로 귀결된다면 지난 시련들은 모두 의미 있는 시간이 된다. 문제는 그런 좋은 결말이 당연하게 주어지지는 않는다는 것이다.

사업과 부동산으로 큰 재산을 모았으나 한순간에 모든 것을 놓고 떠나야 했던 한 환자는 몸이 쇠약해질수록 가족들을 의심하고 심한 섬망에 허우적대다가 초라하게 삶을 마감했다. 큰 명예가 있었던 한 환자는 의료진과 가족들에게 거만하고 거친 태도로 온갖 불만을 끝없이 토로하다가 쓸쓸하게 세상을 떠났다. 겉으로 보이는 것과 달리 죽음은 그 사람이 일생 동안 가꿔온 성정을 그대로 드러내는 거울이라는 것을 알게 되었다.

결론적으로 나는 성공적인 삶에 대한 개념을 새롭게 세우게 되었다. 타인과 세상이 정해놓은 성공 시나리오를 좇아 살아가기보다는 죽음의 순간에 후회가 나를 지배하지 않도록 나만의 고유하고 개성적인 이야기를 써나가리라고 결심하게 된 것이다.

왜냐하면 삶은 한 번뿐이고, 시간은 유한하므로 나는 내 삶의 작가이자 연출자이며 주연배우로서 내 시간들을 주체적으로 사는 것이 옳다고 생각했기 때문이다. 삶이 유한하다는 것을 반복해서 스스로에게 상기시키며 살게 되었다.

어떤 이는 그런 생각들이 삶을 피곤하게 만들지 않느냐고 묻지만 유한함을 되새기며 살게 된 후부터 나는 고독을 잘 견디고 좀 더 성실해졌으며, 유머가 늘었고 가족과 타인에게 관대해졌다. 절대적이라 믿었던 경쟁과 과시가 만든 세속적 가치로부터 자유로워지고 나 자신의 성공에 대한 강박에서 벗어나 삶의 아름다운 것들이 주는 행복에 눈을 뜨면서 조금씩 찾아온 변화들이다.

1984년에 제작된 로버트 레드포드 주연 영화 〈내츄럴The Natural〉에는 내가 늘 가슴에 담고 사는 명대사가 있다. 젊은 시절 성공을 위한 세속적 유혹에 무너져 오랜 재활을 해야 했던 천재 야구선수 로이는 힘들게 재기했으나 다시 한번 유혹에 무너져 내리게 된다. 성공을 좇아 자신을 버렸던 로이^{로버}트 레드포드를 찾아온 옛 연인 아이리스는 병상에 누워 있는 그에게 이렇게 말한다.

> 인생은 업적이 있고 없고가 아니라 교훈을 배우는 과정과 배우고 난 이후의 삶 두 가지가 있을 뿐이다.
> We have two lives. Life we learn with and life we live with after that. With or without the record.

삶은 성공과 실패의 성적으로 남는 것이 아니라 방황과 시련을 통해 삶의 의미를 배우면서 자신에게는 자존감을, 그리고 타인에게는 감동을 전달하는 도전과 성장의 이야기이다.

지난 20여 년간 셀 수 없는 삶의 마지막을 지켜보면서 삶에 대해 내가 내린 결론은 부와 명예 같은 업적은 좋은 죽음을 보장하지 못한다는 것이다. 그래서 나는 실패를 비켜가는 성공보다 실패와 시련을 통해 삶의 의미를 배우는 성숙을 향한 도전을 내 삶의 서사로 삼기로 했다. 물론 삶의 완성으로서의 좋은 죽음은 내 노력만으로 이룰 수 있는 것은 아니다. 나는 지난 20년간 응급실과 중환자실, 그리고 요양병원과 호스피스 병원까지 여러 곳에서 일하면서 갑작스러운 사고나 질병으로 삶을 제대로 마무리할 기회조차 갖지 못한 안타까운 죽음을 많이 겪었다.

또한 일평생 아쉬움 없이 잘 살아온 삶이 마지막 순간에 심한 고통이나 질질 끄는 연명의료에 갇혀 허무하게 망가져 버리는 비참한 죽음도 많이 목격했다. 그래서 내가 깨달은 또 한 가지 삶의 진리는 피조물인 인간은 죽음마저도 철저히 행운이 필요할 만큼 무력한 존재라는 사실이었고, 이런 현실은 나를 자아도취에 빠지지 않고 삶과 운명 앞에서 철저히 겸손하도록 만들었다.

결국 인간은 우연과 필연을 동시에 살아가는 존재이고, 우연한 비극 속에서도 필사적으로 삶의 가치를 찾아 스스로를 구원해야 한다는 사실로 되돌아오게 된다. 내가 얘기하는 성숙이란 내 의지와 상관없이 닥치는 불행과 시련 앞에서도 삶이 비극이 되지 않도록 노력하는 용기 있는 태도를 말한다.

그래서 나는 이 책에서 우연한 비극을 행복이라는 필연으로 바꾼 이들을 거듭해서 소개했다. 그들의 결말은 종료 휘슬 직전에 역전골을 넣은 축구경기처럼 몰아치는 위기 속에서도 삶의 의미를 찾아 비극을 희극으로 뒤집은 감동적인 서사였다. 또한 예견된 죽음의 두려움 앞에서도 의연하고 성실하게 하루하루를 살아내는 위대한 존엄자의 모습이었다.

모두가 좋은 죽음을 누릴 수는 없다. 특히 여러 사회적 현상들을 종합했을 때 한국 사회에서는 안타깝거나 비참한 죽음을 맞이할 가능성이 그렇지 못한 경우보다 더 크다. 그래서 죽음과 함께하는 호스피스 의사로 살면서 25세 미혼모 A의 삶처럼 비극이 될 뻔했던 죽음이 행복한 결말로 바뀌는 경험을 할 때면 죽지 않아야 할 환자를 살리는 것만큼이나 강렬한 보람과 감동을 느낄 수 있었다. 그리고 모든 죽음이 병원으로 옮겨진 현실 속에서 살리는 의사만큼이나 잘 죽도록 돕는 의사도 매우 소중하다는 사실을 알게 되었다.

그러나 안타까운 현실은 대부분의 의과대학과 병원들이 이에 대한 중요성을 잘 느끼지 못하고 있다는 것이다. 그래서 내 소망과 달리 여전히 의사들은 죽어가는 환자를 어떻게 돕고, 어떤 대화를 해야 하는지 서툴고 두려워하며 기피하고 있다.

이제 우리에게 필요한 것은 지금까지 철저히 배제했던 죽음을 다시 본래의 삶의 공간으로 되돌려 놓는 것이다. 나는 그것을 죽음의 문화를 회복하는 것이라고 말하고 싶다. 그리고 이를 위해 가장 시급한 것은 한국 사회의 비참한 죽음 현실을 직시하고, 죽음에 대한 우리의 이해를 꾸준히 넓혀가는 것이다.

그래서 나는 이 책을 통해 인간의 생명 가치는 단지 생물학적 목숨을 넘어 인격적인 존엄에 뿌리를 두고 있으며, 인격적 삶이란 목숨을 보존하는 생존을 넘어 자신만의 서사에 도전하는 실존임을 반복해서 강조했다. 삶은 자신의 정체성이 지켜지는 결말을 통해 온전히 완성될 수 있으므로, 모든 이에게 자신의 삶을 정리할 수 있는 기회가 보장되어야 하는 것은 가장 기본적이고 필수적인 인권의 문제라고 할 수 있다.

그래서 고통 없이 잘 죽을 수 있는 권리와 스스로 자기 죽음을 살아낼 수 있는 기회가 보장되는 사회를 나는 소망하게 되었고, 더불어 내가 탐구하는 삶과 죽음에 대한 이해를 의과대학생들과 동료 의사들에게 공유하는 것을 중요한 사명으로 삼게 되었다.

당연한 말이지만 의사도 죽음을 피할 수는 없다. 수많은 환자들의 죽음을 함께했지만 언젠가는 나 자신의 죽음에 도전해야 하는 순간이 올 것이고, 그전에 행운이 따라준다면 나는 요절하지 않고 서서히 늙어가는 과정을 밟게 될 것이다.

젊음은 그것이 소중한 것임을 깨닫기도 전에 쏜살같이 나를 지나쳐 갔다. 무엇인가 특별함이 가득할 줄 알았던 내 삶의 반환점을 생각보다 지루하고 평범하게 맞이하게 되었음을 깨달았을 때 내 남은 삶 절반도 특별할 것이 없다는 생각으로 아쉬움과 함께 불안이 엄습했다.

그래도 어쩌겠는가? 그 특별함을 막연히 기대하며 살기보다는 오늘 하루를 평범하더라도 성실하게 살아가는 것에 의미를 두어야 한다. 그래야 죽음이 다가온 그때 특별하지 않은 내 삶을 긍정할 수 있지 않을까?

매일 아침 일어나 세수와 면도를 하면서 거울 속 나에게 말한다. 젊은 척하는 데에 용쓰지 말고 젊지 않다는 것에 상처받지도 말고 오늘 하루도 열심히 잘 늙어가는 것에 집중하라는 조언을 꽂아 넣는다. 후회 없는 삶이 무엇인지, 그리고 그것이 가능하긴 한 것인지 아직 죽음 앞에 서보지 못한 나는 쉽게 단언하기 어렵지만 특별함이란 뛰어남보다는 성실함과 더 가깝다는 것을 어렴풋이 깨닫고 있다.

TV를 틀면 채널마다 부러운 사람들이 넘쳐난다. 젊은 나이에 성공한 재력가들부터 멋진 근육으로 다져진 조각 같은 몸과 수려한 외모의 연예인들, 음악, 미술, 춤과 노래에 놀라운 재능을 가진 사람들, 그리고 삶의 자유를 좇으며 모험을 즐기고 여행을 다니는 사람들……. 눈을 뜨고 있는 한 부러운 사람들은 셀 수가 없다.

하지만 반세기 즈음 살면서 관찰해 온 세상의 법칙은 뛰어난 사람들은 많지만 꾸준한 사람이 생각보다 드물다는 것이었다. 부럽던 이들이 한순간 무너져 내리거나 때론 그 모든 것이 허위이거나 가식임이 드러나는 것도 보았고, 화려함을 뒤로하고 갑작스레 삶을 포기하는 것도 보았다.

내 주변을 돌아보더라도 늘 자신감이 넘쳐났던 이들이 나이가 들어갈수록 넉넉한 자존감과 배려가 깊어지기보다는 초조함에 쫓기며 자존심과 과시에 집착하는 경우를 더 많이 보게 된다. 소위 요즘 말하는 꼰대로 변화되는 것을 볼 수 있었다. 그들을 통해 꼰대란 나이가 들어서도 꾸준하게 자존감을 생산하는 도전 대신 과거의 성과로 현재의 자존심을 세우면서 억지로 인정을 요구하고 아랫사람의 열심을 착취하는 사람이란 것을 알게 되었다.

결국 사람의 훌륭함은 한때의 성공이나 뛰어남에서 오는 것이 아닌 성실한 현재진행형의 자존감으로부터 만들어진다는 것을 알게 되었다. 그러니 긴 삶의 한때에 불과한 젊음에 집착하는 것이 얼마나 부질없는 것인가?

나는 특별한 재주가 없어 화려하고 뛰어난 사람들 옆에서 번번이 초라함을 느끼겠지만, 다만 기대를 걸어보는 것은 꾸준한 노력과 새로운 도전을 통해 인생 마지막 때에 가장 여유롭고 당당할 수 있는 사람이 될 수 있지 않겠는가 하는 것이다. 그래서 나는 내일 지구가 멸망하더라도 오늘도 평소처럼 내 자존감의 나무에 물을 주며 공포와 호들갑 대신 담담히 운명을 마주할 심산이다.

나는 어떻게 죽게 될까? 아니, 어떻게 살아가게 될까?

에필로그

참고문헌

1장

1   HUFFPOST, 04.11.2015. Dying Well Means Dying At Home.

2   Healthy Magazine, 05.18.2018, What does it meanto die well and Why should you care?

3   https://theartofdyingwell.com/what-does-dying-well-mean-to-you/

4   Meier EA, et al, Defining a Good Death (Successful Dying): Literature Review and a Call for Research and Public Dialogue, Am J Geriatr Psychiatry, 2016;24(4):261-271.

5   김미혜, 권금주, 임연옥, 2004, 노인이 인지하는 '좋은 죽음' 의미 연구- '복(福) 있는 죽음'-, 한국 사회복지학, 56(2), 195-213.

6   이명숙, 김윤정, 2013, 노인이 인식하는 좋은 죽음, 한국콘텐츠학회논문지, 13(6), 283-299.

7   Yun, Y.H., Kim, KN., Sim, JA. et al. Priorities of a "good death" according to cancer patients, their family caregivers, physicians, and the general population: a nationwide survey, Support Care Cancer 26, 3479-3488 (2018).

8   정책보고서 2020-35, 2020년도 노인실태조사, 보건복지부, 한국보건사회연구원.

9   The quality of death Ranking end-of-life care across the world, A report from the Economist Intelligence Unit, 2010.

10 2021, 한국호스피스완화의료학회 동계학술대회 발표, '한국의 죽어감 의례.'

11 연구보고서 2017-20-033, 중증외상환자의 진료비 부담에 관한 연구: 의료이용패턴과 소득변화, 국민건강보험 일산병원 연구소.

12 이소우, 김시영, 홍영선, 김은경, 김현숙, 2003, 암성통증관리만족도, 한국호스피스·완화의료학회지, 6(1),22-33.

13 김영조(2008), 입원 암 환자의 통증 실태와 통증 조절 실태 및 통증 조절 만족도, 석사 논문.

14 APA: 최혜영, 이의경, 2015, 건강보험 청구 자료를 활용한 국내 마약성 진통제 시장 분석, 한국보건사회약료경영학회지, 4(1), 31-37.

15 2018, 의료급여 청구경향통보제 개선 방안, 건강보험심사 평가원.

16 Nigel Sykes, Andrew Thorns, The use of opioids and sedatives at the end of life, The Lancet Oncology, 2003;4(5):312-318.

17 Resolution WHA67.19, Strengthening of palliative care as a component of comprehensive care throughout the life course, In: Sixty-seventh World Health Assembly, Geneva, 19 - 24 May 2014.

18 방소연, 2021, 한국 성인의 생애주기별 자살생각 영향요인, 한국산학기술학회 논문지, 22(5), 60-70.

2장

1 홍경자, 실존철학의 죽음 이해, 철학논집 2013;35:9-37.

2 정수남, 공포, 개인화 그리고 축소된 주체, 정신문화연구 2010;33:329-57.

3 고윤석, 국내 병원의 연명치료 현황, 대한의사협회지 2012;55:1171-7.

4 Connors AF, Dawson NV, Desbiens NA, et al. A Controlled Trial to Improve Care for Seriously Ill Hospitalized Patients: The Study to Understand Prognoses and Preferences for Outcomes and Risks of Treatments (SUPPORT), JAMA, 1995;274(20):1591 -1598.

3장

1 Connors AF, Dawson NV, Desbiens NA, et al, A Controlled Trial to Improve Care for Seriously III Hospitalized Patients: The Study to Understand Prognoses and Preferences for Outcomes and Risks of Treatments (SUPPORT), JAMA, 1995;274(20):1591 – 1598.

2 Hopkinson JB, Hallett CE, Luker KA, Everyday death: how do nurses cope with caring for dying people in hospital? International journal of nursing studies 2005;42:125-33.

3 https://www.leg.state.nv.us/Statutes/63rd/Stats198501.html#Stats198501page130

4 조선일보, 2014년 9월 4일, "보라매병원 사건 이후······ 집에서 죽고 싶다는 환자, 퇴원 못시켜."

5 김연주, 임채만, 심태선, 홍상범, 허진원, 오동규, 고윤석, 2020, 연명의료결정법 전후 전공의들의 연명의료법에 대한 인지도 및 시행 경험, 그리고 현장에서 겪는 어려움, 한국의료윤리학회지, 23(4), 279-299.

4장

1 보건복지부, 연명의료결정제도 안내, 2009.
https://www.lst.go.kr/comm/referenceDetail.do?pgNo=1&cate=&searchOption=0&searchText=&bno=1113

2 Claudia Gamondi et al, Legalisation of assisted suicide: a safeguard to euthanasia? Lancet, 2014;384(9938):127.

3 Birth to Death: Science and Bioehtics, Ethics and Aging, p142~153, George J. Agich.

4 Birth to Death: Science and Bioehtics, Personal dying and Medical death, p163~168, Steven Miles.

5장

1 Chabot BE, Goedhart A, A survey of self-directed dying attended by proxies in the Dutch population, Social Science & Medicine, 2009;68(10):1745-1751.

2 Ganzini L, et al. Nurses' Experiences with Hospice Patients Who Refuse Food and Fluids to Hasten Death, N Engl J Med 2003;349:359-365.

3 조경희, 박용경, 서순림, 간호사와 의사의 죽음 불안과 임종치료 선호도, 한국의료윤리학회지, 2017;20(3):276-286.

나는 친절한 죽음을 원한다

초판 1쇄 인쇄일 2022년 03월 24일
초판 1쇄 발행일 2022년 04월 05일

지은이 박중철
발행인 이지연
주간 이미숙
책임편집 이정원
책임디자인 이경진
           권지은
책임마케팅 이운섭
경영지원 이지연

발행처 ㈜홍익출판미디어그룹
출판등록번호 제 2020-000332 호
출판등록 2020년 12월 07일
주소 서울시 마포구 독막로18길 12, 2층(상수동)
대표전화 02-323-0421
팩스 02-337-0569
메일 editor@hongikbooks.com

제작처 갑우문화사

ISBN 979-11-9142-074-6 (03330)